Fritz Schumann

Japan, wer bist du?

Verborgene Orte und unerzählte Geschichten

REISEDEPESCHEN

Reisedepeschen
Außergewöhnliche Reisebücher seit 2018

Originalausgabe
2. Auflage, Berlin, Juli 2025,
im Jahr der Schlange

Reisedepeschen GmbH
Grunewaldstr. 14-15
10823 Berlin
info@reisedepeschen.de
www.reisedepeschen.de

ISBN 978-3-96348-033-1

Gestaltung und Herstellung lagen in den Händen von Johannes Klaus. Das Lektorat machte Philipp Laage. Das Buch wurde in der Matrix II von Zuzana Licko, der Brandon Text von Hannes von Döhren und der Franziska Pro von Jakob Runge gesetzt. Druck und Bindung übernahm Balto Print aus Vilnius. Gedruckt wurde auf Munken Print Cream, hergestellt aus chlorfrei gebleichtem Zellstoff aus nachhaltiger Waldwirtschaft.

Die Deutsche Nationalbibliothek verzeichnet diese Publikation in der Deutschen Nationalbibliografie; detaillierte bibliografische Daten sind im Internet über http://dnb.dnb.de abrufbar.

日本…君はだれ？

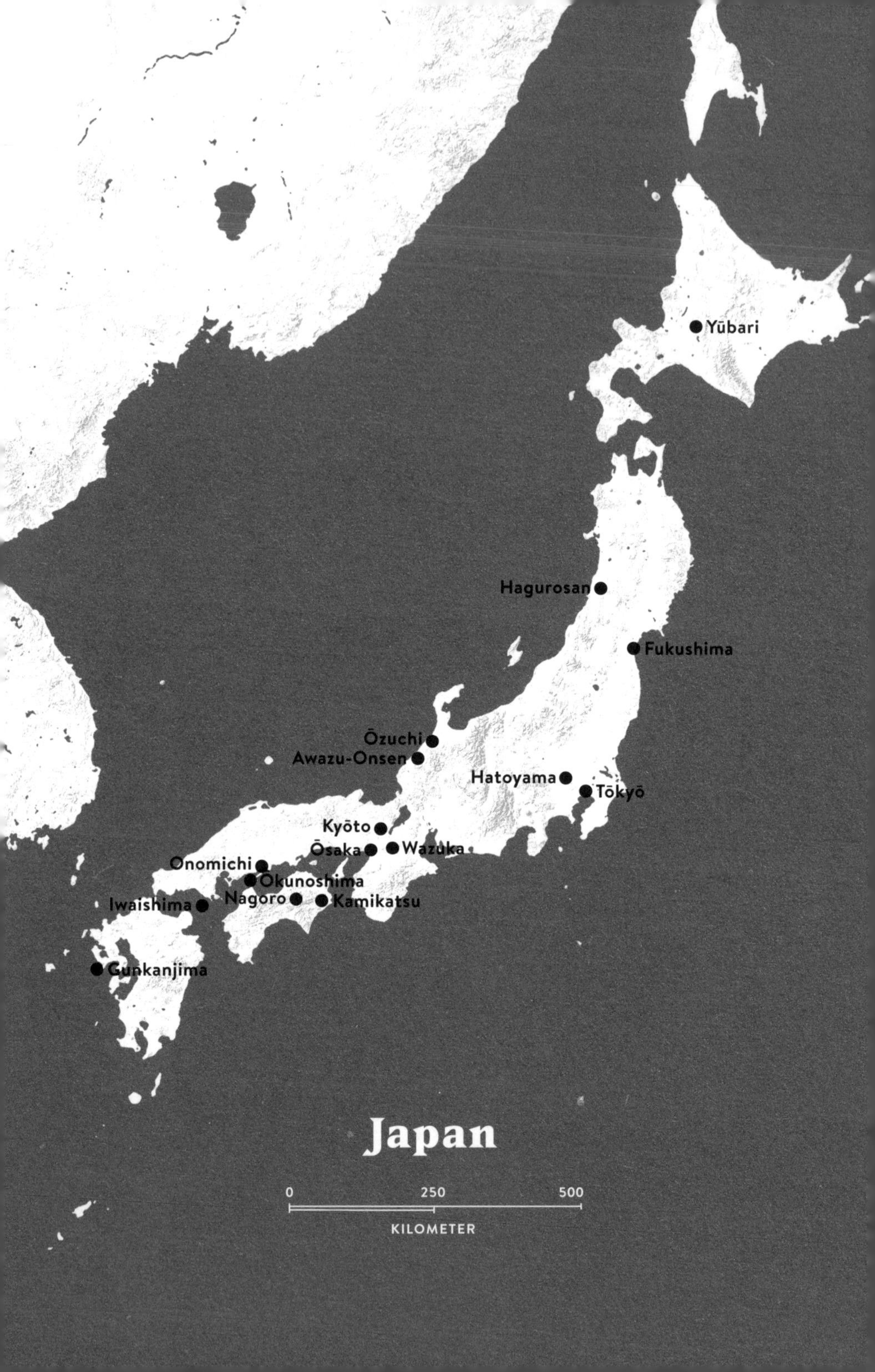
Yūbari
Hagurosan
Fukushima
Ōzuchi
Awazu-Onsen
Hatoyama
Tōkyō
Kyōto
Ōsaka
Wazuka
Onomichi
Ōkunoshima
Nagoro
Kamikatsu
Iwaishima
Gunkanjima
Japan
0
250
500
KILOMETER

目次
INHALT

大土
ŌZUCHI

Waldheimat

Versteckt in den Bergen von Ishikawa, eine halbe Stunde von der nächsten Stadt entfernt, liegt Ōzuchi: zehn traditionelle Häuser, wild über eine Lichtung gewürfelt. Nur eines von ihnen ist bewohnt. Nimaida Nobuo, der letzte Einwohner von Ōzuchi, steht neben mir auf einem bewaldeten Hügel und schaut auf sein Dorf. Dunstschwaden liegen über den Bäumen wie eine Decke. Links der Häuser verunkrauten Gemüsefelder und Reisterrassen, rechts modert ein kleiner Schrein. Regentropfen fallen von den Baumkronen in einen Fluss. »Bis ich sterbe, möchte ich bewahren, was vom Dorf noch übrig ist«, sagt Nimaida.

Wir gehen hinunter zu seiner Siedlung. Regen wird von den Blättern aufgefangen und verdampft in der Spätsommerwärme. Dunst drückt sich durch die Bäume. Nimaida stoppt am Wegesrand, pflückt ein paar Blätter und zeigt sie mir. »Wasabi«, sagt er fröhlich. An seinen braungebrannten Händen sieht man, wie viele Jahrzehnte er Schubkarren geschoben, Hacken in den Boden gerammt, Sensen geschwungen und Unkraut ausgerissen hat. Durch seine kräftige, kompakte Statur wirkt Nimaida wie Anfang 50, nicht wie seine fast 70 Jahre.

Er verlässt den Wald durch einen versteckten Pfad und ich folge ihm. Wir laufen über vergessene Beete, vorbei an den alten zweistöckigen Häusern. An einem von ihnen erobert Efeu die Fassade und es wirkt so, als wäre gerade erst jemand ausgezogen. Ich sehe ein großes Schild. Auch ohne Japanisch lesen zu können, erkennt man die Zeichnung eines brüllenden Bären. Muss ich Angst haben, frage ich Nimaida. »Sing einfach auf Deutsch«, scherzt er. »Da kriegt der Bär Angst.«

Es gebe keine Aufzeichnungen in Ōzuchi, erzählt Nimaida, aber er habe gehört, dass seit dem Krieg der Heike-Samurai hier Menschen leben. Zwischen 1180 und 1185 kämpften die Clans der Genji und der Heike um die Herrschaft in Japan.

Ōzuchi soll von denen gegründet worden sein, die vor dem Krieg in die Berge flohen.

Heute fliehen die Menschen aus Ōzuchi. »Der Besitzer dieses Hauses lebt in Ōsaka«, sagt Nimaida und zeigt auf das Berankte. »Und dieser Nachbar arbeitet in Tōkyō.« Er weist auf das Haus daneben. Ein-, zweimal im Jahr kämen sie nach Ōzuchi. Ist er enttäuscht von denen, die ihn hier alleine zurückgelassen haben? »Jeder hat seine eigenen Umstände«, sagt er verständnisvoll. Auch er habe in der Stadt gearbeitet.

Sein eigenes Haus sieht so aus, als hätte ein riesiges Tier daran genagt, jede Wand ist zerlöchert. Ein Gerüst umringt das Gebäude, die Seiten sind mit blauer Plane abgedeckt, Putz und Holzfassade lösen sich langsam auf. In dem Haus wurde Nimaida 1953 geboren, da stand es erst zehn Jahre. Im Eingang stehen mehr als ein Dutzend Paar Gummistiefel, Crocs, Arbeitsschuhe und Sneaker, daneben Schüsseln mit Gemüse, an denen noch Erde klebt. An der Wand hängt ein Strohhut, auf dem Nimaidas Spitzname steht: Nobo.

Früher sollen hier einmal 300 Menschen gelebt haben, erzählt er und sucht drinnen ein altes Foto in einer Schublade. Es ist die Kopie einer ungefähr hundert Jahre alten Aufnahme von Ōzuchi. Damals standen mehr Häuser als heute. Ihre Dächer sind dicht belegt mit Zweigen. Die umliegenden Hügel sind fast kahl, die Bäume abgeholzt. Ōzuchi gehört zu acht Dörfern, die von der Präfektur Ishikawa als historische Orte für die Holzkohle-Produktion beworben werden. Obwohl es isoliert liegt, kennt man es deshalb in der Region. »Als ich klein war, lebten hier 30, 40 Menschen«, erzählt Nimaida. Das war in den 1950er Jahren, zwei Jahrzehnte nach dem großen Feuer: 40 Häuser brannten nieder, Ōzuchi wurde Asche. Zwei Schreiner bauten anschließend die zehn Gebäude, die heute noch im Dorf stehen.

»Jedes Haus war bewohnt.« Alle kannten sich, mit den anderen Kindern sei er entfernt verwandt gewesen, sagt Nimaida. Im Sommer spielte er im Fluss, im Winter baute er Ski und rutschte den Hügel runter ins Dorf.

Nach der Mittelstufe ging Nimaida nach Ōsaka, um Arbeit zu suchen. »In meinen Zwanzigern war das lustig, aber die Luft war schlecht.« Wenn er keine Gelegenheitsjobs in der Stadt fand, kam er zurück zu seinen Eltern und Feldern. Je älter er wurde, desto weniger Arbeit gab es für ihn, also blieb er in der Heimat. Stolz zeigt er mir die Bevölkerungsstatistik der Präfektur. In der Spalte mit den Einwohnern von Ōzuchi steht zwischen 2012 und 2015 die Zahl »0«, bevor es wieder auf »1« hochgeht. »Da haben sie mich vergessen zu zählen«, sagt er und lacht.

Heute ist er nicht alleine. Vier Frauen und ein Mann, alle in ihren Zwanzigern, übernachten hier. Es sind Freiwillige, die Nimaida dabei unterstützen, das Dorf zu erhalten. Naoshi streichelt Nimaidas schwarze Katze Casa. Er ist IT-Techniker in Ōsaka. »Ich war schon mehr als 40 Mal in Ōzuchi«, sagt er freudig. »Andere waren noch häufiger hier.« Warum kommt er immer wieder? Naoshi überlegt lange und hat keine Antwort. Ich frage die anderen. Ao war schon sieben Mal hier, Yumi fünf Mal. Für Aki ist es das zweite Mal, für Nozomi der erste Besuch. Auch sie können mir nicht sagen, was genau sie aus Tōkyō (Entfernung 550 Kilometer), Ōsaka (280 Kilometer) und Nagoya (200 Kilometer) immer wieder nach Ōzuchi zieht. Ao sagt schließlich: »Freunde treffen, die wir bei den Einsätzen getroffen haben.« Was macht diesen Ort so anziehend? Heute Morgen bin ich 230 Kilometer aus Kyōto mit dem Zug angereist, Nimaida hat mich vom Bahnhof abgeholt. Ōzuchi ist nicht der Park, in dem man sich spontan zum Picknick trifft – die Anreise braucht Planung, Zeit und Verpflichtung.

Vielleicht verstehe ich es, wenn Nimaida mir erzählt, wie das alles begann. »Eines Tages kam ein junger Schwede ins Dorf«, sagt er. Nimaida ging mit einer Schubkarre an den Feldern vorbei, als der zwei Meter große Mann vor ihm stand. »Ich fragte ihn, was er hier mache und er erzählte mir von seiner Arbeit als freiwilliger Helfer in der Nähe.« In Japan gibt es einige Einrichtungen, die auch für Menschen aus dem Ausland die Möglichkeit bieten, für Kost und Logis auszuhelfen. An dem Tag hatte der Schwede frei und besuchte Ōzuchi, weil er von dessen Holzkohlegeschichte gehört hatte. Nimaida faszinierte die Idee. Junge Menschen aus der ganzen Welt könnten kommen und helfen, Ōzuchi zu bewahren. Er informierte sich und bewarb sich bei einer Organisation, die Volunteers vermittelt. Im Juli 2013 kam die erste Gruppe mit fünf Teilnehmenden und blieb zwei Wochen. »Sie sprachen kaum Japanisch und ich sprach kein Englisch – stell dir mal einen Morgen vor, ohne ›guten Morgen‹ zu sagen!«, erzählt Nimaida. »Es war so lustig.« Toilette und Dusche sind die einzigen Räume im Haus, die keine Löcher haben. Der Gastgeber hat sie für die Volunteers bauen lassen. »Ich renoviere mein Haus, um es zu einem Haus für alle zu machen«, sagt er.

Weil es heute regnet, können sie nicht arbeiten und haben frei, erklärt Ao. Nimaida schätzt, dass in den vergangenen zehn Jahren zwischen 1.500 und 2.000 Mal Gäste kamen, um die Felder zu bestellen, kleine Schäden zu reparieren und Leben nach Ōzuchi zu bringen. Die Helfenden übernachteten in den leeren Häusern oder bei ihm und seinen Eltern. Die waren am Anfang verwirrt darüber, warum so viele Fremde nach Ōzuchi kamen, sahen aber die Freude im Gesicht ihres Sohnes. »Bei Mama wurde Demenz diagnostiziert«, erzählt Nimaida. Mit den Freiwilligen habe sie immer freundlich gesprochen, aber was sie wirklich verstanden habe, wisse er nicht. Seine Mutter sei sehr streng mit ihm als Kind gewesen. »Oma war krank, also musste Mama auf dem Feld arbeiten und sie nebenbei pflegen. Für mich war da wenig Zeit.« Wenn er etwas Süßes wollte, sagte ihm die Mutter, er solle die Süßkartoffel auf dem Tisch essen. Freundlicher wurde sie, als einer von Nimaidas zwei jüngeren Brüdern Kinder bekam und sie selbst Oma wurde. Sie gab ihrem Sohn einen Rat, den er nie vergessen möchte: »Wer zu hart arbeitet, quält nur sich selbst.«

Nimaidas Vater war sechs Jahre als Soldat in der kaiserlichen Armee in der besetzten Mandschurei stationiert. Eines Tages ritt er auf einem Pferd, als plötzlich etwas vor ihm explodierte. Das Tier starb sofort, er überlebte. Vier Jahre war er Kriegsgefangener der Sowjetunion in Sibirien, anschließend kam er wieder nach Ōzuchi. Vor fünf Jahren starb Nimaidas Vater, er wurde 98 Jahre alt. »Stark wie Superman!«, sagt der

Sohn und lacht. Fortan pflegte er seine Mutter allein. Sie starb vor zwei Jahren in diesem Haus, in dem sie ihn geboren hat und in dem wir jetzt sitzen. Tränen sammeln sich in Nimaidas Augen, wenn er von ihr erzählt.

Ao, Yumi, Aki und Nozomi bereiten das Abendessen vor: Wildschwein von einem befreundeten Jäger. Eine eingerissene Weltkarte lehnt an der Wand, »Meetup in Ōzuchi« steht darüber. Reißzwecken stecken in den Herkunftsländern der Freiwilligen, ein paar in Europa, in Nordamerika, die meisten in Asien. In einem anderen Rahmen sind Dankesschreiben ausgestellt. Nobo-san sei wie ein Vater für sie gewesen, schreibt Tafia aus Indonesien. Die meisten sind jung und scheinen zu studieren. Alle erklären, dass sie wieder nach Ōzuchi zurück wollen, auch nach der Universität. »Ich dachte, wenn ihr Studium nach vier Jahren vorbei ist, kommen sie nicht mehr«, sagt Nimaida. »Aber sie kamen immer wieder.«

Er schürt das Feuer im *irori* – eine Feuerstelle in einer Vertiefung, die mit Sand und Asche gefüllt ist. Die Flammen zucken und erleuchten den Raum. Boden, Wände und Decke sind aus dunklem Holz gefertigt, auf einer Seite liegen löchrige Reismatten. In einer Ecke stehen abgedeckte Eimer und Tonkrüge, in denen Nimaida Pflaumen und Gemüse fermentiert. Ao und Yumi schenken ihm Fotodrucke von ihrem letzten Besuch und ein bedrucktes Handtuch. Er ist gerührt. »Wie sagt man Danke in Deutschland?«, fragt mich Yumi. »Keine Ursache«, sage ich. »Kaine Ōsaka?«, fragt sie zurück und wir lachen.

Einen *irori* wie diesen gebe es kaum noch in Japan, erklärt mir Nimaida. An einer Kette, die von der Decke hängt, hakt er einen Topf ein. Wir legen regelmäßig kleine Portionen Fleisch und Gemüse hinein, lassen alles garen und füllen unsere Schüsseln auf. Drei Stunden lang essen wir, dazu gibt es Sake, Bier und *umeboshi*, eingelegte Pflaumen, auf Reis. Ihr Geschmack ist beißend sauer.

Gegen zehn Uhr fangen Ao, Yumi, Aki und Nozomi an zu singen. Sie können so laut sein, wie sie wollen – Nachbarn gibt es keine. Die Tür ist die ganze Nacht offen, das Feuer wärmt und hält Insekten fern. Dann gehen die Frauen live auf Instagram. Sie haben Nimaida einen Account eingerichtet, mit dem er Bilder aus Ōzuchi teilen kann, hauptsächlich mit anderen Volunteers. Eine Handvoll von ihnen schaltet sich online dazu und grüßt Nimaida herzlich.

Gegen Mitternacht leuchtet die Glut schwach, langsam dösen wir weg. Nimaida sieht zufrieden aus. Kinder hat er keine, auch keine Partnerin. »In meinen Zwanzigern war ich mal verliebt, aber es hat nicht geklappt«, sagt er. Er habe ihr nicht sagen können, wie er empfunden habe. Den Kummer habe er weggetrunken. »Meine Erinnerungen sind ein Album mit Augenblicken, in denen etwas schiefging.« Er sei ein alter

Mann geworden, sagt er, vieles habe er vergessen. Manches kann er nicht vergessen. »Ich will schon gerne einmal heiraten, aber je älter ich werde, desto schwieriger wird es.« Den Winter hasst er. Wenn es schneit, kann er Ōzuchi nicht verlassen, weil die Bergstraßen zu gefährlich sind. Dann kommt auch niemand mehr zu ihm. Was macht er, wenn er sich wirklich einsam fühlt? »Trinken«, sagt er.

Die Frauen haben ihre Futons neben dem *irori* ausgerollt, flache Matratzen mit Decken zum Schlafen. Nimaida geht in sein Zimmer. Ich schlafe nebenan, im Raum für die Volunteers, wo Futons und Schlafsäcke sich an den Wänden stapeln und Arbeitskleidung hängt. Die schiebbare Außenwand hängt schief zwischen Boden und Decke und lässt große Lücken. Es fühlt sich an, als würde ich draußen schlafen. Die Nacht ist dunkler als in der Stadt, stiller. Entfernt höre ich den Fluss und wie der Wind durch die Baumkronen rauscht. Manchmal denke ich, ein Tier schleicht an der Hauswand vorbei. Ich drehe mich mit meinem Schlafsack weg von der Wand und denke darüber nach, was Nimaida gesagt hat. Wie still Ōzuchi sein muss, wenn er allein hier ist. Die Schuhe im Eingang, die Jacken an den Wänden und die Matratzen für die Freiwilligen sind stumme Zeugen von Menschen, die fehlen. Das Haus ist so dunkel, wie es einsam ist.

Am nächsten Morgen ist die Kohle in der Feuerstelle noch warm. Der Regen hat aufgehört, trotz der Sonne ist es etwas kühl. »Deswegen ist das Gemüse von hier so lecker«, sagt Nimaida. Morgens kühl, mittags heiß, abends kühl – das bringe die Pflanzen dazu, sich besonders anzustrengen.

»Zeit für die Arbeit!«, ruft Ao energiegeladen. Die Freiwilligen ziehen sich Gummistiefel, Latzhosen und Arbeitshandschuhe an. Nimaida erklärt, was zu tun ist. Zwei graben

Süßkartoffeln aus. Die anderen säubern eines der Beete zwischen den Häusern. Ao bekommt einen Stabmäher, der so groß ist wie sie. Der Motor macht einen ziemlichen Krach, als sie langsam den Pfad vor dem Haus von Unkraut säubert. Nimaida beobachtet alles, wie ein Großvater seine Enkel, und greift irgendwann selbst zur Hacke, um das Beet umzugraben. Nach einer Stunde erklären sie die Arbeit für beendet. Ich bin verwundert, aber Ao ist entspannt. »Das dauert nie lange.« Sie gehen ins Haus, umziehen und packen. Heute fahren sie nach Hause. Ich helfe, das Gepäck in das Auto zu tragen. Sie bedanken sich bei mir. »Keine Ōsaka«, sage ich.

Kurze Zeit später kommt eine weitere Gruppe an, ungefähr zwei Dutzend junge Menschen und ein paar Erwachsene. Sie beziehen eines der leeren Häuser. Nimaida erklärt mir, dass dies ein Wochenendprojekt für Jugendliche sei, zum Thema Film und Fotografie. Er hat damit nichts direkt zu tun, aber freut sich über den Besuch. Das Projekt ist von der Präfektur Ishikawa, zwei der Häuser stehen öffentlichen Kulturveranstaltungen zur Verfügung. Ungefähr einmal im Monat kommt eine Gruppe, im Winter seltener.

Ōzuchi wirkt wie eine Filmkulisse: ein altes, gut erhaltenes Dorf, isoliert in den japanischen Bergen. Das *torii*, der Torbogen vor dem Shintō-Schrein, ist mit Moos bewachsen. Es markiert den Eingang in das Reich der Götter. Über mir kreisen Hunderte Libellen. Sie sitzen auf den Stromleitungen, auf dem Zaun, auf Zweigen und Blättern, wo sie Regentropfen trinken.

In Japan gibt es ein Wort für ein Dorf wie Ōzuchi: *satoyama*. Der Begriff setzt sich zusammen aus *furusato*, Heimat(dorf), und *yama*, Berg, und beschrieb ursprünglich einen siedlungsnahen Nutzwald. Seit den 1990er-Jahren gilt *satoyama* als die Urlandschaft der Japaner – so beschreibt es Eduard Klopfenstein, ein

Schweizer Professor für Japanologie. Eine »Waldheimat«, zwischen Nostalgie und Sehnsuchtsort.

Satoyama ist angeblich das »echte Japan«, das traditionelle Leben im Kontrast zur Stadt. So nutzt es zumindest die Werbung. Die Präfektur Hyōgo bietet zum Beispiel eine Satoyama-Tour an. Ein Buch der YouTuberin Satoyama Shiina über ihr Leben in den Bergen von Nagano gehört zu den erfolgreichsten Büchern zum Thema Landleben auf Amazon in Japan (der Name des zweitbeliebtesten Buchs ist *Kyoto Satoyama in Venicia*). Die deutsche Japanologin Theresa Sieland beschreibt die Benutzung von *satoyama* so: »Authentische Erfahrungen werden auch im japanischen Tourismus immer ›woanders‹, im ›ländlichen Raum‹, sowie ›wann anders‹ verortet – dort, wo noch alte Traditionen vorherrschen, in der idyllischen Vergangenheit auf dem Land.« Authentisch ist, was anders ist.

Manchmal kommen Menschen mit dem Auto und parken auf einem freien Platz in der Mitte des Dorfes, wo die Bergstraße endet. Sie spazieren, machen Fotos und fahren wieder. Nimaida hat schon überlegt, für sie ein Café oder etwas in der Art zu eröffnen. Aber er kann nicht kochen. Und er will nicht jeden bei sich übernachten lassen. Es gebe auch keine zentrale Wasserversorgung. Massentourismus mit Reisebussen will er nicht. »Die Autos sollen hier nicht auf den Beeten parken.«

Auf einem Feld wächst Wasserdost, Nimaida hat es für einen Schmetterling angelegt, den Kastanientiger. Ein Exemplar sitzt auf einem Bündel der trichterförmigen, kleinen Blüten und trinkt Nektar. Auf seinen schwarz-blauen Flügeln sind feine japanische Zeichen und ein Datum geschrieben. Dieses Exemplar muss also vor drei Tagen im nahen Haku-san-Nationalpark gewesen und anschließend 30 Kilometer bis nach Ōzuchi geflogen sein. Kastanientiger sind wie Zugvögel. Sie fliegen im Frühjahr vom Süden Japans nach Norden und im Herbst zurück. 2021 wurde ein Exemplar entdeckt, das in 46 Tagen nach Taiwan geflogen war – 2.277 Kilometer. Vor neun Jahren hat Nimaida einen Kastanientiger in Ōzuchi gesehen und war gerührt von dessen weitem Weg. Mit Freiwilligen hat er drei Beete für sie vorbereitet. Die 3.000 Pflanzen locken jedes Jahr mehr Schmetterlinge an. Ōzuchi soll zu einem Ort werden, wo Schmetterlinge tanzen, findet Nimaida.

Im Haus ist es still geworden. Nimaida ist unterwegs, Besorgungen machen. Ich sitze neben der kalten Feuerstelle und Katze Casa springt in meinen Schoß. Ab und an kommen Menschen aus der neuen Gruppe herein und fragen nach Nimaida. Die Tür ist nie verschlossen. Offene Häuser auf dem Land sind normal, es gibt keine Grenze zwischen dem einzelnen und gemeinschaftlichen Leben.

Als Nimaida zurückkommt, hat er uns Sushi in Plastikschachteln mitgebracht. Im Fernsehen läuft ein regionales Reiseprogramm, bei dem ein Moderator diverse Restaurants besucht. Nach jedem Bissen reißt der Moderator die Augen auf und ruft laut: »Köstlich!« »Was soll er auch sagen, wenn der Koch neben ihm steht und die Kamera draufhält«, scherzt Nimaida. Das Programm findet er doof, aber es kommt vor den Nachrichten, und ihn interessiert, in welche Richtung der Taifun zieht, der den Regen brachte.

Wie die Schmetterlinge kommen die Freiwilligen aus ganz Japan und bleiben kurz in Ōzuchi. Jetzt, wo sie weg sind, wirkt das Haus groß und leer. Ich stelle mir vor, wie Nimaida hier im Winter alleine sitzt, mit Sake und abgepacktem Essen, der Fernseher als einziges Geräusch im Dorf. Warum das alles? Warum hier ausharren und Freiwillige einladen? Die eine Stunde Arbeit am Tag kriegt er auch alleine hin. Er schaut mich ernst an, als ich ihn frage. »Ein Freund von mir kam aus dem Dorf Manago«, erzählt er. »Hinter dem Berg, vielleicht eine Stunde von hier.« Vor etwa 20 Jahren habe er das Dorf verlassen. Seitdem ist es verschwunden. Zedern fielen auf die leeren Häuser, der Schutt wurde weggeräumt und das war es dann. Selbst im Internet findet man den Ort nicht, auf der Website der Präfektur taucht er nicht auf. Ein Dorf, vergessen, sogar vom Amt. »Das macht mir Angst, die Vorstellung, dass Ōzuchi das Gleiche passieren kann«, sagt Nimaida. Solange er gesund ist, will er alles tun, um das Dorf zu beschützen. Und weiter Freiwillige einladen. »Es waren jetzt ungefähr 200 Volunteers hier«, erklärt er. »Wenn auch nur einer sich entscheidet, hierher zu ziehen, dann habe ich etwas für die Zukunft getan.«

Nimaida schlägt vor, dass wir kurz zur neuen Gruppe gehen, um mit ihnen etwas zu trinken. Wir laufen durch das dunkle Dorf, in dem nur vier Laternen leuchten. Als wir ankommen, ist das Abendessen fast vorbei. Kinder und Jugendliche springen durchs Haus. Die Älteren sitzen am Tisch oder stehen draußen. Es wirkt wie eine Klassenfahrt. Für die Erwachsenen gibt es Sake und Bier, für alle unter 20 Oolong-Tee und Softdrinks. Dazu werden knusprige Libellen gereicht, gebraten in Sojasauce. Ein paar der Jugendlichen haben sie tagsüber mit einem Netz gefangen. Die Insekten sind dünn, ihre Flügel zerbrechen sanft, bevor sie die Zunge berühren.

Ich verabschiede mich und trete aus der Tür. Es riecht angenehm frisch. Die Wolken haben sich verzogen, ich sehe zum ersten Mal den Sternenhimmel. Ich frage die Gruppe, ob ich mir ein Stativ leihen kann, um die Sterne zu fotografieren. »Ich will mitkommen«, ruft einer. Und dann noch jemand. Auf einmal folgt mir eine Gruppe von acht jungen Menschen in den Wald, den Hügel hinauf. Sie erleuchten den Weg vor uns mit ihren Handys. Wir unterhalten uns laut, um Wildschweine und Bären zu verscheuchen. Je höher wir steigen, desto näher kommen die Sterne.

Unter uns liegt Ōzuchi, über uns die Milchstraße. Jenseits der Berge leuchtet eine Stadt, man kann dadurch die Umrisse der Hügel erkennen. Manche legen sich auf den feuchten Boden und schauen in die Nachthimmel. In mir wächst der Wunsch, wiederzukommen. Wie die Freiwilligen kann ich nicht einmal sagen, wieso. Vielleicht, weil hier ein Dorf für jeden da ist, der helfen will. Man kann herkommen und mit einem nostalgischen Gefühl von *satoyama* wieder abreisen. Menschen aus der ganzen Welt haben ihre Erinnerungen an Ōzuchi mit nach Hause genommen. Für die Jugendlichen wird der Moment, wo ein fremder Deutscher sie auf einen Hügel mitnahm, um die Sterne zu sehen, vielleicht zu einer Erinnerung werden, die sie lange begleitet. Selbst wenn Ōzuchi irgendwann verschwinden sollte – dank Nimaida werden es viele nie vergessen. Er wartet alleine in seinem Dorf. Auf jeden, der kommt.

名頃

NAGORO

Tal der Puppen

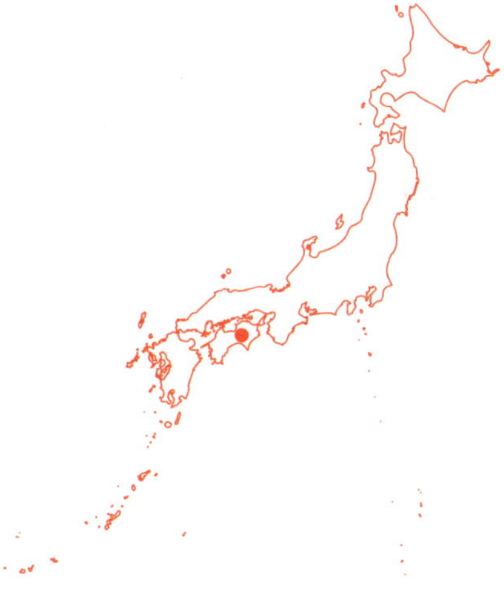

Im Iya-Tal stehen Häuser auf rostigen Stelzen an einsamen Bergstraßen. Seit Jahrhunderten ist die Region abgeschieden. Elektrizität erreicht die wenigen Siedlungen erst 1959, als in dem Ort Nagoro ein Damm gebaut wird. Ayano Tsukimi ist damals zehn Jahre alt. Sie sieht die Laster mit Baumaterialien, wie sie sich auf der einspurigen Straße durch die Schlucht quälen. Hunderte Menschen verbauen in zwei Jahren 45.000 Kubikmeter Beton, die das Wasser stauen.

Der Damm ist fertig, die Menschen ziehen weiter zur nächsten Baustelle. Auch Ayano verlässt Nagoro mit ihrer Familie und zieht nach Ōsaka. Sie heiratet und bekommt ein Kind. Ab und an hilft sie im Geschäft ihrer Eltern aus, aber einen Beruf lernt sie nie. Mit 53 kehrt sie alleine zurück nach Nagoro und kümmert sich um ihren Vater, bis zu seinem Tod.

Welche Häuser in Nagoro verlassen sind oder auf eine Rückkehr warten, ist für mich schwer zu sagen. Im Dorf leben etwas mehr als 30 Menschen, im gesamten Iya-Tal sind es weniger als 1.300. Seilbrücken hängen hier über Schluchten. Alles wirkt so isoliert wie damals, als Samurai auf der Flucht sich hier versteckten. Der Damm macht modernes Leben möglich. Innerhalb einer Stunde erzeugt er so viel Energie, wie ein Haushalt in einem Jahr verbraucht. Kaum jemand kennt Nagoro, selten verirrt sich jemand hierher und der Bus hält nur zweimal am Tag.

Ich sitze mit Ayano Tsukimi in ihrem Wohnzimmer, sie legt Holzreste in den Ofen. Ihr Körper ist umhüllt von einer Schürze, in deren Taschen Werkzeuge bei jeder Bewegung klimpern. Das Feuer wärmt den Raum. Durch die offene Schiebetür sehe ich die Felder vor ihrem Haus.

Im ersten Jahr nach ihrer Rückkehr baut sie Gemüse an: Daikon (japanischer Rettich), Gurken, Süßkartoffeln. Nichts will wachsen. »Ich habe gedacht, wir brauchen Vogelscheuchen – also bastelte ich eine, die aussah wie mein Vater«, sagt sie. »Ich hätte nie gedacht, dass es mal so viele werden.«

Je näher man Nagoro kommt, desto mehr Puppen sieht man im Tal. Beim Autofahren muss man zweimal hinschauen, um sie nicht mit Menschen zu verwechseln. Manche der 350 lebensgroßen Puppen sind denen nachempfunden, die gestorben sind oder das Dorf verlassen haben. Andere sind eigene Kreationen. Sie beleben die leeren Häuser. »Wenn ich Puppen von Verstorbenen mache, denke ich daran, wie sie zu Lebzeiten waren, wenn sie mich besuchen kamen«, sagt Ayano. Die von ihrem Vater sitzt bei der Puppe ihrer Mutter. Ein altes Paar. »Meine Mutter starb sehr früh«, sagt sie. »Ich würde ihr gerne vieles zeigen.« Ich frage mich, ob sie die vielen Puppen meint oder dass auf ihren Feldern heute etwas wächst.

An einem großen Tisch vor ihrem Haus erklärt mir Ayano, wie die Puppen entstehen: Auf ein Holzkreuz wird weißer Stoff gezogen und mit Wolle oder Zeitungen ausgestopft. Knöpfe werden Augen, Fäden bilden Lippen. »Die Mimik ist am schwierigsten.« Einmal zu stark am Faden gezogen, und sie sehen wütend aus. Omas könne sie am besten, sagt Ayano. »Ich drücke ihren Mund und lasse sie lächeln.« Freunde und Besuchende spenden getragene Kleidung, das mache die Puppen lebendig. Fühlt sich Ayano wie deren Mutter? Sie lacht. »Ja, ich denke schon, dass sie wie meine Kinder sind. Oder wie ein Teil von mir.« Wenn jemand die Puppen grob anfasse, mache sie das wütend.

Hinter Ayanos Haus wächst der Wald den Hügel hinauf, vorne führt ein Weg vorbei an den Feldern hinunter zur Straße. Sie führt mich durch das Dorf. Überall stehen, sitzen und arbeiten Puppen. Sie hacken den Boden, liegen in der Hängematte oder angeln in einem Bach. Ihre Haltung und Kleidung wirkt lebendig, auch wenn sie sich nicht bewegen.

In Nagoro stehen drei Dutzend Häuser und eine Grundschule, andere Menschen sehe ich nicht. Wo sind denn alle, frage ich Ayano. »Die meisten sind in die nächste Präfektur gefahren, um *pachinko* zu spielen«, erzählt sie. Ernst schaut sie die Straße hinunter. Die verschwendeten ihre Zeit und ihr Geld beim Glücksspiel, das gehe fast jeden Tag so.

Eine Puppe mit Bauhelm klammert sich mit geschlossenen Augen an ein Verkehrsschild, auf dem »vorsichtig fahren« steht. Daneben unterhalten sich zwei alte Damen an einem Zaun. Hinter ihnen mäht eine Großmutter den Rasen mit einer rostigen Maschine. Ein Jäger sitzt im Baum, mit einem Gewehr aus Holz in den Händen. Vor einem leeren Wohnhaus sitzt ein altes Paar, ihr Kopf lehnt an seiner Schulter und die Stoffhände halten einander. An der Straße lehnt ein Biker an seinem Fahrrad und schaut durch seinen dicken Helm auf Ayanos Haus. Kinderpuppen spielen Verstecken zwischen Bündeln aus Reisstroh, Großmütter schlafen auf Campingstühlen und eine Gruppe wartet auf den Bus. In das Wartehäuschen hat Ayano ein kleines Schild gehangen: »Vogelscheuchen-Dorf.«

Wir gehen über eine Brücke zur Schule, die 2011 geschlossen wurde. Am Ende betreute hier ein Lehrer zwei Kinder. Ayano hat die Schlüssel. Drei Räume hat sie mit Puppen gefüllt, genau wie die Gänge und die Turnhalle. Mehr als hundert Figuren sind es. Jedes Kind hat ein Schulheft vor sich, manche halten Stifte in der Hand. In einem Klassenzimmer sitzen große und kleine Puppen zusammen. »Elternabend.«

Wir gehen nach draußen. Vor der Schule steht der Direktor mit einer großen Brille und begrüßt die Schüler persönlich. Um die Ecke versteckt sich ein junges Liebespaar, ihre Lippen aus roter Wolle, seine Haare geschwungen wie in den Achtzigern.

Nicht alle im Tal mögen ihre Puppen, sagt Ayano. »Auch wenn sie es mir nie direkt sagen – manche haben Angst vor ihnen, weil sie so echt aussehen.« Andere sind froh, dass die Puppen Besucherinnen und Besucher anlocken. »Wenn ich keine Puppen machen würde, käme niemand.«

Selten höre ich ein Auto auf der einzigen Straße im Dorf. Die meisten Touristen fahren vorbei, manche halten an und fotografieren. Eine kleine Gruppe älterer Menschen steht vor Ayanos Feldern und staunt. Zögerlich kommen sie den Pfad hinauf. Ja, sie habe die Puppen alleine hergestellt, sie sollen Vögel vertreiben und die Langeweile, erklärt Ayano auf Rückfrage. Zum Abschied schenkt sie der Gruppe getrocknete Früchte von ihren Feldern. Die Alten verbeugen sich und steigen in ihre Autos. Ayano schaut ihnen nach, ihr Gesichtsausdruck wirkt angestrengt. Sie genießt die Aufmerksamkeit, die ihr die Puppen bringen, doch ich habe den Eindruck, dass sie froh ist, wenn der Besuch wieder weg ist und sie ihre Ruhe hat.

»Mein Leben hier ist anders als das in Ōsaka«, sagt sie später zu mir. Es sei ruhiger, angenehmer. »Ich habe meine Felder und ich mache Vogelscheuchen.« Mit 15 sei sie in Tōkyō gewesen, das war nichts für sie. Zu viele Gebäude. »Ich bin ein Mädchen vom Land, ich werde traurig, wenn ich kein Grün sehe.« In großen Städten wisse niemand, wer sein Nachbar sei. Auch wenn sie tagsüber *pachinko* spielen, in Nagoro helfen sich alle, wie in einer Familie, behauptet sie. »In der Stadt gibt es diese Wärme nicht.«

Wie warm ist einem, wenn irgendwann keiner mehr da ist? Nagoro ist eines von 10.000 Dörfern, die nach Schätzungen der japanischen Regierung in den nächsten Jahren verlassen sein werden. Ayanos Tochter lebt in Ōsaka, ihr Mann auch. »Weil er die Luft hier nicht verträgt«, erklärt sie seine Abwesenheit und meint das wohl nicht ganz ernst. In Japan bleibt man oft verheiratet, auch wenn man in getrennten Städten wohnt. Scheidungen sind kompliziert. Eine Puppe ihrer Tochter steht im Brautkleid in ihrem Wohnzimmer, zusammen mit dem Rest der Hochzeitsgesellschaft. Von Ayanos Mann gibt es keine Puppe.

Eines Tages könnte sie die Letzte im Dorf sein, sagt sie. Die Puppen werden sie wahrscheinlich nicht überleben, sie halten zwei bis drei Jahre. In ihrem Haus ist ein Notrufgerät eingerichtet, wie in anderen Häusern der abgeschiedenen Region. Manchmal gibt es eine Durchsage, etwa eine Wetterwarnung. Oder jemand wird als vermisst gemeldet. »Ich denke nicht viel über den Tod nach, aber bis zum nächsten Krankenhaus dauert die Fahrt 90 Minuten«, sagt Ayano nüchtern. »Wenn etwas passiert, sterbe ich wahrscheinlich, bevor ich ankomme.«

Eine Figur hat Ayano Tsukimi von sich selbst gemacht. Die Puppe trägt die gleiche Arbeitskleidung wie sie, ihre Augen sind geschlossen. »Sie macht gerade ein Nickerchen«, erklärt sie fürsorglich. »Wenn ich nicht mehr da bin, macht keiner mehr Puppen, aber das ist okay.« Das sei nur ein Hobby. Vor dem Tod habe sie keine Angst. »Vielleicht werde ich ja ewig leben?«, sagt sie und lacht.

Nachdem ich Nagoro verlassen habe, schicke ich Ayano ein paar der Fotos, die ich von ihr und den Puppen gemacht habe. Meine Recherche biete ich verschiedenen Redaktionen an, keiner will sie haben. Also veröffentliche ich einen kurzen Dokumentarfilm online, der sich viral verbreitet. Medien aus Deutschland, Italien und Frankreich, aus den USA und Kanada, aus Mexiko und Südafrika zeigen meine Bilder aus Nagoro. Mich erreichen Anfragen von den Medien, die meine Story zuvor abgelehnt haben.

Nun reisen immer mehr Menschen aus dem Ausland in das abgelegene Dorf im Iya-Tal. Die japanische Presse fragt vor Ort nach, woher die Ausländer von den Puppen wissen. Ayano gibt ihnen meine Kontaktdaten. Daraufhin besuchen mich die Fernsehsender NHK und Asahi in meiner Universität in Hiroshima und interviewen mich. Mein Film erscheint bei National Geographic in den USA. In Deutschland gewinne ich einen Journalismuspreis. Für eine Geschichte, die niemand wollte.

Jeder Ort in Japan hat mich verändert – keiner mehr als Nagoro. Und mein Besuch hat das Dorf verändert: Am 30. April 2019 endet nach 30 Jahren die Ära Heisei, weil der alte Kaiser abdankt und mit dem Thronfolger eine neue Ära in der japanischen Zeitrechnung beginnt. Der Fernsehsender NHK sendet ein Sonderprogramm. Mein Film wird als Beispiel angeführt, wie Ausländer Japan in dieser Epoche verändert haben.

Im September 2020 halte ich einen kurzen Vortrag in Berlin. Anschließend kommt ein Teilnehmer auf mich zu, der zu einem Projekt in Japan recherchiert. Ich frage ihn, worum es geht. »Puppen«, sagt er und fragt mich, ob ich von einem Dorf in Japan wisse, in dem es mehr Puppen als Menschen gebe. Das sei ja kurios, sage ich. Wo er das herhabe? »Das hab ich online in einem Video gesehen.«

粟津温泉

AWAZU-ONSEN

Das Fließen der Zeit

Drei heilige Berge stehen in Japan: der Fuji, der Tate und der Haku, mit 2.702 Metern Höhe der kleinste von ihnen. Der erste Mensch, der den Haku besteigt, ist der 35-jährige Shugendō-Priester Taichō Daishi im Jahr 717. Ihn begleitet ein Holzfäller namens Gengorō. Am Gipfel hat Taichō eine Vision, der Gott des Berges zeigt ihm eine sprudelnde, heiße Quelle in dem nahen Dorf Awazu. Das Wasser dort habe heilende Kräfte. Taichō soll die Quelle finden, damit sie den Dorfbewohnern immerwährend helfen kann. Der Priester steigt den Berg hinab, reist nach Awazu und klopft dort mit seinem Stab den Boden ab, bis er Wasser findet. Als er darin badet, kommt sein Geist zur Ruhe und die Schmerzen seines Trainings verschwinden.

Ein Jahr später adoptiert Taichō seinen Schüler, den zweiten Sohn des Holzfällers Gengorō, der mit ihm den Haku bestieg. Er gibt ihm den Namen Zengorō und sagt ihm, er solle nahe der heißen Quelle ein Gasthaus bauen. Fortan verbreitet sich die Kunde vom heilenden Wasser im ganzen Land.

So geht die Legende – das Gasthaus steht heute noch. Seit 1.300 Jahren führt die Familie Hōshi die Herberge in Awazu, drei Stunden von Kyōto entfernt in der Präfektur Ishikawa. Die Region riecht nach faulen Eiern, die heißen Quellen verteilen den Schwefel im Wind. Bis 2011 stand das Hōshi im Guinness-Buch der Rekorde als ältester Familienbetrieb der Welt. Dann ging der Rekord an ein anderes Gasthaus über einer heißen Quelle in der Präfektur Yamanashi, die 13 Jahre älter sein soll.

Das Schriftzeichen *hōshi* steht groß auf einem Schild vor dem Eingang des Gasthauses. Es bedeutet Priester oder Mönch und ist der Name der Familie, die mit Taichō begann. Drinnen begrüßen mich ein Dutzend weibliche Angestellte im Kimono mit dem Willkommensgruß *irasshaimase*. Aus hundert bereitgestellten Pantoffeln wähle ich ein Paar und betrete das Hotel.

Das Hōshi ist ein *ryokan*, ein traditionelles japanisches Gasthaus, in dem man in Futons auf dem Boden schläft, zum Frühstück gibt es Misosuppe und Fisch. Man findet diese Unterkünfte häufig außerhalb der Städte, es ist eine traditionelle Möglichkeit, in Japan zu übernachten. Ein Zimmer im Hōshi kostet zwischen 100 und 300 Euro für eine Nacht. Für 500 Euro kann man ein kleines Haus im 400 Jahre alten Garten mieten, wo steinerne Laternen Hunderte Koikarpfen im Teich beleuchten.

Familie Hōshi erzählt seit 1.300 Jahren Geschichte und Geschichten. Wie Taichō auf den Haku gestiegen sein soll, wurde erst 250 Jahre später schriftlich erwähnt und basierte auf den mündlichen Überlieferungen seiner Schüler. Auch das Hōshi heute ist nicht das gleiche Gasthaus wie 718: Die Häuser der Herberge wurden 767, 1897 und 1983 von Fluten mitgerissen, 1881 und 1961 von Bränden in Asche verwandelt. Die Quelle versiegte nie.

»Achte auf Feuer, lerne vom Wasser, kooperiere mit der Natur.« So soll man mit Katastrophen umgehen, erklärt mir Hōshi Zengorō. In jeder Generation wird der erstgeborene Sohn Zengorō genannt, wenn er das Gasthaus übernimmt. So wie einst der adoptierte Sohn Taichōs. »Die heiße Quelle zu bewahren und unsere lange Geschichte an die nächste Generation weiterzugeben, das ist die Pflicht der Hōshi«, sagt der 46. Zengorō und wirkt trotz der Verantwortung gelassen. Hinter großen Brillengläsern ruhen freundliche Augen, der Kopf ist kahl bis auf einen Kranz grauer Haare. Ich habe das Gefühl, mit jemandem zu reden, der jenseits von Zeit existiert. Seit dem Jahr 716 wacht ein Zengorō über diese Quelle – in diesem Augenblick ist es der alte Mann vor mir.

1938 kam er als Hōshi Hajime auf die Welt. »Nach meiner Geburt und meinem ersten Schrei, sagte mir jeder, dass ich einmal das *ryokan* übernehmen werde.« Als Kind liebte er es, sich in den vielen Räumen zu verstecken und in einem

Badezuber über den Teich im Garten zu segeln. Er studierte Hotelmanagement in Tōkyō, arbeitete in verschiedenen Firmen, bevor er mit 42 Jahren das *ryokan* übernahm und zum Zengorō wurde. Den Namen trägt er bis zum Ruhestand oder Tod. Bei jeder Entscheidung, die er trifft, denkt er an die, die vor ihm hier waren und jene, die nach ihm kommen werden. »Wir Hōshi können nicht machen, was wir wollen. Unser Leben gilt den Gästen und dem Erhalt des *ryokan*«, sagt Zengorō ernst. »Manchmal muss man Familie opfern.«

»Mein Mann ist wie ein Professor, er erklärt gerne Dinge«, sagt Zengorōs Frau, die den Titel Okami trägt, eine Art Mutter für alle Angestellten. Chizuko wurde 1940 in eine Ryokan-Familie in Awazu geboren. In einem schlichten roten Kimono läuft sie mit kurzen, vorsichtigen Schritten durch das Hotel. Ihr Blick wandert zu den Gästen und in die Zimmer, um zu antizipieren, was gebraucht wird, bevor die Gäste es sagen. Seit mehr als 50 Jahren ist das Paar verheiratet, sie haben vier Kinder bekommen. Die Ehe haben die Eltern arrangiert.

Tochter Hisae führt mich durch das Hotel. Sie wirkt müde, stellt mir aber viele neugierige Fragen. Ihre langen, dunkelbraunen Haare fallen dabei auf ein schwarzes Sakko, das sie über etwas trägt, das mich an eine Schürze erinnert. Ihren Vater nennt sie im Hotel Chef, ihre Mutter Okami. Nur wenn sie keiner sieht, sagt sie Mama und Papa. »Alles andere wäre merkwürdig den Angestellten gegenüber.«

Durch lange, verwinkelte Gänge führt sie mich um den zentralen Garten. Auf dem weichen Teppichboden bewegen wir uns fast lautlos. Links und rechts gehen Zimmer ab, die teuren haben Gartenblick. Das Hōshi hat 70 Gästezimmer und genauso viele Angestellte. Um die größten Zimmer kümmert sich jeweils

eine eigene Servicekraft. Sie bringt Frühstück und Abendbrot, sitzt beim Essen mit im Raum und beobachtet den Gast. Jeder Wunsch soll erkannt werden, bevor er ausgesprochen wird.

Künstler, Nobelpreisträger und Mitglieder der japanischen Kaiserfamilie seien im Hōshi Gast gewesen, erzählt Hisae. Das Leitungswasser in den Zimmern stammt aus der eigenen Quelle. Es sei so gesund, dass es im eigenen Souvenirladen in Flaschen angeboten wird. Hōshi-Wasser ist trüb und schmeckt leicht würzig. Wie eine schwache Brühe.

Hisae bringt mich nach draußen, zu einem unscheinbaren Häuschen vor dem Hotel. Drinnen ist es feucht, Plastikrohre wachsen aus dem Boden. Sie bündeln sich in einer Leitung, die zum Gasthaus führt. Aus drei bis sieben Metern unter uns wird das Wasser der drei Quellen des Hōshi hochgepumpt. Seit Jahrhunderten fließt es ohne Pause.

Onsen, die wohltuenden heißen Quellen in Japan, gelten als Ausgleich der Götter für all die Naturkatastrophen. Sie entstehen durch Erdbeben und vulkanische Aktivitäten.

»Früher hatten wir jeden Tag Partys«, erklärt Zengorō. »Künstlerinnen und Hostessen kamen her. Heute sind die meisten unserer Gäste Familien.« Im hinteren Teil des Gasthauses zeugen leere Festräume von dieser Vergangenheit. Ausgeblichene Fotos aus den 1980er Jahren zeigen Tänzerinnen von den Philippinen und Karaoke-Abende. Eine dicke Staubschicht liegt auf den Lichtschaltern, in der Ecke steht ein alter Fernseher, an dem Schallplatten lehnen. Das Hōshi besteht aus Epochen, wie Jahresringe in einem Baum. In der Mitte sehe ich die Gründung 718, auf die Jahre von Wachstum, Leben und Naturkatastrophen folgen. In der Meiji-Zeit am Ende des 19. Jahrhunderts wird der Großteil der jetzigen Gebäude gebaut.

Die größte Veränderung kam in den 1980er Jahren, in der Bubble-Economy. Der US-Dollar wurde abgewertet, innerhalb von zwei Jahren verdoppelte sich der Wert des Yen. Japanische Investoren kauften weltweit Immobilien, Zinsen waren niedrig, die Spekulationen nahmen zu. Jeder schien Geld zu haben, überall wurde gebaut, die Wirtschaft wuchs grenzenlos.

Damals war das Hōshi überbucht. Der 46. Zengorō entschied, einen Teil der historischen Gebäude abzureißen, um Platz für eine achtstöckige Bettenburg zu schaffen. Sein Sohn Hiroshi, Anfang 20 und auf dem Weg, der nächste Zengorō zu werden, kritisierte den Vater. Der Neubau zerstöre die historische Atmosphäre und werfe Schatten auf den alten Garten.

»Die Wirtschaft florierte und viele Gäste kamen zu uns«, sagt Hōshi Zengorō heute nüchtern. »Aber eigentlich war es keine glückliche Zeit.« Menschen würden es nicht merken, wenn es Zeichen für eine Verschlechterung gebe, während Dinge gut liefen. »Eigentlich wissen wir nichts über Schicksal oder Glück.«

Die Blase platzte. Die 90er Jahre waren der Kater nach einer durchzechten Nacht. Sie gelten in Japan als verlorene Dekade, ebenso wie die 2000er und 2010er Jahre, als die Wirtschaft einfach nicht wachsen wollte. Seitdem wurde auch im Hōshi nicht mehr groß investiert.

Zengorōs Sohn wollte mit der Tradition brechen, sich selbst eine Ehepartnerin suchen. »Wir ließen ihn gehen«, erzählt der Vater. Doch Hiroshi sei zu jung gewesen, um eine gute Entscheidung zu treffen. »Eltern müssen sich um ihre Kinder kümmern und die Ehe arrangieren, sonst hauen die Partner mit den Kindern ab.« So habe der Sohn seine Familie verloren. »Es war ein Fehler, aber wir machen jeden Tag Fehler in unserem Leben. Wir müssen daraus lernen und unsere eigenen Schlüsse ziehen. Das ist unsere Verantwortung.«

Zengorō Hōshi spricht oft so, als wolle er die Erfahrung aus mehr als einem Leben weitergeben. Vielleicht versucht er, in Fehlern und Schmerz einen Sinn zu finden. Seine Frau sieht es nüchtern. Es sei damals halt so gewesen, dass die Eltern die Ehe arrangierten. Für ihre Kinder wünsche sie sich etwas anderes: »Selbst wenn wir einen Partner organisieren, heiraten müssen meine Kinder nicht.«

Alleine kam Hiroshi Anfang der 2000er Jahre wieder ins Hōshi. Sein Vater beobachtete ihn skeptisch, der Streit über den Neubau war nicht vergessen. Der Sohn arbeitete härter als alle anderen, erzählen Angestellte und seine Schwester. Er blieb länger, probierte Neues, putzte sogar die Steine der Wege im Garten alleine.

Dann hatte Hiroshi einen Schlaganfall. Ab dieser Zeit brauchte er Hilfe, selbst Autofahren überforderte ihn. Hisae kehrte aus Tōkyō mit ihrem Bruder Yutaka ins Hōshi zurück, für ihn und die Familie. 2013 starb Hiroshi. »Das Vertrauen seines Vaters hatte er verloren, und er strengte sich bis zu seinem Ende an, es wiederzugewinnen«, erzählt Hisae. Seit dem Tod hat sie seine Arbeit übernommen. Tränen sammeln sich in ihren Augen. »Manchmal wünsche ich mir, ich wäre nicht als Hōshi geboren.«

Hisae ist das jüngste Kind und zudem eine Frau. Die Verantwortung für das Gasthaus sollte niemals ihre sein. Sie liebt das Reisen, westliche Hotels findet sie viel bequemer als die Futons auf Reismatten. »Um ehrlich zu sein... ich wäre lieber eine normale Hausfrau.«

Nach ihrem Universitätsabschluss arbeitete Hisae als Sekretärin für einen Arzt. Sie mochte den Job. Als ihr Bruder stirbt, kündigte sie. »Ich muss sicherer in meiner neuen Rolle werden, ich muss positiver denken – aber es ist so schwer«, sagt sie. Je mehr Aufgaben sie übernehme, desto mehr Alkohol trinke sie. »Ich wünschte, ich hätte meinem Bruder mehr helfen können.

Ich wünschte, ich hätte ihm sagen können, dass er sich nicht so anstrengen muss. Ich wünschte, ich hätte ihm sagen können, dass ich und alle anderen ihn als 47. Zengorō akzeptiert haben.«

Wir sitzen im hinteren Teil des Gasthauses bei der Bar, die nicht zum Rest des Hotels passt. Vorne begrüßen japanische Kunstwerke und ein 200 Jahre alter Gong die Gäste. Hier hinten stehen schwarze Steinstatuen von nackten Frauen mit goldenen Haaren. Über der Treppe hängt das Gemälde einer Frau im Barock-Kleid. Die Bar kann sich nicht entscheiden zwischen Art Déco und Art Nouveau. Hiroshi hat sie gestaltet, es war sein Lieblingsort im Hotel. Vielleicht, weil alles andere schon vor ihm da war.

»Wir hatten einige Meinungsverschiedenheiten«, sagt der Vater über Hiroshi. »Ich habe erst nach seinem Tod gelernt, seine Meinung zu akzeptieren.« Veränderungen aushalten und Leid ertragen, so habe die Familie Hōshi seit 1.300 Jahren überdauert, erklärt Zengorō. Ich bitte ihn, mir ein Foto von Hiroshi zu zeigen. Wir gehen zusammen in einen kleinen Nebenraum im ersten Stock, der für Gäste unzugänglich ist. Fotografien hängen an der Wand, davor ist der Familienaltar aufgebaut. In der Mitte steht ein Bild von Hiroshi, umringt von Talismanen und Blumen. Zengorō rückt Weihrauch, eine Tasse mit grünem Tee und eine Schale mit Reis auf dem Altar zurecht. Eine Opfergabe. Mit einer buddhistischen Kette setzt er sich vor das Foto und betet. Ich weiß nicht, ob er es für mich macht, für Hiroshi oder für sich selbst. Sein Sohn blickt ohne Lächeln vom Foto auf den Vater. Ihre Augen sehen sich ähnlich, seine Hände sind wie zum Beten gefaltet.

Nachdem Zengorō und ich den Altar verlassen, sehe ich Hisae im Gespräch mit einem Mann in Hemd und Krawatte. Dokumente werden ausgetauscht und geprüft. Auf Nachfrage sagt man mir an der Rezeption nur, dass Hisae ein Gespräch mit Vertretern der Bank habe. Zengorō räumt ein, dass die Zimmer stets nur bis zur Hälfte belegt sind. Für diese Woche ist ein Taifun angekündigt, ungefähr 100 Gäste haben storniert.

Ob er mal daran gedacht habe, das Hotel zu verkaufen, frage ich Hōshi Zengorō. So eine Frage wolle er nicht mit einer Antwort würdigen. Jemand von außen sei keine Option. Wenn es in der Vergangenheit keine Erben gab, hat man sie adoptiert. Zengorōs Vater zum Beispiel ist so in die Familie gekommen. Als angeheirateter Ehemann wurde er zum Hōshi gemacht. Nicht die DNA, sondern Tradition hält diese Familie am Leben. Hisae könnte sich vorstellen, dass ein zukünftiger Ehemann der nächste Zengorō wird. Sie ist Mitte 40 und ledig. Für ihren Vater ist die Antwort klar: Hisae selbst soll die Leitung übernehmen.

Er hat gesehen, wie sie in ihre Rolle hineingewachsen ist. Wie sie für ihre Familie alles geopfert hat. Hisae wäre die erste Frau in 1.300 Jahren, in 46 Generationen, die das Hōshi als Zengorō führen würde. Eine Veränderung so bedeutsam wie die Besteigung des Berges Haku. »Je mehr wir verändern, desto mehr Tradition erschaffen wir.« Das soll Hiroshi seinem Vater mit auf den Weg gegeben haben.

Ich bitte die Familie für ein Familienfoto in den Garten. Als Erstes stellt sich der Patriarch auf, die legere Kleidung tauscht er gegen einen blauen Kimono ohne Makel. Seine Frau will sich links von ihm hinstellen, mit einer leichten Handbewegung dirigiert er sie rechts von sich. Zum Schluss erscheint Hisae im schwarzen Hosenanzug. Sie klopft sich nicht sichtbaren Schmutz von den Beinen. Bereit, das Gasthaus zu führen, fühle sie sich noch nicht.

Familie Hōshi wartet seit 1.300 Jahren auf den ersten weiblichen Zengorō. Sie hat Zeit.

尾道

ONOMICHI

Wo Ideen wohnen

Verwinkelte Gassen führen zu den Häusern auf dem Hügel in Onomichi. An den meisten Stellen ist gerade genug Platz, dass zwei Personen aneinander vorbeigehen können, wenn sie sich zur Seite drehen. 292 Stufen laufe ich hoch zu meinem Gasthaus, über das Gelände eines Tempels, vorbei an einem Friedhof, einer Schule und leerstehenden Häusern, die vom Hügel auf das Meer schauen. Die nächste Insel ist so nah, man könnte denken, es wäre das andere Ufer eines breiten Flusses.

Ein Bahngleis teilt den Ort in zwei Hälften: unten der Hafen und Straßen mit Autos, oben Wohnhäuser, Schreine, Pagoden und Tempel. Ein Labyrinth aus Holzhäusern, Betonbauten und Dachziegeln. Das ist also Onomichi. Es ist Spätsommer 2022, ich bin das erste Mal hier – und ich möchte ein Haus kaufen.

Wie ganz Japan hat Onomichi ein Problem namens *akiya* – auf Deutsch: leeres oder leerstehendes Haus. Sie stehen meistens außerhalb der großen Städte. Eine Untersuchung des Ministeriums für Innere Angelegenheiten hat 2024 ergeben, dass 13,8 Prozent aller Häuser in Japan unbewohnt sind – das sind neun Millionen Gebäude. Ungefähr ein Drittel davon werden nicht mehr vermietet oder verkauft, vielleicht sind es bereits Ruinen. Laut dem Ministerium waren es noch nie so viele und es werden mehr werden.

Weil die Häuser einen geringen bis keinen Wert haben, sind sie beliebt bei Menschen, die auf dem Land leben wollen oder abseits des Mainstreams. Im Jahr 2007 wurde die Organisation Onomichi Akiya Saisei Project (Aki-P) gegründet, die leerstehende Häuser in Onomichi wiederbeleben will. Sie war die erste ihrer Art und ist heute die bekannteste Akiya-Initiative in Japan. Der NGO gehört das hundert Jahre alte Gasthaus Miharashi-tei, in dem ich übernachte. Zwei Stockwerke aus Holz mit einem Fundament aus Stein klammern sich an den Hügel. Mein Zimmer hat einen überdachten Holzbalkon mit

Fenstern. Zwischen den Balken kann ich den Garten sehen, vier Meter unter mir. Das Gasthaus stand 30 Jahre leer, bis Aki-P es 2012 übernahm. Mit einer Crowdfunding-Aktion und vielen freiwilligen Helferinnen und Helfern konnte im Frühling 2016 die Renovierung abgeschlossen werden. Es ist eines der am höchsten gelegenen Gebäude in Onomichi, nur ein 1.200 Jahre alter Tempel und eine Aussichtsplattform auf der Spitze des Hügels liegen höher.

Mein Gepäck ist schon angekommen. Es gibt in Japan einen genialen Service der Post, mit dem man seine Sachen zu Hotels schicken kann, bevor man ankommt. Das sorgt für leerere Züge, und man hat weniger zu schleppen. Als ich meinen schweren Rucksack vor mir sehe, bekomme ich ein schlechtes Gewissen, weil ich an den Lieferanten denke, der ihn die lange Treppe hochgeschleppt haben muss. Der Angestellte des Gasthauses beruhigt mich mit einem Lächeln. Auf der anderen Seite des Hügels, hinter dem Tempel, gebe es eine asphaltierte Straße für Autos, sagt er. Von dort sei es nicht mehr weit.

Akiya und Onomichi – ich habe viel darüber gehört. Oft besuchte ich in Deutschland die Webseite der nationalen Akiya Bank, auf der leerstehende Häuser gelistet werden. Während der Pandemie sah ich ein 120 Jahre altes Haus in der Nähe von Hiroshima, 15 Minuten vom Meer entfernt, für umgerechnet 8.000 Euro – mit Grundstück. Natürlich musste daran noch was gemacht werden – aber mein eigenes Häuschen in Japan schien auf einmal nicht unrealistisch.

Japans Bevölkerung schrumpft seit 2005, der demografische Wandel entvölkert Dörfer und Kleinstädte. In Japan ist es teuer, ein Haus abzureißen, deswegen lassen viele es verfallen. Die Immobiliensteuer ist relativ niedrig. Fertighäuser oder Holzbauten steigen nicht im Wert, eine Renovierung lohnt sich nicht. Und die mit dem Klimawandel steigenden Risiken für Naturkatastrophen machen gewisse Regionen unattraktiv. Kurzum: Es ist eine Verkettung von Umständen, die dazu führen, dass bis 2033 ein Drittel aller Häuser in Japan unbewohnt sein sollen.

Internationale Berichte über Japans leere und teilweise sogar kostenfreie Häuser haben bei Menschen im Ausland eine große Nachfrage ausgelöst. Es gibt Firmen, Webseiten sowie Kanäle auf YouTube und Instagram, die sich ausschließlich mit *akiya* beschäftigen. Einige habe ich abonniert. Zwar ist es mir als Ausländer möglich, ein Haus zu kaufen, doch einige *akiya* kommen mit Pflichten. Manche Grundstücke müssen landwirtschaftlich genutzt werden, wofür man eine Lizenz braucht. Viele Gemeinden erwarten eine Renovierung der baufälligen Häuser oder dass man dort eine bestimmte Zeit wohnt. In jedem Fall muss man sich mit den Besitzerinnen und Besitzern einig werden und die Bürokratie überstehen.

Onomichi hat viele schöne alte Häuser, eine NGO, die Interessenten unterstützt, und die Nähe zu Hiroshima und zum Meer ist großartig. Gibt es hier einen Platz für mich?

Vor meiner Reise nach Onomichi habe ich Sam Holden getroffen. Der 32-jährige Übersetzer aus Colorado lebt in Tōkyō, war aber schon mehr als 30 Mal in Onomichi. Im Moment renoviert er dort mit Freunden ein Haus. So oft er kann, fährt er in die Stadt am Meer. Er hat seine Masterarbeit über *akiya* geschrieben, für die Recherche besuchte er in drei Jahren mehr als hundert Orte in 42 Präfekturen. Onomichi hat den größten Eindruck bei ihm hinterlassen.

Wir sprachen in einem Badehaus, das er vor dem Verfall bewahrt hat. Das Haus gehört ihm nicht, Besitz war nie sein Ziel. Sam möchte Räume schaffen, in denen Menschen

Gemeinschaften bilden. Das öffentliche Badehaus ist nun ein Treffpunkt für die Nachbarschaft. »Onomichi inspiriert mich. Wir bauen etwas zusammen, essen zusammen und wohnen zusammen«, beschrieb er mir die Renovierungsarbeiten im Küstenort. »Es ist die engste Community in Japan, die ich habe.« In Tōkyō habe er viele Bekanntschaften oder Kolleginnen und Kollegen. Aber man sehe sich selten, alle seien immer beschäftigt. »In Onomichi muss ich nur den Hügel hinuntergehen und treffe viele meiner Freunde.«

In traditionellen japanischen Häusern sind die Wände dünn, man kann die Menschen nebenan hören. Sam mag es, lose auf diese Art verbunden zu sein. *Akiya* zu renovieren sei eine Möglichkeit, durchlässige Räume zu schaffen, wo die Grenzen zwischen privat und öffentlich unscharf seien, findet er. Sein aktuelles Projekt heißt »Labyrinth House« und liegt nicht weit von meinem Gasthaus entfernt. Er und seine Freunde entkernen alles, reißen Wände ein, verlegen neue Holzbalken und öffnen Räume. Alle Baumaterialien müssen sie selbst den Hügel hinauftragen, kein Auto kann dort hinfahren. Der Schutt muss ebenso wieder heruntergetragen werden, das sei aber einfacher. Über drei Jahre soll das Haus wachsen und sich durch Gänge oberhalb der Gassen mit anderen Gebäuden verbinden. Man betritt eine Bibliothek und kommt in einem Lebensmittelgeschäft raus, so stellt sich Sam das vor. Jede Tür und jeder Raum ist eine neue Entdeckung. Als Kind habe er es geliebt, im Haus Irrgärten aus Bettdecken zu bauen und sich darin zu verlieren.

Meine eigene Entdeckungstour beginne ich oben im Senkōji-Tempel. Von dort gehe ich den Hügel herunter, entlang des »Literaturpfades«, auf dem 25 Autorinnen und Autoren auf tonnenschweren Findlingen verewigt sind. Die volle Gondel einer

Seilbahn zieht in Richtung Tempel vorbei. Die Szene kommt mir bekannt vor, sie erinnert mich an den Manga »Pastel« von Kobayashi Toshihiko. Auf meinem Handy suche ich die Szene. Das Panel zeigt die Gondel, wie sie hinter den Bäumen erscheint, unten ist der Literaturpfad zu sehen, auf dem ich stehe. Sogar das Geländer vor mir ist identisch mit der Zeichnung.

Der Autor ist nicht der einzige, den Onomichi inspiriert hat: Die japanische Wikipedia zählt zehn Manga, die hier spielen. Darunter »Tabi To Michizure«, in dem die Gassen in Onomichi jeden fressen, der versucht, die Stadt zu verlassen. Oder »Shimanami Tasogare« mit dem wunderbaren deutschen Titel »Wer bist du zur blauen Stunde?«, in dem die Hauptfigur seine eigene Homosexualität entdeckt – während er für eine NGO arbeitet, die alte Häuser restauriert.

Wie Onomichi die Menschen inspiriert hat, sehe ich auch im Stadtmuseum: In einer renovierten ehemaligen Bank werden Bücher gesammelt, die von Menschen aus der Stadt stammen oder von ihr handeln. Ich entdecke ein Buch des deutschen Regisseurs Wim Wenders, »Journey to Onomichi«. Wenders Lieblingsfilm ist »Tōkyō Monogatari« von 1953, auf Deutsch »Die Reise nach Tōkyō«, von Regisseur Ozu Yasujirō. Der Film beginnt und endet in Onomichi. Daran erinnert das Filmmuseum der Stadt, das etwa zur Hälfte Ozus Werk gewidmet ist. In einer Dauerschleife läuft ein Dokumentarfilm über die Entstehung und Wirkung von »Die Reise nach Tōkyō«. Vorne hängen Filmposter und Fotos von anderen Filmen, die hier gedreht wurden. Dazu kommen Anime und Videospiele mit Onomichi als Location.

Die Stadt oberhalb des Hügels ist um Menschen gebaut, nicht um Autos. Sam nannte es »human scale«, den menschlichen Maßstab. Während der industriellen Entwicklung wurden hier eng nebeneinander zahlreiche Häuser den Hügel hoch gebaut. Er findet, diese Architektur schafft intime Momente. Man läuft in engen Räumen aneinander vorbei, redet miteinander. »Ich glaube fest daran, dass die Art und Weise, wie wir uns im Raum bewegen, bestimmt, wie wir denken«, so Sam.

Die mehr als sechs Millionen Touristen im Jahr suchen unter anderem die vielen freilaufenden Katzen in Onomichi. Es sind ungefähr 200 Tiere, die auf dem Hügel und darunter leben, ungefähr vier pro Hektar. Seit dem 12. Jahrhundert ist Onomichi ein wichtiger Hafen der Seto-Inlandsee. Mit den Schiffen kamen die Katzen, heißt es, denn sie wurden zum Schutz vor Nagetieren gehalten. Doch viele der Tiere sind bei schlechter Gesundheit. Also richtete die Stadt eine »Katzengasse« ein, die ein sicheres Zuhause bieten soll. Dort gibt es ein Katzenmuseum, Cafés und ausreichend Futter. Auf dem Boden finden sich Mosaike und Zeichnungen mit Katzenmotiven, an Zäunen und Häusern bunte Katzenwandgemälde. Verstreut liegen Katzenstatuen aus Holz und Stein herum. Eine echte Katze sehe ich nicht in der Katzengasse – in den anderen Gassen schon. Eine von ihnen beobachtet mich lange, bis sie auf eine Mauer springt und verschwindet. Katzen gehen, wohin sie wollen, und halten sich nicht an die Gasse, die ihnen zugewiesen ist.

Es ist nicht einfach zu erkennen, welche der Häuser auf dem Hügel bewohnt sind. Selbst wenn eine Fassade Risse hat, höre ich drinnen manchmal den Fernseher oder wie das Abendessen gekocht wird. Sobald ich unten bin und das Bahngleis überquere, scheine ich eine magische Grenze zu passieren. Die Straßen werden breiter, ich sehe Autos und Busse. Die beiden Hälften der Stadt, Hügel und Hafen, sind ungefähr gleich groß, doch grundverschieden. Unten sind Geschäfte, Hotels und Restaurants. Oben sind die Tempel, Gassen und

Katzen. Die Menschen kommen, um die Stadt oben zu sehen. Unten geben sie das Geld aus.

Die Laternen am Hafen leuchten warm, nachdem die Sonne untergegangen ist. Dutzende kleine Boote hängen an Seilen und ruhen auf sanften Wellen. Eine kleine Fähre legt an und bringt sechs Menschen auf Fahrrädern von der Nachbarinsel. Onomichi ist auch ein beliebtes Ziel wegen einer Radstrecke: Jedes Jahr fahren ungefähr 300.000 Menschen entlang der Shimanami Kaidō. Mithilfe von Brücken und Fähren springen sie zwischen den Hauptinseln Honshu und Shikoku, eine Strecke von 60 bis 80 Kilometern. Laut CNN ist es eine der schönsten Radstrecken der Welt. Sie beginnt oder endet in Onomichi.

Tagsüber habe ich viele Menschen gesehen, die Cafés und Restaurants füllten. Jetzt sind die Touristen weg, viele Geschäfte sind geschlossen und die Straßen leer. Am Ende eines Steges spielt eine junge Frau leise Gitarre. Ich frage sie, warum sie hier sitzt. »Das ist der Ort, wo keine Menschen sind«, sagt sie fröhlich. »Hier störe ich niemanden beim Üben.«

Der Mond scheint hell über dem Hügel, als ich wieder zu meinem Gasthaus laufe. Nicht alle Gassen sind beleuchtet. Ich muss meine Handy-Taschenlampe benutzen – auch um nicht auf die Katzen zu treten, die auf den Treppenstufen schlafen.

In meinem Zimmer kann ich das Windspiel des Tempels über uns hören. Das Haus knarzt und knackt, das Holz atmet. Aus meinem Fenster sehe ich unten die ganze Stadt, funkelnd und schläfrig. Ein Zug fährt ein, die Bremsen schleifen die Gleise, das Quietschen kreischt bis hier oben. Ich kann die Bahnstrecke bis zum Stadtrand sehen und wie der lange Zug aus dem 30 Kilometer entfernten Fukuyama sich zwischen den Häusern hindurchschlängelt. Am Rand von Onomichi steht eine erleuchtete Brücke, die irgendwie nicht in das verträumte

Bild passt: sechs Spuren, 200 Meter lang, die Stützpfeiler 70 Meter hoch. Sie verbindet die Stadt mit der Nachbarinsel und deren Industriehafen. Die Kräne, Lagerhäuser und riesigen Tanks sehe ich jedes Mal, wenn ich Richtung Meer schaue.

Möchte ich hier wirklich ein Haus kaufen?

»Es braucht eine Story, um irgendwo hinziehen zu wollen«, sagte mir Sam in Tōkyō. »Warum solltest du in eine neue Community ziehen? Warum willst du dort sein?« Ich weiß es nicht.

Ich kenne die Story der Stadt noch nicht. Also fange ich in meinem Hotelzimmer mit der wichtigsten Geschichte an: »Die Reise nach Tōkyō«. Als der Film in Onomichi gedreht wurde, stand mein Gasthaus schon fast 50 Jahre. Heute, mehr als ein halbes Jahrhundert später, gilt der Film als einer der besten, der je gedreht wurde. Er handelt von einem älteren Ehepaar, das beschließt, nach Tōkyō zu reisen, um seine Kinder zu besuchen, die mit ihnen nicht viel Zeit verbringen möchten. Es geht um ein Japan kurz nach dem Krieg und um den Konflikt der Generationen. Ich denke beim Schauen an meine Oma und meine Brüder. Die Geschichte ist zeitlos.

Nach dem Film gehe ich noch einmal den Hügel herunter. Sam hatte mir einen Buchladen empfohlen, der nur in der Nacht geöffnet haben soll. Das Antiquariat 20 Dezibel liegt in einer unscheinbaren Nebenstraße nahe dem Meer. Der Name bezieht sich auf die Lautstärke, die ein Buch beim Umblättern machen soll. Drinnen brennt Licht, doch die Eingangstür lässt sich nur einen Spalt weit öffnen. Ich sehe ein junges Paar. Die Frau deutet mir, kräftig zu drücken. Ich schiebe die Tür auf, bis sie sich mit dem Boden verkeilt, und ich muss mich dünn machen, um hineinzukommen. Es riecht intensiv nach Räucherwerk. Das Gebäude war früher ein Krankenhaus, der Besitzer Fuji Mototsugu hat es vor sechs Jahren mithilfe von Aki-P in einen Second-Hand-Buchladen umgebaut. Er sitzt in einer

Kabine, wo sich früher Patienten angemeldet haben müssen, und unterhält sich mit einem Besucher. Fotos soll ich keine machen, sagt er. Das Geräusch könnte die Menschen stören. Auch wenn meine Kamera lautlos ist, halte ich mich dran. Ich will den Leuten nicht ihr Umblättergeräusch nehmen.

Dutzende Bücherstapel auf dem nackten Betonboden lassen das Geschäft wie eine Abstellkammer wirken. An den Wänden stehen Regale, die nicht zusammenpassen und randvoll gefüllt sind. In einem Lesezimmer warten ein durchgesessenes Sofa und ein einsamer Sessel auf Nachtschwärmer. Zehn Personen verteilen sich in den drei Räumen. So wie ich betrachten sie jede Regalzeile und jeden Stapel genau. Es gibt viele Mode- und Musikmagazine aus den 80er Jahren, dazu überraschend viele Erotik- und Pornomagazine. Ich versuche eine Ordnung zu erkennen, aber es gelingt mir nicht. Bücher über Geschichte liegen neben Werken über Philosophie, Anleitungen zum Klavierspielen, Reiseliteratur und Manga. Ein Buch trägt den Titel »Ich möchte Batman werden«.

In der Stunde, in der ich mich zwischen dem bequemen Sofa und den Regalen bewege, muss der Besitzer sein Gespräch nur einmal für einen Verkauf unterbrechen. Nie ist der Laden leer, trotz der Uhrzeit. Die meisten Menschen wollen nur schauen, aber kaufen nichts.

Fuji geht es laut Sam nicht darum, Geld zu verdienen. Sein Einkommen stammt aus Aushilfsjobs in Gasthäusern und Cafés der Stadt. Der Mitternachtsbuchladen ist ein Ausdruck seiner Kreativität, eine Art Performance-Kunst. Onomichi ist ein Ort, wo so etwas möglich ist. Man nutzt die leeren Häuser, um ein besonderes Leben für sich und andere zu schaffen.

Aki-P veröffentlicht mehrmals im Jahr die »AKI Press«, eine Karte mit allen aktiven und abgeschlossenen Projekten in

Onomichi. Sie zeigt mehr als hundert Häuser. Trotz der Karte habe ich am nächsten Tag Schwierigkeiten, einen dieser Orte der Möglichkeiten zu finden: das Geschäft Monolom.

Früher war es ein leeres Wohnhaus, aufgrund der wilden Pflanzen an der Fassade sieht es immer noch verlassen aus. Das Gebäude steht fast frei am Hügel, nur ein Trampelpfad am Rand eines Schreins und eine überwucherte Treppe führen dorthin. Von drinnen sieht man fast die ganze Stadt. Eine Wand besteht nur aus Fenstern, vom Boden bis zu Decke. Sie wirkt wie eine gigantische Schiebetür. Kleine Objekte liegen auf den Tischen, manche mit Beschreibung, die meisten ohne, alle mit Preisschildern: Löffel aus Holz, Schmuck, Tierfiguren, Schüssel und Gläser, das meiste für ein paar Euro. Eine Frau, ungefähr in meinem Alter, sitzt hinter einem Tresen und begrüßt mich freundlich. Sonst bin ich alleine. Nach drei kurzen Runden durch den Verkaufsraum frage ich sie: »Was ist das für eine Art Geschäft?« Sie lächelt. »Ja, das ist nicht so ganz einfach zu beschreiben.«

Tomono Yukiko hat den Laden mit ihrem Mann und Aki-P renoviert. Früher arbeitete sie unten in der Stadt in einem Restaurant. Als sie schwanger wurde, wechselte sie zu Monolom, das damals noch in der Shoppingstraße von Onomichi lag. Eines Tages wollte der damalige Besitzer aufhören, gleichzeitig wurde das Haus hier oben auf dem Hügel frei und Aki-P schlug vor, hier ein Geschäft aufzumachen. Tomono wollte eigentlich nie einen Laden führen, aber die Lage hat sie überzeugt. »Ich mag geheime Orte – es ist wie ein kleines Versteck«, sagt sie. Vor fünf Jahren ist das Paar hergezogen, unfassbar günstig sei das Haus gewesen. Vorne der Laden, hinten und oben die Wohnräume. So konnte Tomono während der Arbeit ihrem Kind nahe sein.

Die geschmackvolle Innenarchitektur kann mit modernen Geschäften in Tōkyō oder Kyōto mithalten, finde ich. Doch die niedrigen Preise sind eindeutig Onomichi. Viele der Objekte kommen aus dem Ausland, Tomono hat sie von ihren Reisen mitgebracht. Sie zeigt mir eine alte Taschenbuchausgabe von Goethes »Faust« in Frakturschrift, die sie auf dem Mauerpark-Flohmarkt in Berlin gekauft hat. Ich kaufe ein Notizbuch aus Indien mit gelbem Papier für weniger als zwei Euro.

Den Hügel hinunter und einige Gassen weiter liegt die laut AKI Press »kleinste Brotfabrik der Welt.« Sie heißt Nekonotepanya, übersetzt »Bäckerei Katzenpfote«, und könnte aus einem Animationsfilm des Studio Ghibli stammen. In den Verkaufsraum passt nur eine Person. Eine einzelne Lampe beleuchtet einen Tisch, der in der Wand verbaut ist und auf dem vier Backbleche mit Croissants, gefüllten Teigtaschen und Toastbroten liegen. Auf zwei Regalbrettern liegen abgepackte Weißbrote und Kekse. Unter dem Tisch sehe ich zwei Schubladen voll mit Süßgebäck. Ich habe Schwierigkeiten, mich mit meiner großen Umhängetasche zu drehen, um durch ein Loch zum Nebenraum mit der Verkäuferin zu sprechen und zu bezahlen.

Seit 13 Jahren gibt es die kleine Bäckerei. Ihre Chefin Nagai Tomoko hat früher in Fukuyama gearbeitet, Onomichi war aber immer schon ihre Lieblingsstadt. Aki-P hatte nichts mit ihrer Entscheidung zu tun, dieses leerstehende Haus zu renovieren, aber sie haben ihr geholfen, den schweren Ofen und andere Geräte den Hügel hochzutragen. Sie ist 43. »Aber ich bin so klein und sehe aus wie ein Kind«, sagt sie lachend. Ich kaufe ein Käsebrötchen und Pain d'epi, ein eingeschnittenes Brot aus Baguette-Teig mit Schinken, und setze mich vor die Bäckerei.

Kein Schild weist außen auf die Bäckerei hin, doch durch große Fenster kann man Nagai und ihrer Kollegin beim Teig kneten und Backen zusehen. Der holzverkleidete Raum wirkt so warm und intim wie die private Küche einer Wohnung.

Während ich esse, kommen einige Menschen vorbei. Manche gehen gezielt in den kleinen Verkaufsraum und wissen sofort, was sie wollen. Andere verirren sich in die Gasse und schauen neugierig in die großen Fenster.

Die Brote schmecken mir so gut, dass ich direkt wieder hineingehe und mir etwas für mein morgiges Frühstück kaufe.

Ich überquere wieder das Bahngleis, das Portal zur anderen Hälfte der Stadt. Auf dem Weg zum Hafen höre ich entferntes Hämmern. Im Kalender von Aki-P habe ich gesehen, dass heute ein Haus renoviert wird und Freiwillige dabei helfen können. Ich folge den Geräuschen. Die konstanten Schläge mischen sich mit dem Splittern von Holz und dem Schleifen von Balken, die über den Boden gezogen werden. Sie kommen aus einem dreistöckigen Gebäude. Alle Fenster sind geöffnet, um Luft gegen die Sommerhitze hereinzulassen. Die Tür lässt sich aufschieben. Im Eingangsbereich stehen Reissäcke, die mit Altholz gefüllt sind. Überall im Erdgeschoss ist der Boden aufgerissen. Zwischen den einzelnen Balken kann ich die nackte Erde sehen. Kabel ziehen sich unverkleidet über die Wände. »Verzeihung?«, rufe ich in den Raum. Keine Reaktion, nur weiteres Hämmern. Vorsichtig balanciere ich auf Streben zu dem Raum, in dem gearbeitet wird. Ein dünner Mann, ungefähr so alt wie ich, Bärtchen am Kinn, hockt auf einem Balken und reißt Bretter vom Boden, um die alten Fliesen darunter freizulegen. Kacheln bedecken die Wände hüfthoch, die meisten von ihnen sind schon abgefallen. Der Mann schaut mich freundlich an und stoppt. Stille. Ich will mich vorstellen, doch er weiß schon Bescheid. »Du musst der Deutsche sein!«, sagt er mit einem Lächeln. »Meine Frau führt das Monolom und hat mir von dir erzählt – danke für den Einkauf!« Nitta ist einer von vier festangestellten Mitarbeitenden von Aki-P und der Mann für alles. Renovierung, Organisation, Touren – Nitta ist dabei. »Kann ich mir das Haus mal ansehen?«, frage ich ihn. »Klar, aber sei vorsichtig, der Boden fehlt.«

Vor etwas weniger als hundert Jahren war das Gebäude eine gynäkologische Klinik, viele Kinder aus Onomichi wurden hier geboren. Der Raum, in dem Nitta arbeitet, muss der Kreißsaal gewesen sein. Nach dem Krieg war das vorbei. Der Besitzer machte das Haus zu einer Nachhilfeschule für Schülerinnen und Schüler der Mittelstufe. An der Wand im Nebenraum hängen noch binomische Formeln.

In der ersten Etage müssen Büros gewesen sein, ich sehe nur Pressspan und Linoleum. Auf dem Treppengeländer hat jemand ein lachendes Gesicht in den Staub gemalt.

Im obersten Stockwerk befinden sich zwei große, traditionelle Zimmer aus dunklem Holz mit Schiebetüren. Nitta ermahnt mich, die Schuhe in diesem Stockwerk auszuziehen. Im Gegensatz zu den unteren Stockwerken ist hier oben der Wohnbereich, wo man die Schuhe ausziehen sollte, um die Reismatten nicht zu beschädigen oder zu beschmutzen. Noch liegen hier keine, stattdessen bilden Zeitungsseiten von 1972 den Untergrund.

Im Gang liegt eine zusammengerollte Strickleiter. »Um sich bei Gefahr zu retten«, erklärt Nitta mir. Der Putz außen ist Beton, aber das Gebäude ist aus Holz. »Solche Häuser dürfen nicht mehr gebaut werden, zu gefährlich bei Naturkatastrophen«, sagt Nitta. Doch renovieren und nutzen darf man diese alten Häuser schon. Aus dem Fenster sehe ich den Hügel, mein Gasthaus und den alten Tempel. Das Meer ist nicht zu erkennen, zu viele neue Häuser stehen davor.

Ich lasse Nitta weiter arbeiten und verabschiede mich. Ein paar Meter von der alten Klinik entfernt verläuft die überdachte Shoppingstraße, wo früher Monolom lag. Sie beginnt östlich vom Bahnhof Onomichi und verläuft parallel zum Bahngleis und zum Meer. Man braucht ungefähr 20 Minuten, um sie in eine Richtung abzulaufen. Ein Gebäude fällt mir auf. Draußen steht auf Englisch »Guest Ho se« (das u fehlt), darunter ANAGONONEDOKO – »Wo der Aal sich schlafen legt«. Es ist das andere Gasthaus, das Aki-P betreibt. Rechts lädt eine große Schiebetür in ein Café, links führt ein dunkler Gang tiefer in das Gebäude hinein. Es wirkt wie eine Höhle. Alle paar Meter hängt eine Lampe von der Decke, rechts kann man durch Fenster ins Café sehen. An der Wand hängen Zeichnungen von Gebäuden in Onomichi, alles *akiya*. Eines zeigt die alte Klinik, in der ich gerade war. Nach dreißig Metern endet der schmale Gang in einem Hof. Aus der hinteren Ecke kommt Musik aus einem Buchladen, der sich hinter einem überwucherten Eingang versteckt. In einer anderen Ecke steht die Tür offen zu einem Raum, in dem Objekte aus *akiya* auf Regalen stehen. Für 50, 100 oder 500 Yen (zwischen 30 Cent und vier Euro) gibt es Sake-Krüge, Schüsseln, Töpfe, Tassen und Dekoartikel, die in den Häusern vergessen wurden.

Im Gasthaus scheint noch Pause zu sein. Ich rufe laut »Entschuldigung?« in den dunklen Gang, und hinter den Fenstern antwortet ein langgezogenes »Jaaaaa«. Schnelle Schritte in meine Richtung, vor mir wird die Tür zur Seite geschoben und eine junge Frau steht in einem *happi,* einer blauen Arbeitsjacke, vor mir und schaut mich schockiert an. Sie braucht einen Moment, dann fragt sie: »Erinnerst du dich?« Ich bin verwirrt. »Gestern Abend! Am Hafen! Ich hab Gitarre gespielt.«

Yamazaki Miyu hilft im Hostel aus, weil sie unbedingt in Onomichi leben möchte. Sie liebt die Atmosphäre in dem Ort und hat etwas Zeit, bevor in zwei Monaten ihr Studium in Hiroshima beginnt. Sie ist gerade dabei, das Haus zu putzen, bevor die nächsten Gäste kommen. Ich frage sie, ob ich mir das Gasthaus einmal ansehen kann. Nachdem sie sich im Café die Erlaubnis abgeholt hat, führt sie mich barfuß durch die Räume. Das Haus war mal ein Lager, dann ein Bekleidungsgeschäft und noch später ein Optiker. Manche Strukturen sind mehr als hundert Jahre alt, die Räume und Anbauten miteinander verwachsen. Kein Zimmer gleicht dem anderen, in fast jedem hängen großformatige Zeichnungen. Mal eine Szene aus »Die Reise nach Tōkyō«, mal ein riesiger Aal, der friedlich döst. »Die hat der Besitzer alle selbst gemalt«, erklärt Miyu. »Er ist Manga-Zeichner!«

Tsuru Kentaro kann man sich als einen armen Künstler vorstellen. Mit Gelegenheitsjobs hielt er sich in Tōkyō über Wasser, bis ihm ein Freund von Onomichi und den vielen leeren Häusern erzählte. 2008 zog er mit seiner Freundin in ein Haus auf dem Hügel, das er selbst renoviert hatte – und für das er nichts bezahlen musste. Sechs Jahre später veröffentlichte er einen Manga mit dem Titel »Bekomme ein Haus für lau und flüchte aus Tōkyō« über sein Leben in Onomichi. Man findet darin eine Anleitung zum Renovieren, eine Geschichte der Akiya-Bewegung und seine Gedanken über die eigene Lebensveränderung. Er lebt den »Akiya-Traum«, wie es im Manga heißt, und leitet das Hostel, das er zusammen mit Aki-P und vielen freiwilligen Amateuren renoviert hat. Sie nutzten dafür Möbel aus anderen *akiya*, etwa aus der alten Grundschule der Nachbarinsel.

Während Miyus Tour höre ich weiterhin das entfernte Hämmern von Nitta. So dünn sind die Wände und so ruhig ist die Stadt. Als ich erneut in die alte Klinik gehe, sind zwei Freiwillige hinzugekommen. Eine junge Frau trägt Bretter zum Eingangsbereich. »Die sind noch gut, die kann man noch verwenden«, erklärt mir Nitta, der eine kurze Pause macht. Die Balken sind fast komplett entfernt, der alte Fliesenboden liegt jetzt frei. Ein junger Mann in Sportkleidung reißt die letzten Bretter raus und entfernt die Nägel mit einem Hammer. Staub und feine Holzsplitter tanzen durch das Nachmittagslicht, das durch die offenen Fenster scheint. Nitta stellt die beiden vor. Sie studiert Wirtschaft in Hiroshima, er Stadtplanung an der Elite-Uni Waseda in Tōkyō. Für seine Abschlussarbeit über *akiya* recherchiert der Student in Onomichi. Ich spreche ihn auf sein breites Kreuz an. Er erzählt freudig, dass er Rugby für die Uni spielt. Es sei gut, sage ich, jemand so Starkes als Hilfe zu haben, und zum Scherz spannt er den Bizeps an.

Die Studierenden haben alle Bretter weggetragen, nun sammeln sie alte Nägel und fegen die Holzreste auf. Anschließend tragen sie Möbel aus dem Flur hinein und fangen an, sie zu zerkleinern. Ich packe mit an und halte einen Schrank, während der Rugby-Spieler mit einem Hammer die Türen entfernt. Er trägt drei Schranktüren auf einmal unter dem Arm Richtung Hauseingang.

Wir sind fast fertig damit, den Raum zu fegen, da kommt eine Frau durch die Tür. Trotz der Hitze trägt sie eine französische Baskenmütze auf dem Kopf. Ihre bunte Strickkleidung fällt auf. In den Händen hält sie zwei Tüten mit Snacks und Getränken. Alle freuen sich, sie zu sehen. Ich frage Nitta, wer das ist. »Toyota-san«, sagt er lächelnd und geht zu ihr, um das Essen zu verteilen. Vor meiner Ankunft habe ich mit dieser Frau gemailt.

Toyota Masako ist die Gründerin und Leiterin von Aki-P. Alle Gebäude, alle Projekte, in denen ich bislang in Onomichi war, haben irgendwie mit ihr zu tun.

Aufgeregt stelle ich mich ihr erneut vor. Sie bedankt sich höflich, dass ich in ihrem Gasthaus übernachte. Die anderen kommen zu uns, Toyota verteilt Quarktaschen und Tee. Sie bietet mir etwas an. Ich lehne freundlich ab und sage, dass ich eigentlich nichts gemacht habe, die Studierenden sollen etwas bekommen. Nitta wirft ein, dass ich doch mit angepackt habe. Toyota reicht mir erneut einen Becher, nun mit etwas mehr Nachdruck. Ich bedanke mich und trinke einen Schluck. Nun gehöre ich wohl dazu.

Toyota fragt die zwei Freiwilligen, woher sie kommen und was sie interessiert. Neugierig hört sie den beiden zu. Die Chefin von Japans wichtigster Akiya-Bewegung habe ich mir distanzierter vorgestellt. Und älter. Ihre Organisation betreut mehr als 100 Immobilien, doch wie eine Großkapitalistin wirkt Toyota nicht.

Als der Tee getrunken ist und die Quarktaschen verzehrt sind, gehen wir nach draußen. Nur Nitta bleibt, um aufzuräumen und abzuschließen. Ich stehe allein mit Toyota vor dem *akiya* und schaue die Fassade hoch, die im schwachen Abendlicht noch älter wirkt, als sie ist. »Im Anagononedoko habe ich eine Zeichnung des Hauses gesehen«, sage ich. »Ja, die haben wir aufgehängt, damit die Leute diese Häuser nicht vergessen und darüber reden«, antwortet sie.

Toyota wurde in Onomichi geboren und ist hier aufgewachsen. Jeden Tag fuhr sie mit dem Fahrrad durch die schmalen Gassen vom Hügel zur Schule, vorbei an alten Häusern, die mit den Jahren immer leerer wurden. »Seit ich klein bin, faszinieren mich verlassene Gebäude. Ich bin oft in sie hineingegangen«, erzählt sie. Neue Dinge interessieren sie nicht. Das ist in Japan ungewöhnlich.

»Ich bin keine normale Japanerin«, sagt sie nachdenklich.

In der Oberstufe hatte Toyota erstmal genug von Onomichi. Zum Studium zog sie in den 90er Jahren nach Ōsaka. Sie wollte die weite Welt sehen, sagt sie. Bei Japans größter Reiseagentur fing sie als Tourbegleiterin an, in acht Jahren flog sie mehr als hundert Mal nach Europa. Nach jeder Reise zog sie noch allein als Rucksacktouristin über den Kontinent und besuchte viele kleine Städte, die sie alle an Onomichi erinnerten. Als sie dem Heimweh nachgab und zurückkehrte, war sie schockiert. Eine verlassene Häuserlandschaft bricht zusammen – so nahm sie die Lage wahr. Rund 500 Gebäude in einem Radius von 2.000 Metern um den Bahnhof seien verlassen gewesen. »Die Stadt am Berghang schrie nach Hilfe«, sagt Toyota.

Sie kündigte und zog wieder in die Heimat. Hier heiratete sie einen Tischler, die beiden bekamen Zwillingstöchter. 2007 gründete Toyota im Alter von 32 Jahren Aki-P. Sie hatte keine Ahnung von Architektur, aber eine ansteckende Begeisterung. »Ich will so viele Häuser bewahren, wie es geht«, sagt sie.

Manchmal laufen Menschen an uns vorbei und grüßen sie. Alte Menschen, junge Menschen, eine Mutter mit Kind. Wie findet man in Onomichi ihre Arbeit? Der Lärm war ja den ganzen Tag zu hören. »Manche mögen unseren Einsatz, andere nicht«, erklärt sie sachlich. Das Wichtigste sei Kommunikation. Lange bevor eine Renovierung beginne, gehe sie zu den Menschen in der Nachbarschaft und spreche über die Pläne. Auch die Kommunikation mit den Besitzerinnen und Besitzern sei wichtig. Dieses Haus vor uns zum Beispiel wurde 1936 gebaut. Das letzte Mitglied der Familie, die hier noch wohnte, zog aus und überlegte, das Haus abzureißen, um einen Parkplatz zu bauen. Toyota bat darum, zu warten. Nach einem Jahr der Überredung bekam sie das Okay, unterzeichnete einen Mietvertrag und begann mit Aki-P die Renovierung. Fast jeden Tag arbeitet sie seitdem hier. Im Frühling soll alles fertig sein: ganz oben ein Gasthaus, darunter eine WG und im Erdgeschoss ein Geschäft. Was für eines, wisse sie noch nicht.

Heute hat Toyota schon mehrere *akiya* besucht, manche werden schon von Aki-P betreut, andere noch nicht. Mein Freund Sam findet, Toyotas Anziehung zu leeren Häusern grenze an eine Sucht. Diese Leidenschaft sei der Brennstoff für alle, die bei Aki-P arbeiten. Mangazeichner und Hostelbetreiber Tsuru Kentaro sagte in einem Interview über Toyota: »Sie besteht nicht darauf, aus Onomichi einen besseren Ort machen zu wollen – jede Initiative mit diesem Ziel ist normalerweise auch langweilig. Sie arbeitet für ihre eigene Zufriedenheit und will letztlich nur Gefährten, mit denen sie zusammenarbeiten kann.«

Wir verabreden uns für den nächsten Tag, ich soll sie im Hauptquartier von Aki-P treffen, bevor ich abreise. Am Abend schaue ich noch einmal in den Manga »Wer bist du zur blauen Stunde?« Dort gibt es eine Figur, die eine NGO leitet, die Häuser in Onomichi renoviert. Es ist eine androgyne, elfenartige Person, die zwischen den Häusern zu schweben scheint und auftaucht, wann immer es ihr passt, ohne feste Routine. Sie macht, was sie will. Im Impressum des Manga steht: Hilfe bei der Recherche: Toyota Masako.

Die Zentrale ihrer NGO ist – natürlich – ein renoviertes Haus. Früher war es ein Bekleidungsgeschäft, drei Meter schmal, dafür sehr tief. In einem Vorraum hängen Handtücher mit Akiya-Aufdruck von der Decke, auf Regalen liegen Broschüren. Und auch hier kann man Objekte aus den verlassenen Häusern kaufen. Heute ist offene Sprechstunde, wie jedes Wochenende. Jeder und jede, die ein leeres Haus in Onomichi haben möchte, kann kommen und sich kostenfrei beraten lassen. Drei Männer und eine Frau sitzen auf Reismatten an kleinen Tischen. Ein Student aus Tōkyō ist bereits im Gespräch.

Der junge Mann möchte ein Gasthaus eröffnen. »Davon gibt es hier schon viele«, sagt ein älterer Mitarbeiter mit Brille freundlich. »Was hast du geplant, pro Nacht zu verlangen? 2.000 Yen oder eher 20.000 Yen?« Der Student zögert kurz und sagt leise: »Eher so 2.000 Yen…« »Okay, dann sprechen wir von einem Hostel und keinem teuren Gasthaus«, sagt der Ältere und klappt eine Karte von Onomichi aus. »Schau mal, hier sind die Hostels in der Stadt in dieser Preisklasse«, sagt er und zeigt auf ein halbes Dutzend Orte im Umkreis von 500 Metern. »Ich möchte deinen Elan nicht bremsen«, sagt er fürsorglich. »Aber es wird nicht einfach.«

Auch wenn Häuser in Onomichi fast keinen Wert haben, werden sie nicht an jeden verschenkt. Man muss einen Plan haben, der zur Stadt passt. Nachdem der junge Mann Informationsmaterial genommen hat, geht er wieder. Er scheint etwas traurig zu sein. Der alte Mann spricht mich an. »Du musst Fritz sein, richtig? Toyota kommt gleich, wir können uns gerne unterhalten, wenn du magst.«

Watanabe Yoshida ist 56 Jahre alt und Architekt aus der Nähe von Tōkyō. Er pendelt jede Woche zwischen Chiba und Onomichi. Seit der Gründung ist er bei der NGO als Vize-Leiter und Berater für Architektur dabei. »Ich spreche mit Besitzern, schaue mir die leeren Häuser an, mache Fotos und erstelle einen Grundriss«, sagt er. Wenn ein Haus renoviert wird, kümmert sich Toyota oder jemand anderes um die Gestaltung. Er sorgt dafür, dass die Blaupausen Sinn ergeben. Zu zwei Dritteln finanziert sich Aki-P durch die zwei Gasthäuser Anagononedoko und Miharashi-tei, sowie durch deren Cafés. Der Rest kommt von Mieteinnahmen, Spenden und öffentlichen Geldern. Das reicht für vier Festangestellte und 20 Teilzeitmitarbeitende.

Zusätzlich zu ihren eigenen Projekten betreut die NGO die Akiya-Datenbank der Stadt. Sie besucht die Grundstücke, untersucht die Häuser und erstellt einen Eintrag auf der Webseite. Manche Immobilien werden so verkauft, andere vermietet, im Schnitt für weniger als 200 Euro im Monat. Aki-P erhalte keine Kommission, sagt Watanabe.

MIHARASHI-TEI
ONOMICHI GUEST HOUSE
尾道空き家再生プロジェクト
再生記念
PLAN

Was reizt ihn an *akiya*? »Zeit«, sagt er bestimmt. »Zeit existiert in alten Gebäuden.« Man könne die Handwerkskunst von Menschen sehen, die schon lange nicht mehr lebten. Die Häuser und Gassen seien wie ein Organismus gewachsen, die Stadt sei lebendig. »Häuser sind umso schöner, je älter sie werden.« Viele Menschen in Japan sehen das nicht so, nur jedes siebte gekaufte Haus ist kein Neubau. Aber das ändere sich langsam, sagt Watanabe. Die Akiya-Rate in Onomichi schätzt er auf über 50 Prozent.

Die Leute kommen nicht hierher, weil sie viel Geld haben oder machen wollen. Es sind Künstlerinnen, Musiker, Menschen, die ein Café aufmachen wollen. Viele von ihnen zog es nach dem schweren Erdbeben im März 2011 her. »Es gibt viele in Onomichi, die Selbstverwirklichung und ein neues Leben suchen«, sagt Watanabe. Braucht die NGO nicht auch Geld, um Häuser retten zu können? Geld sei notwendig, ja. Aber wichtiger sei es, die Stadt schön zu machen. »Hauptsache ist, dass Onomichi interessant bleibt«, sagt der Architekt und klingt überzeugt.

Ich frage Watanabe nach dem Mitternachtsbuchladen, der wenig verkauft hat, als ich dort war. Oder nach Monolom, deren Ware für ein paar Hundert Yen über den Tisch geht. Das seien wichtige Fragen, sagt er. Aber: »Onomichi stellt andere Fragen als der Kapitalismus.« Diese Stadt habe einen Lebensstil, eine Seele. »Die wichtigeren Fragen sind: Was möchtest du machen? In welchem Raum möchtest du wohnen? Wie willst du leben?« Wegen dieser Fragen kommen junge Menschen in die Stadt. Welche Bedeutung hat Onomichi also für den Rest von Japan? Watanabe schaut aus dem Fenster, überlegt lange. Dann sagt er: »Es ist ein kleiner Ast, der einer mächtigen Strömung trotzt.«

Während unseres Gespräches ist Toyota gekommen und hat weitere Interessenten beraten. Auch ein Mann aus der

Schweiz ist dabei. Die Sitzkissen vor den kleinen Tischen sind selten leer, ständig kommen Menschen, die sich für *akiya* interessieren. Manche mit konkreten Plänen, andere mit einem vagen Traum. Der Student der Elite-Uni Waseda ist auch da und schreibt mit.

Mit einem *akiya* fing alles an – so erzählt es mir Watanabe. Es war das erste Haus, das Toyota in Onomichi kaufte und renovierte. »Wollt ihr es einmal sehen?«, fragt sie mich und den Studenten. Wir folgen ihr aus dem Hauptquartier ihrer NGO, geradeaus, einmal links und rechts, die Treppe hoch. Keine zwei Minuten müssen wir laufen. Das Gaudi House, benannt nach dem spanischen Architekten Antoni Gaudí, wächst am Hügel wie eine schiefe Zeder. Die Holzfassade ist nach Jahrzehnten der Sonnenstrahlung dunkelbraun, dennoch sticht sie zwischen dem Beton der Nachbargebäude hervor. Vom Fuß des Hügels bis zum Dach sind es drei Stockwerke, jedes hat ein geschwungenes Zwischendach. Toyota muss einige Schlüssel an ihrem vollen Bund ausprobieren, bis die Tür aufgeht. Keiner der Räume ist rechteckig, es sind Trapeze oder Dreiecke. Vor uns führt eine Treppe nach oben, rechts liegt die Küche mit zwei leicht versetzten Ebenen: oben Zubereitung und Präsentation, unten arbeitete und spülte früher einmal das Dienstpersonal. Es sieht aus wie der Nachbau eines historischen Hauses in einem Museum.

Toyota zieht plötzlich eine Falltür hoch: Ein Vorratskeller, der während des Krieges Schutz vor Luftangriffen bieten sollte, von denen Onomichi jedoch verschont wurde. Unten gibt es kein Licht. Der Student der Waseda geht die steile Treppe hinab und leuchtet mit seinem Handy. Keller sind in Japan ungewöhnlich, wegen Erdbeben und anderer Naturkatastrophen. Nach einer Weile kommt er wieder hoch. Es wirkt, als hätte er einen Geist gesehen. Toyota sitzt gelassen im oberen Teil der Küche. Die überraschte Reaktion sieht sie wohl häufiger. Was ist da unten? »Der Erbauer des Hauses war Besitzer einer Kartonagen-Fabrik«, erzählt sie. Die Familie sei wohlhabend gewesen und sprach mehrere Sprachen. »Unten sind Andenken an den Krieg und an Deutschland.«

Auch ich steige hinunter und stehe vor einem Wandregal mit Soldatenhelmen, Büchern und einem großen Foto von Kaiser Hirohito mit seiner Frau von 1935. Das größte Buch ist auf Deutsch, der Titel: »Ausgewählte Gedichte vom Meidi Tenno«[sic!]. Es sind Übersetzungen der Poesie des Meiji-Kaisers, der Japan von 1867 bis zu seinem Tod 1912 regierte und das Land industrialisierte. Das Buch erschien 1944 in Japan. Die Nation war damals eng mit Nazideutschland verbunden – vielleicht ist der Band für die Nazi-Gäste entstanden?

Im oberen Stockwerk gibt es weitere Erinnerungsstücke. Wörterbücher für Deutsch–Japanisch, auch Französisch und Englisch. Und deutsche Literatur: Freytag, Goethe, Rilke. Toyota zieht eine Schublade auf und zeigt uns die Ausweise der Söhne des Kartonagenfabrikanten. »Die waren auf meiner Uni«, ruft der Student der Waseda aufgeregt. Ich frage ihn, ob sie auch im Rugby-Club waren. Leider ist das nicht vermerkt. Was ich für Wände hielt, sind versteckte Schiebetüren, die Toyota nun aufzieht. Eine öffnet sich zur Gasse, eine andere Richtung Meer und eine weitere zu einem dreieckigen Balkon mit Platz für genau einen Korbstuhl.

Ungefähr 25 Millionen Yen haben die Immobilie und die Renovierung gekostet, rund 160.000 Euro, erzählt Toyota. Sechs Jahre lang habe sie in Japan nach einem *akiya* gesucht, am Ende lag das passende Objekt ganz in der Nähe. Als Schülerin der Oberstufe ist Toyota jeden Tag an diesem Haus vorbeigefahren, schon damals stand es leer. Nach ihrer Rückkehr nahm sie Kontakt zum Besitzer auf, ein Kauf war auf einmal realistisch. Mit ihrem Mann, dem Tischler, hat sie alles selbst renoviert – und den Prozess online dokumentiert. Die positive Resonanz überraschte sie. Sie wollte noch viel mehr Häuser retten, aber mehr als eines konnte sie nicht selbst reparieren. Deswegen hat sie Aki-P gegründet. Mittlerweile hält sie in ganz Japan Vorträge über ihre Erfahrungen und ihre Organisation. Nächste Woche fährt sie zu einer Kunsthochschule in Tōkyō. »Studierende bauen die Städte von morgen, mich interessiert, was sie heute denken«, sagt Toyota.

Sie setzt sich auf einen ausgerollten Futon auf dem Boden und streckt die Arme von sich. Das Haus sei noch nicht abbezahlt. Aber fast. Eine Übernachtung bietet sie für 50.000 Yen an, knapp 400 Euro. Will sie nicht selbst in dieser Villa leben? »Das wäre etwas kompliziert, ich habe Kinder«, sagt sie nüchtern. Das Zimmer ist stilvoll eingerichtet, es riecht nach Holz und Reismatten. Auf einem Regal steht ein Radio aus den 1930er Jahren, in der Ecke ein altes Go-Spielbrett. Als das Haus gebaut wurde, konnte man das Meer sehen. Heute nicht mehr, zu viele Gebäude stehen davor. »Neue Häuser bestehen aus Material, das ich nicht verstehe«, sagt sie. Das 1933 erbaute Gaudi House kann heute nicht mehr so konstruiert werden. Es gibt zu viele Vorgaben für den Brand- und Katastrophenschutz. Selbst die Anzahl und Platzierung der Fenster sei unmöglich, sagt Toyota. »Es gibt keinen Ersatz für die alten Häuser in Onomichi.«

Sie fragt den Studenten der Waseda, ob er auch ein *akiya* möchte. Das gibt er zu, etwas peinlich berührt: »Ja, meine Abschlussarbeit soll die Vorbereitung sein.« Er dachte daran, ein Hostel zu betreiben. Aber nachdem er den anderen Gesprächen zugehört hat, überlegt er sich noch einmal, was er kaufen will. Toyota ermutigt ihn. Es sei nicht wichtig, ein Gebäude zu besitzen, sagt sie. »Hauptsache, ein Haus wird gut genutzt – alles andere ist egal.«

Sie steht vom Futon auf und geht zu einem schmalen Balkon vor dem Fenster, gerade so schmal wie ihre Füße. Halb Onomichi kann man von hier sehen. Vom Meer weht ein angenehmer Wind. »Und du, Fritz? Willst du auch ein *akiya*?«

In den vergangenen Tagen bin ich die Stadt abgelaufen. Vom höchsten Punkt bis zum Meer. Durch verwinkelte Gassen und über schiefe Treppen. Tagsüber gehörte ich zu den vielen anderen Touristen, abends lief ich hungrig an geschlossenen Geschäften vorbei. Ich gebe zu, meine Vorstellung von Onomichi war anders als die Realität der Stadt. Als ich hörte, es gebe hier viele alte Häuser, dachte ich an Landhäuser, die Hunderte Jahre alt sind, mit weiten Dächern und Schiebetüren in alle Himmelsrichtungen. Doch es gibt hier vor allem Häuser aus der Zeit der Industrialisierung, mehr Beton als Holz. Die verwinkelten Gassen sind ein Abenteuerspielplatz, aber ich bin nicht so radikal wie Sam. Ich will einen Platz für mich und Freunde, keine Tür zur Gasse, wo jeder eintreten kann. Auch wenn Onomichi einen Platz für mich hat – ich habe keinen Platz für Onomichi. Ich bedanke mich bei Toyota für die Tour, verabschiede mich und nehme den Zug Richtung Hiroshima.

Auf Instagram fragt mich später eine Doktorandin, die zu *akiya* forscht, wie ich Onomichi empfinde. Ich beschreibe es ihr als leere Leinwand am Meer. Onomichi kann alles sein, was du möchtest.

Ein paar Wochen später treffe ich Sam in Tōkyō wieder und er fragt mich dasselbe. »Also eine leere Leinwand ist es nicht«, widerspricht er. »Eher eine Leinwand, auf die jemand schon etwas Schönes gemalt hat und auf der man seine Idee einzeichnen kann.«

Wie sein Haus auf dem Hügel, das er weiter renoviert. Es sei gut möglich, dass er dort in 20 Jahren nicht leben kann: Die Rohre können platzen, das Haus einstürzen oder Regenfälle einen Erdrutsch auslösen. »Es geht nicht darum, eine Zukunft zu zementieren, sondern jetzt ein zufriedenes Leben, eine Community zu bauen«, sagt er. Dafür brauche es nicht nur Geld. »Wenn man sein Glück an einem Ort wie Japan immer in die Zukunft verschiebt, kann es zwar sein, dass man es am Ende findet«, sagt Sam. »Aber bevor man es findet, hat es sich vielleicht schon aufgelöst.«

Toyota war der Auffassung: »Wenn mehr Menschen auf dem Land leben, denke ich, würde es Japan besser gehen.« Sam betont, dass jede Region leere Häuser habe. »Die meisten *akiya* in Japan sind ohne Hoffnung«, stellt er fest. Man solle den unausweichlichen Verfall auf dem Land akzeptieren. Wenn ich Sam richtig verstehe, ist das seine Einschätzung für die Zukunft von Japan: Erst dann, wenn man sich nicht mehr an die Hoffnung klammert, dass zurückkommt, was war, kann man Neues schaffen, was noch nicht ist.

羽黒山

HAGUROSAN

Über den Berg

Meister Hoshino läuft durch den Schnee, die Mönche folgen ihm. Ihre Roben sind weiß wie der Boden. Würden sie kein riesiges Schneckenhorn um den Hals tragen, könnte man denken, sie versteckten sich in den Wäldern. Es sind Yamabushi-Bergmönche bei einem Ritual auf dem Berg Haguro in Nordjapan. Durch die Äste der Zedern fällt Sonnenlicht, in dem Schneeflocken glitzern.

Die Mönche praktizieren Shugendō, eine 1.300 Jahre alte Religion, die selbst vielen in Japan fremd ist. Ihre Traditionen sind geheim, doch manche Meister, darunter der Anführer der kleinen Gruppe, der ich mich angeschlossen habe, öffnen ihre Lehren – sogar für Ausländer.

Yamabushi meditieren unter Wasserfällen und schweigen tagelang bei Regen oder Schnee in den Bergen. »Das Ziel der Übungen ist es, die Qualen der Hölle zu durchleben«, erklärt Meister Hoshino, als wir den Wald verlassen. Beim Training ist Sprechen verboten. »Wer den Berg betritt, der stirbt und wird wiedergeboren«, so fasst der Meister die Lehren zusammen. Sein Kopf ist kahl, ein langer, weißer Bart lässt ihn wie das Klischee eines alten Weisen wirken.

»Die sich in den Bergen niederlegen« – so beschreiben sich die Yamabushi. Sie suchen eine Balance zwischen Mensch und Natur sowie ein Gleichgewicht in sich selbst. Das fasziniert mich. Für mich war es ein aufregendes Jahr mit vielen Veränderungen. Es fiel mir schwer, einen gesunden Weg zwischen Arbeit, Freunden und Zeit für mich zu finden. Ich will von den Yamabushi lernen. Wie finden sie Balance und den richtigen Pfad?

Haguro gehört zu den drei heiligen Bergen des Dewa, sie stehen bei Tsuruoka, der größten Stadt in der Präfektur Yamagata. Vier Stunden brauche ich mit dem Zug aus Tōkyō, um herzukommen. Der westliche Stadtrand grenzt an das Meer, im Osten liegen die Berge. Dazwischen Leere, einzelne Häuser auf Reisfeldern. Auf einem Quadratkilometer leben weniger als 100 Menschen.

Die Mönche kennen mich schon, sagen sie zur Begrüßung. Meine Geschichte über das Tal der Puppen in Nagoro läuft ab und an im japanischen Fernsehen, manchmal auch ein Interview mit mir. Die asketische Lebensweise täuscht, auch die Bergmönche in Nordjapan nutzen Instagram.

Meister Hoshino ist Yamabushi in der 13. Generation. Sein Haus ist eine Herberge für Pilger, in den Räumen ist Platz für Futons, Altäre und große Schriftrollen. Es erinnert mich an einen Shintō-Schrein. Fast jeden Morgen findet hier ein Ritual der Yamabushi statt. Die Mönche setzen sich vor den Altar. Meister Hoshino zündet Kerzen an und beginnt mit einer Trommel einen Sprechgesang aus buddhistischen Sutras. Die Mönche wiederholen ihn oder antworten mit »Uketamo!« Das Wort hat viele Bedeutungen. Meistens heißt es »Ich verstehe!« und »Ich akzeptiere!«

Ein Mönch fällt mir auf, er sieht konzentrierter aus als die anderen. An seinen weißen Socken ist jeder Zeh erkennbar, wie Finger an einem Handschuh. Kato Takeharu sitzt gegenüber seinem Meister und hat neben ihm die wichtigste Funktion während des Rituals. Er ist der Erste, der die Muscheltrompete bläst.

Takeharu lebte in Ueno, im Norden von Tōkyō, und arbeitete für Japans größte Werbeagentur Hakuhodo, einen globalen Konzern mit 3.000 Angestellten. Jeden Tag brachte er seinen Sohn mit dem Fahrrad in den Kindergarten, fuhr am Kaiserpalast vorbei und anschließend in die Firma, wo er am Rechner und in Meetings saß. Ein sicherer Job, ein Leben, wie es Millionen Menschen in Japan führen. Glücklich war er nicht.

»Je mehr ich arbeitete, desto mehr schien ich mich von meiner Familie zu entfernen«, erzählt Takeharu. »Ich fragte mich: Wird mein Leben wirklich besser, wenn ich mehr Zeit auf der Arbeit verbringe?«

Zunächst versuchte er, innerhalb der Firma etwas zu verändern. Mit einer Kampagne für ökologischen Tourismus wollte er die Welt ein wenig besser machen und besuchte dafür verschiedene Orte in Japan. In Tsuruoka traf er Meister Hoshino. Neugierig fragte er ihn, was die Yamabushi sind. Der Meister erklärte ihm nüchtern: »Das verstehst du nur, wenn du mit in die Berge kommst.« Takeharu war beeindruckt: »Ich dachte, was ist das nur für ein alter Mann? Der ist wie der Endgegner in einem Videospiel!«

Um Yamabushi zu werden, muss man ein hartes Training absolvieren, *aki-no-mine*, »der Höhepunkt des Herbstes«. Früher dauerte das hundert Tage, heute betrachten manche Meister das Training nach sieben bis zehn Tagen in den Bergen als abgeschlossen. Für seine Recherche damals machte Takeharu mit – was zu kritischen Fragen in der Firma führte, in der ständig Konflikte, aufeinanderprallende Egos oder Gezerre um Geld die Tage beherrschten. Takeharu fühlte sich dort falsch. »Ich vergesse mehr und mehr, wie das Leben in Tōkyō war«, sagt er. Aber er erinnert sich, dass er lange Zeit so lebte. Dann wurde er krank.

Ihm habe eine spirituelle Verbindung zum eigenen Körper und zur Natur gefehlt, sagt Takeharu. »Als ob mein Körper und Geist verrückt wurden.« So habe sich das angefühlt. Im Krankenhaus verschrieben sie ihm Urlaub, weil allein der Gedanke an die Arbeit ihm die Kehle zuschnürte. Er besuchte erneut die Yamabushi, kam immer wieder, bis er sich dazu entschied, nach Tsuruoka zu ziehen und Bergmönch zu werden. »Ich wollte meinem Sohn nicht vorleben, wie es ist, ein

trauriger Erwachsener zu sein«, erzählt er. Takeharu kündigte und zog mit seiner Familie aufs Land. Seine Eltern waren irritiert. Sie fanden das gar nicht gut.

Das Training in den Bergen war militärisch. »Bei jedem Schritt sah und spürte ich merkwürdige Dinge. Ich wollte den Meister fragen, was das alles zu bedeuten hat – aber ich durfte nicht«, erinnert sich Takeharu. Je mehr er sich auf den Wald einließ, desto mehr beruhigten sich seine Gedanken. »Etwas in mir begann zu erwachen.« In Tōkyō konnte keiner seiner Freunde verstehen, warum er all das mitmachte. Für Takeharu kam die Entscheidung für sein neues Leben nicht so überraschend. »Zwölf Jahre lang fragte ich mich, was ich machen soll, und als ich die Yamabushi traf, wusste ich: Das ist es!«

Die heutige Nacht verbringe ich auf dem Berg Haguro. 2.446 Steinstufen führen auf einen 414 Meter hohen Gipfel, wo die Pilgerherberge Saikan zwischen jahrhundertealten Zedern steht. Seit meiner Ankunft schneit es. Das unüberschaubare Gebäude ist 300 Jahre alt, lange Gänge verbinden große Hallen, wo gespeist und gebetet wird. Dazwischen liegen einzelne Zimmer, mit Platz für mehr als hundert Mönche. Ich bin der einzige Gast, der heute hier übernachtet.

Ein Angestellter zeigt mir den Weg zu meinem Zimmer, vorbei an Waschbecken und einem alten Bierautomaten. Durch die Löcher in den Wänden des verwinkelten Ganges kann ich die Baumkronen der Zedern sehen. Das vorletzte Zimmer ist meins. Man war so freundlich, die Ölheizung schon vor meiner Ankunft anzustellen. Der Holzbau hat keine Isolierung, die Löcher lassen kalte Bergluft hinein, das Wasser aus dem Hahn ist eisig. Zwar gibt es ein heißes Bad, das 24 Stunden geöffnet ist, aber bevor ich von dort wieder in meinem Zimmer bin, hat der Berg mir die Wärme genommen.

Als ich morgens aufwache, sehe ich meinen Atem. Unter vier Decken habe ich geschlafen, aber im Raum ist es so kalt wie draußen. Es ist eine große Überwindung, mich anzuziehen, und ich kann nur erahnen, was die Yamabushi durchmachen. Vielleicht ist mit Balance gemeint, dass Außentemperatur und Innentemperatur identisch sein müssen?

Draußen treffe ich meine Gruppe der Mönche, während sie vor einem Schrein stehen und beten. Sie reagieren kurz und konzentrieren sich auf ihr Ritual. Wenn sie durch die Wälder des Haguro gehen, besuchen sie stets die gleichen Orte. Zuerst verbeugen sie sich vor einem großen Tor, das den Eingang zum Wald darstellt, dann steigen sie die Stufen hinab zum ersten Wasserfall und passieren eine 1.000 Jahre alte Zeder. Sie trägt ein rituelles Seil um den Stamm wie einen Gürtel. Die Mönche laufen weiter und stoppen vor einer fünfstöckigen Pagode, die auf das Jahr 1377 zurückgeht. In der derzeitigen Verfassung steht sie seit mehr als 400 Jahren unberührt an diesem Ort, mitten im verschneiten Wald. Der 30 Meter hohe Turm gilt als nationales Denkmal. Meister Hoshino hat die Hände vor der Brust gefaltet, er stimmt den Singsang der Sutras an.

»Wenn ich mit den anderen Mönchen über ihn rede, vergleichen wir ihn manchmal scherzhaft mit Meister Yoda oder Muten Roshi«, erzählt mir Takeharu mit einem Lächeln nach dem Marsch durch den Schnee. In »Star Wars« lehrt Yoda seinen Schüler Luke Skywalker, mit der sogenannten Macht umzugehen, einer rätselhaften Kraft im Universum, die alle lebenden Dinge durchdringt. Muten Roshi kenne ich als den alten und versauten Kampfsport-Meister aus der Manga- und Anime-Reihe »Dragon Ball«, die als Kind eine meiner ersten Begegnungen mit Japan war. Diese beiden Figuren der Popkultur wirken auf den ersten Blick unscheinbar, sind aber weise und mächtig. Meister Hoshino wirke nicht sonderlich heilig, sagt Takeharu. »Aber er zieht Menschen an, ihn umgibt eine gewisse Aura«, fügt der Schüler ernst hinzu. Wenn die Mönche ihrem Meister in die Berge folgen, fühlen sie sich sicher. Hoshino beobachtet die Menschen in seiner Umgebung sorgfältig, auch wenn es anders wirkt.

Am nächsten Tag, nach dem morgendlichen Ritual, kann ich mich mit dem Meister unterhalten. »Ich bin 71, aber ich habe viel Energie – ich fühle mich so jung wie ein 41-Jähriger«, sagt Hoshino und lacht. Mit Frauen unterhalte er sich liebend gerne, wenn sie Fragen über Yamabushi hätten. Sie dürfen laut Tradition nicht an den Ritualen teilnehmen, doch Meister Hoshino erlaubt es. Frauen nehmen die Übungen im Wald viel intensiver wahr, sagt er. »Die Männer mussten das harte Training der Yamabushi erfinden, damit sie lernen konnten, so viel zu fühlen, wie Frauen es von Natur aus können.«

Der Meister stellt mir viele Fragen. Wie ich Religion verstehe, woran Menschen in Deutschland glauben. Er lässt mich lange reden und beobachtet mich. Niemals predigt er oder versucht mich zu bekehren. Shugendō ist für ihn nicht die eine, wahre Religion. Ihm ist bewusst, dass es bei uns in Europa andere Glaubensrichtungen gibt, von denen er lernen kann. Meine atheistische Einstellung ist für ihn nichts Negatives, sondern Anlass zur Neugier.

In Japan sind die Begriffe »Religion« und »Tradition« oft austauschbar. Ein buddhistisches Fest wie Obon, bei dem der Ahnen gedacht wird, gilt als Anlass, mal wieder die Familie zu besuchen. Wie Weihnachten für Menschen, die nicht an Jesus glauben: Der Ursprung ist religiös, die praktische Umsetzung ist Tradition.

Laut einer Erhebung der japanischen Regierung sind 70 Prozent der Bevölkerung Shintoisten und 66 Prozent Buddhisten.

In einer Umfrage des öffentlich-rechtlichen Senders NHK gaben 62 Prozent an, nicht religiös zu sein. In Japan kann man also vielen Göttern folgen – und gleichzeitig keinem einzigen.

Um die Religionen zu unterscheiden, helfen mir zwei Eselsbrücken: Shintō findet man in Schreinen, Buddhismus in Tempeln. Shintō ist für das Jetzt zuständig – man bittet um Erfolg in der Schule, in der Liebe oder im Beruf. Buddha ist wichtig für das Jenseits – für Beerdigungen, Wiedergeburt und die Ahnen. Man schätzt die Anzahl der Schreine in Japan auf ungefähr 80.000. In ihnen existieren eine oder mehrere Gottheiten. Buddhistische Tempel sind etwas seltener. Insgesamt geht die Bedeutung von Religion zurück. Die Menschen beten seltener und gehen weniger in Schreine und Tempel.

Shugendō der Yamabushi ist eine Mischung aus beiden Religionen und anderen Einflüssen. Wie im Shintō werden Götter oder Geister in der Natur aufgesucht – Kräfte, die an bestimmten Orten existieren.

»Nachdem ich Takeharu das erste Mal unter den Wasserfall gestellt hatte«, sagt Meister Hoshino, »sah das Grüne für ihn noch grüner aus.« Takeharu hat das Aki-no-mine-Training sieben Mal absolviert. Der Meister ist weiterhin streng mit ihm und schimpft, weil der Schüler sein Gehirn nicht abschalten kann. »Jeder Teil des Alltags soll erfüllt sein mit der Philosophie der Yamabushi«, sagt Hoshino eindringlich. Er selbst war 24, als er das erste Mal wie seine Vorfahren in die Berge ging. »In der Nacht zuvor hatte ich mit ein paar Jungs getrunken, bis zum Sonnenaufgang.« Bei seinem ersten Training hatte er einen Kater.

Hoshino betrat die Berge, und auf einmal änderte sich etwas. Er fühlte sich wach und konzentriert. Am Ende hörte er eine Stimme, die von irgendwo her zu ihm sprach. »Ich fühlte,

dass da etwas war, was manche als göttliche Stimme bezeichnen würden«, erzählt er. »Die Erinnerung ist immer noch sehr intensiv, wenn ich daran denke. Aber bis heute weiß ich nicht, was es war.«

Hoshino schätzt, dass um die hundert Menschen seiner Ausrichtung von Shugendō folgen, einer »Philosophie des Fühlens in den Bergen«, wie er es nennt. Er bildet aus, damit andere den Weg weitergehen und ihr Wissen teilen. So macht es seine Familie seit Generationen. Meister wird man nicht mit der Geburt, sondern mit Erfahrung.

Wie viele Yamabushi es genau gibt, ist schwer zu schätzen. Noch vor 30 Jahren existierten rund 300 Herbergen, wie die, die Hoshino betreibt. Heute sind es 30, und der Meister glaubt, dass es in 20 Jahren nur noch zehn sein werden. Die Yamabushi in der Region hier haben meistens einen Nebenjob. Ich treffe einen jungen Mönch, der in einem Hotel angestellt ist und vom Putzen der Bäder bis zum Herrichten der Zimmer alles erledigt. Ein anderer arbeitet in der Küche. Meister Hoshino war bei der Stadt Tsuruoka angestellt, bis zu seinem Ruhestand.

Ein komplettes Training mit den Yamabushi kann ich nicht mitmachen. Nach meiner Nacht auf dem Berg finde ich die Aussicht auf sieben bis zehn Tage im eiskalten Wald auch nicht reizvoll. Doch ich habe die Mönche beobachtet und mit ihnen gesprochen. Es ging darum, zu lernen, wie sie zu ihrem Weg gekommen sind, wie sie ihn gehen – und wie ich meinen finden kann. Was ich nun verstehe: Shugendō kann nicht analysiert oder beschrieben werden, man muss es selbst erleben.

Auf meiner Rückfahrt von Tsuruoka treffe ich einen Menschen, der es versucht hat. Der deutsche Ethnologe Andreas Riessland besuchte 1995 den Berg Haguro, nahm am Training teil und wurde dadurch selbst zum Yamabushi. Heute lebt er in einem kleinen Ort am Meer nahe Tōkyō. Die vielen Touristen sind ein Kontrast zur Stille der Berge. Riessland lebt schon so lange hier, das Gespräch auf Deutsch fällt ihm schwer.

»Für die Yamabushi passiert das Ritual *aki-no-mine* in einer Welt außerhalb der unseren«, sagt er über seine Erfahrung mit den Mönchen. »Während des Trainings befinden sie sich jenseits von Zeit und Raum – sie bewegen sich in einer anderen Realität.« Jeder Ritus, jedes Objekt und jedes Symbol betonen diesen Schwellenzustand von einem irdischen Dasein zu einer höheren Existenz: das Fasten, das Verbrennen von Weihrauch und Pfeffer, die extreme mentale und körperliche Belastung.

Die Yamabushi, die ich besucht habe, sind in Weiß gekleidet. Auf ihrem Rücken haben sie einen kleinen, runden Spiegel, der die Umgebung verschwommen reflektiert. Sie sehen sich darin schemenhaft, wenn sie hintereinander laufen. Es soll ein Tor für die Geister sein, die sich zwischen dem Diesseits und Jenseits aufhalten. Vergleichbar mit einem Shintō-Schrein, dessen großes *torii* (Tor) den Übergang von der irdischen Welt zu einer göttlichen oder anderen Welt darstellt. Weiß wird in Japan mit Tod und Reinheit assoziiert. Es ist eine dominante Farbe im Shintō, wo zum Beispiel weißes Papier zur Reinigung eines Ortes benutzt wird. Über die Bedeutung des Spiegels und der Farbe solle man nicht genau nachdenken, sagte Meister Hoshino: »Die Welt der Yamabushi kann nicht mit den Augen gesehen und daher nicht mit dem Gehirn verstanden werden.«

Shugendō entstand im 7. Jahrhundert nach Christus und hatte seinen Höhepunkt im 17. Jahrhundert, als Yamabushi den Großteil der Dörfer in Nordjapan regelmäßig aufsuchten, um sie zu segnen. Wegen ihrer asketischen Lebensweise in den Bergen und weil sie unter Wasserfällen meditierten, wurden ihnen übernatürliche Kräfte nachgesagt. Sie berieten Generäle und Herrscher. Bis heute tauchen sie in Manga und Anime auf. Der bekannte Regisseur Kurosawa Akira zeigte sie in dem Film »Die Männer, die auf des Tigers Schwanz traten«, welches auf dem Kabuki-Drama »Kanjinchō« von 1802 basierte, welches wiederum von einem Stück aus dem Nō-Theater von 1465 inspiriert wurde. Dann, im Jahr 1872, wurden die Yamabushi verboten. »Eine einzelne politische Entscheidung, die bis heute zu einer Rivalität unter den Yamabushi auf dem Berg Haguro führt«, erklärt Andreas Riessland.

Auf dem Berg praktiziert eine buddhistische Gruppe von Yamabushi, sie gilt als verschlossen. Und dann gibt es die Gruppe, die mehr vom Shintō geprägt ist und die ich besucht habe. Sie ist offen und sucht die Öffentlichkeit. Die buddhistische Gruppierung sieht das als Ausverkauf ihrer Tradition, die shintoistische Gruppe sieht es als einzige Chance, um zu überleben. Wie kam es zu der Rivalität?

Im 19. Jahrhundert wurde die Gesellschaft in Japan reformiert. Demnach musste jeder religiöse Ort und jede Gemeinde entweder dem Shintō oder dem Buddhismus gewidmet sein. Eine Mischform, wie Shugendō der Yamabushi, war verboten. Das hatte bürokratische Gründe: Einheitlichkeit lässt sich besser verwalten. Man wollte Shintō als patriotische Staatsreligion etablieren, um die Traditionen der Bevölkerung als Fundament der modernen japanischen Nation zu nutzen. Schließlich war Japan die einzige Nation, in der es Shintō gab. Buddhismus galt als fremdländische Religion.

Alle Yamabushi reformierten sich zu Buddhismus- oder Shintō-Gemeinden – bis auf die mehreren tausend Mönche vom Berg Haguro. Sie waren politisch und wirtschaftlich gut vernetzt und entgingen zunächst den radikalen Maßnahmen. Als die Regeln 1876 erneut geändert wurden, gaben sie nach.

Die meisten fügten sich der neuen Zeit und gaben ihr Leben als Mönch auf. Von den hundert Tempeln, Schreinen und anderen Einrichtungen auf dem Berg Haguro überlebten drei, 51 wurden in Shintō-Schreine umgewandelt, der Rest wurde zerstört. 1946 wurde in Japan die allgemeine Religionsfreiheit eingeführt, doch so viele Yamabushi wie früher sollte es nie wieder geben.

Beide Gruppierungen auf dem Haguro behaupten heute, die wahre Shugendō-Tradition zu praktizieren. Argwöhnisch beobachtet man die jeweils anderen, aber toleriert einander und teilt sich die Pilgerstätten. Das *aki-no-mine* der einen Gruppe beginnt einen Tag nach dem Ende des Rituals der anderen. »Es gibt kaum noch Yamabushi und deswegen sollte man sich nicht in die Haare kriegen«, sagt Riessland. Wie alle Schreine und Tempel in Japan leben auch die der Yamabushi fast ausschließlich von Spenden. Weniger Pilger bedeuten weniger Mittel, um die alten Gebäude zu erhalten. Das Tourismusmarketing der Region favorisiert die shintoistische Gruppe und wirbt mit einer »Yamabushi Experience«. Die eiskalte Pilgerherberge Saikan auf dem Berggipfel hat 4,5 Sterne auf TripAdvisor.

Seine eigene Zeit als Yamabushi und das Training beschreibt Ethnologe Riessland in einem wissenschaftlichen Artikel so:

> *»Neun Tage lang verbrachte ich jede wache Minute mit den gleichen Menschen. Während des aki-no-mine kamen wir mehrmals an unsere körperlichen und emotionalen Grenzen, aber auf diese Phasen des extremen Stresses folgten Phasen extremer Begeisterung. Die gemeinsame Erfahrung der Anstrengung, das Befolgen der strengen Regeln und die Überwindung des Egos – all das schuf ein starkes Gefühl der Gemeinschaft, gemeinsamer Abhängigkeit und starker Zusammengehörigkeit.*

> *Abseits von uns selbst und den anderen Yamabushi waren wir auf uns allein gestellt. Durch das aki-no-mine betrat ich eine andere Welt, und obwohl mir die spirituelle Dimension relativ egal war, konnte mich meine distanzierte Haltung als Forscher nicht vor der emotionalen Intensität der Erfahrung und der starken Gruppendynamik bewahren.«*

Einige Wochen später reise ich wieder nach Tsuruoka. Es ist der 31.12.2017, ein Tag nach meinem 30. Geburtstag, eine gefühlte Zäsur. Meine Eltern waren mit 30 verheiratet und hatten zwei Kinder. Mein Bruder hatte mit 30 einen Sohn und war Art Director bei einer großen Werbefirma. Ich sitze mit 30 in einem Bus in Japan. Kinderlos, ohne Arbeitsvertrag und Karriere. Es war ein anstrengendes Jahr, in dem ich zu viel gearbeitet und zu wenig für mich selbst gemacht habe. Vermutlich ist es auch die Zahl 30, die mich wieder zu den Mönchen bringt.

Der Schnee weht wild um den Bus, manchmal sieht man nichts als Weiß. In klaren Momenten kann ich die Weite der Region Shōnai erkennen, rund um Tsuruoka: flache Felder mit Reis und die entfernten Berge. Um von der Hauptstadt der Präfektur Yamagata zum Haguro zu kommen, muss man diverse Berge und Tunnel passieren. Diese Hürden erklären vielleicht, wie die Yamabushi hier so lange ihre Tradition im Geheimen bewahren konnten. Es ist der letzte Tag des Jahres, heute Abend findet das *shōreisai* statt, eine der wichtigsten Zeremonien der Yamabushi auf dem Berg Haguro. Das Festival erinnert an den Sieg über einen Feuerdämon und soll einen Segen für die Landwirtschaft im kommenden Jahr erbeten. Es gibt riesige Strohhaufen, Feuer und Gerangel.

Auf dem Berggipfel treffe ich Meister Hoshino und seine Mönche. Beim *shōreisai* spielt er dieses Jahr eine wichtige Rolle, wird mir erklärt. Die buddhistische Gruppe hat ihn dazu eingeladen. Auf dem Vorplatz des zentralen Schreins beginnen am Nachmittag die Feierlichkeiten, als zwei riesige Sandalen aus Stroh aufgetürmt werden. Sie symbolisieren verschiedene Dinge, etwa die Präsenz eines Riesen. Oder auch zwei Mönche, die hundert Tage lang gebetet haben. Auch die rivalisierenden Gruppen von Yamabushi lassen sich darin sehen, genauso wie die Landwirtschaft und die Fischerei in Tsuruoka. So erklärt es mir Soma Kanae, eine Frau, die selbst kein Yamabushi ist, aber eng mit ihnen zusammenarbeitet.

Zuschauerinnen und Zuschauer warten auf den Moment, wenn Bündel aus Stroh in das Publikum geworfen werden. Wer sie fängt, hat Glück im neuen Jahr. Kanae erzählt, dass sie hier im vergangenen Jahr ein Bündel gefangen hat. »Und dieses Jahr bist du gekommen«, sagt sie freudig zu mir. Sie glaubt an die Yamabushi, an das, wofür sie stehen. Und sie möchte, dass sie auch in Zukunft überleben.

Kanae ist die Erbin einer Sojasaucen-Familie. Ihre Marke ist in Japan nicht die größte, aber sie findet sich in jedem Supermarkt. Sie erzählt mir von ihrer Zeit in New York, als sie Saucen an Restaurants in Manhattan verkaufte. Heute arbeitet sie nicht mehr in der Firma der Familie und lebt mit ihrem zweiten Mann in Tsuruoka. Sie hat einen anderen Pfad gefunden.

Die Stroh-Aktion wird wild. Egal ob man etwas gefangen hat oder nicht, es wird heftig geschubst, gegriffen und geschrien. Jeder will die Bündel haben. Vor mir ringen zwei Männer um die 60 aus dem Publikum auf dem verschneiten Boden um ein Päckchen Stroh. Ich suche Abstand, bevor es blutig wird.

Meister Hoshino hat sich zurückgezogen, um sich auf die Nacht vorzubereiten. Ich habe wieder ein Zimmer in der Saikan-Pilgerstätte. Heute ist das Haus voll.

Drinnen im Schrein wie draußen gibt es Veranstaltungen. Je näher das neue Jahr kommt, umso mehr Besucherinnen und Besucher treffen ein. Eingeweihte erkennen am Programm die Rivalität der Yamabushi-Gruppen: Ihre Rituale finden nie gemeinsam statt. Ist die Shintō-Gruppe drinnen, sind die Buddhisten draußen. Gegen Mitternacht treffen sie aufeinander.

Vor dem Schrein bildet das Publikum einen großen Kreis und wartet gespannt. Meister Hoshino kommt aus dem Schrein. Er trägt ein mächtiges Gewand aus weißem Stoff, das an eine Nonnenkutte erinnert. Breitbeinig läuft er auf einen Pfahl zu, der schief in den Schneeboden gerammt wurde und so groß ist wie der Meister. Er berührt ihn und setzt zu einem bedrohlichen Singsang an. Der Meister nuschelt, verschluckt Worte und spricht mit Dialekt. Das versteckt seine Weisheit. Was offen bleibt, füllen seine Schülerinnen und Schüler mit eigenen Interpretationen.

In der Zeremonie symbolisiert Meister Hoshino einen Riesen, der das Land aufteilt. Ihm gegenüber stehen vier Yamabushi. Mönche und Riese zerren langsam und mit viel Körpereinsatz am Pfahl, der die Grenzen der Region darstellen soll. Erst wenn alle Mönche gezogen haben, gibt sich der Riese geschlagen und zieht wieder in die Berge. Ich bin froh, dass Kanae mir das Schauspiel erklärt, denn mit meinen Sprachkenntnissen allein verstehe ich es nicht. Wie sagte Hoshino? Mehr fühlen, weniger verstehen.

Nachdem die Mönche und der Riese abgezogen sind, kommen ungefähr hundert Yamabushi verschiedener Gruppen mit Fackeln aus dem Wald. Sie tragen schwarze Gewänder, manche mit freiem Oberkörper oder nackten Armen und Beinen. Ich trage drei Lagen unter meinem Mantel und friere. Vor den Sandalen aus Stroh stellen sich die Frauen und Männer auf und binden große Seile daran, die mit zwei weiteren Pfählen am anderen Ende des Platzes verknüpft werden.

Es dauert nicht mehr lange bis Mitternacht. Unter großem Geschrei zünden die Yamabushi die riesigen Sandalen an und ziehen gemeinsam an den Seilen. Noch während die Schuhe brennen, müssen sie zu einem der zwei Pfähle gezogen und dessen Spitze in Brand gesteckt werden. Das Team, das zuerst damit fertig ist, bestimmt den Segen für das kommende Jahr – Reisanbau oder Fischfang. Die Mönche ziehen und schreien, Funken fallen wie Schneeflocken. Stück für Stück bewegen sich die Sandalen. Flammen fressen sich durch die Konstruktion, sie bröckelt und fällt. Je mehr die Mönche reißen, desto kleiner wird der brennende Haufen. Als das erste Team am Pfahl ankommt, ist die Sandale nicht mehr groß genug, um die Spitze in Brand zu setzen. Auch das andere Team schafft es nicht.

Stolz, verfroren und müde gehen die Mönche in das Hauptgebäude des Schreins. Sie einigen sich darauf, dass sowohl der Reisanbau als auch die Fischerei einen Segen erhalten. Ich schaue auf mein Handy. Das neue Jahr ist angebrochen.

Am nächsten Morgen ist der Berg still. Die Spuren des Feuers sind mit Schnee bedeckt. Einer der Mönche hat mich zu einem weiteren Ritual eingeladen, diesmal in seinem privaten Haus. Es liegt unten am Berg, in einer Straße mit vielen Pilgerherbergen, von denen die meisten über die Jahrzehnte zu normalen Wohnhäusern von Yamabushi und Nicht-Mönchen wurden. Drinnen haben sich mehrere Generationen der Familie versammelt. Ich zähle ungefähr zwei Dutzend Menschen, fast alle tragen Schwarz. Im großen Wohnzimmer sitzen sie zusammen auf einer blauen Plastikplane und falten gemeinsam an einer Holztafel mit Inschriften, umgeben von Stroh und Seilen.

Als der Talisman fertig ist, bringt die Familie ihn nach draußen. Es braucht mehrere Personen auf Leitern, um ihn oben am Haus zu befestigen. Mit Sake wird er geweiht, man spricht ein kleines Gebet und alle schweigen. Der restliche Reisschnaps wird ausgeschenkt, auch mir gibt man ein Glas und einen Reisknödel. Ich stupse den Mönch an, der mich eingeladen hat und frage ihn, was das alles bedeutet. »Der Talisman schützt uns vor einem Riesen, falls er hinunter kommt.« Er zeigt auf den Berg am Ende der Straße. Und? Tut der Riese das? »Naja… nein. Aber hey, man weiß ja nie!«

Es ist der vorletzte Abend für mich in Tsuruoka. Hoshino fährt mich wieder den Berg hinauf, er ist gut gelaunt. Das Festival war ein Erfolg. Ich weiß nicht, ob er damit meint, dass der Riese wieder vertrieben wurde oder dass mehr Leute von Shugendō erfahren haben. Heute trägt der Meister keine weiße Kutte, sondern normale Kleidung. Funktional und bequem. »Eine Hälfte von mir lebt immer in der irdischen Welt, die andere Hälfte in der göttlichen«, sagt er. »Beides bin ich.«

Einige Meter vor dem Eingang der Herberge halten wir an. Weiterzufahren ist zu gefährlich, wegen des Schnees. Wir steigen aus. Während ich in den Sternenhimmel schaue, pinkelt der Meister hinter dem Auto in die Böschung. Als er fertig ist, kommt er auf mich zu, greift sich etwas Schnee, zerreibt ihn und reicht mir anschließend seine Hände zum Abschied. Eine gute Reise wünscht er mir. Irritiert wünsche ich ihm eine gute Fahrt und stapfe in Richtung Herberge.

Am nächsten Tag gehe ich ein letztes Mal in den Wald der Yamabushi. Ich stehe allein unter alten Zedern. Es schneit. Hat mein Kopf in den Bergen eine Balance gefunden? Dafür braucht es mehr als meine Märsche mit den Mönchen.

»Wenn man den Berg betritt und nachdenkt, friert man«, sagt der Meister. Man solle seinen Körper dem Berg anvertrauen, mehr fühlen und weniger denken. Ich glaube: Wohin man auch geht, die Gedanken gehen mit. Wenn mir in Berlin das Gleichgewicht fehlt, wird es mir auch in den Bergen fehlen.

Takeharu Kato hat es hier gefunden. Er verbringe mehr Zeit mit seinem Sohn als früher. Einmal hat er ihn mit in die Wälder zum Training genommen, als der Junge keine Lust auf Schule hatte. Sein Sohn hat ADHS, damit sind er und sein Umfeld manchmal überfordert. Aber in den Bergen habe der Sohn Fokus und Ruhe entdeckt. Beide haben ihre Balance gefunden, ich werde weiter suchen.

Takeharu ist überzeugt. Mit einem Lächeln sagt er zum Abschied: »Ich will auf keinen Fall wieder zurück nach Tōkyō.«

映画史上空前のスケールで再現する人類最大の上陸作戦！
スーパー・パナビジョン
超ステレオ音響
THE LONGEST DAY
史上最大の作戦
ジョン・ウェイン／ロバート・ワグナー／ロッド・スタイガー
ヘンリー・フォンダ／ショーン・コネリー／リチャード・バートン

夕張

YŪBARI

Die Melone am Ende der Welt

Ich stehe auf der Luftaufnahme einer Stadt aus den 1960er Jahren, ungefähr sieben Meter breit. Graue Häuserblöcke drängen sich zwischen Bergen an drei Straßen, die sich in der Mitte treffen und ein Ypsilon bilden. Als das Foto geschossen wurde, lebten in Yūbari mehr als 116.000 Menschen. Heute sind es 6.870. Eine der letzten Bewohnerinnen führt mich durch das Kohlebergbau-Museum. Vor fünf Jahren zog Kudō Yusa nach Yūbari, damals war sie 22. Ich frage sie, wie groß die Stadt ist. »Größer als die inneren 23 Bezirke von Tōkyō!« Ein Dorf, so groß wie eine Metropole, in den Bergen von Hokkaidō.

»Das kann ich nicht glauben«, sage ich und suche online: Die Bezirke Tōkyōs haben 619 Quadratkilometer Fläche, Yūbari 763 Quadratkilometer. Kudō hat recht. Sie lächelt hinter ihrer Schutzmaske, ich sehe es an ihren Augen. Seit etwas mehr als einer Stunde begleitet sie mich als Tourismusbeauftragte der Stadt durch das Museum, das die Geschichte von Aufbau und Abbau erzählt.

Yūbari ist ein besonderer Ort. Trotz der Abgelegenheit kennen viele Menschen in Japan die Stadt. Um herauszufinden, warum das so ist und weshalb Yūbari einen Ausblick auf die Zukunft des Landes geben kann, bin ich nach Hokkaidō gefahren, in den wilden Norden Japans. Bis 1868 war die Insel nach ihrem Urvolk benannt, den Ainu, die von der japanischen Mehrheit aus anderen Regionen hierhin verdrängt wurden. Man nannte sie *ezo* und Hokkaidō war *ezochi*, ihr Land. Mit den Zahnrädern der Industrialisierung wurde die Insel kolonialisiert. 1888 entdeckte man hier Kohle und Yūbari wurde gegründet. Der Name soll auf das Ainu-Wort *yuparo* zurückgehen – der Ort, wo Quellwasser sprudelt. Es dauerte nicht lange, da eröffnete die private Hokkaidō Bergwerk- und Eisenbahngesellschaft Hokutan die erste Mine.

Japan wandelte sich von einem isolierten Feudalstaat zu einer modernen Nation. Auf die Umwandlung folgten Unruhen. Viele politische Gefangene wurden nach Hokkaidō geschickt. Sie pflügten Ackerböden, bauten Straßen und Brücken. Der damalige Staatsminister Itō Hirobumi, später der erste Premierminister von Japan, schlug 1879 vor:

> *»Ich bin der Meinung, dass Kriminelle nach Hokkaidō gebracht werden sollten. Es gibt dort Hunderte von Kilometern Land, in diesem riesigen Gebiet könnten sie zur Rodung oder zur Arbeit in Minen eingesetzt werden. Wenn dann die Verurteilten freigelassen werden, könnten sie das Land bestellen oder in irgendeiner Form in der Industrie arbeiten. Es ist zu erwarten, dass sie schließlich Kinder bekommen und die Bevölkerung von Hokkaidō vermehren werden.«*

1889 lebte auf Hokkaidō ein Prozent der Bevölkerung von Japan. Es fehlten Infrastruktur und Arbeitskräfte. In der Hokutan-Mine in Mikasa, 22 Kilometer nördlich vom Kohlebergbau-Museum, arbeiteten 965 Menschen – zwei Drittel von ihnen waren Gefangene. Fünf Jahre später wurde der Einsatz von Zwangsarbeit in privaten Firmen verboten, Hokutan war zu dem Zeitpunkt Marktführer auf der Insel: 90 Prozent der Kohle aus Hokkaidō stammten aus den Minen der Firma. Anthrazit aus Yūbari ist hochwertige Steinkohle, sie brennt besonders heiß. Am Anfang des 20. Jahrhunderts war sie wichtig für die fortschreitende Industrialisierung und Militarisierung des Landes.

Im Museum hängen Artefakte von damals: das Firmenlogo von Hokutan, daneben polierte Grubenlampen und Schutzhelme. Filmaufnahmen zeigen verrußte Kumpel, die erschöpft aus der Mine kommen und mit großen Augen in die Kamera schauen. Zeitweise waren 24 Zechen in Betrieb, darunter welche des Konzerns Mitsubishi.

Kudō und ich betreten einen Aufzug, der die Fahrt in die Grube simuliert. »Yūbari war immer in den Nachrichten, seitdem ich klein war«, sagt sie. Ursprünglich stammt Kudō aus Muroran, einer Stadt an der südlichen Küste, zwei Stunden Autofahrt entfernt. »Ich wollte verstehen, was diesen Ort so besonders macht, also bin ich hergezogen.«

Drei Stockwerke tiefer öffnet sich die Fahrstuhltür, dahinter ein Tunnel. Die überlebensgroße Statue eines Bergarbeiters begrüßt uns. Sein linker Arm ruht auf einem Bohrer, der rechte greift nach oben zur Lampe. Kohlebergbau, so die Botschaft, bringt Wärme und Licht. Der Tunnel soll das Gefühl vermitteln, selbst in einem schwach beleuchteten Minenschacht zu sein. Auch wenn dieser Gang nachträglich gebaut wurde, ist das Museum neben einem echten Bergwerk errichtet. Teile der alten Mine kann man betreten.

Im Tunnel stellen menschengroße Puppen die Entwicklung des Bergbaus in Japan nach. Ein Mann in Strohsandalen zertrümmert Geröll mit einer Spitzhacke, während Frauen dunkle Brocken in Holzkisten auf dem Rücken transportieren und auf einem Tisch sortieren. Die nächste Station zeigt eine Gruppe von Männern, die mit präzisen Hammerschlägen große Brocken aus der Wand lösen. Hinter ihnen halten Figuren Presslufthammer, eine andere Gruppe trägt Schutzkleidung gegen giftige Gase, eine weitere sichert den Schacht mit hydraulischen Pumpen gegen den Einsturz. Es ist eine Reise entlang des technologischen Fortschritts.

Am Ende des Tunnels öffnet sich eine Halle, in der ein Diorama weitere Puppen an einer riesigen Maschine zeigt – ein vollautomatischer Zertrümmerer mit Förderband. Vor dem

Aufbau steht Nishida Nobuo, ein 73 Jahre alter Mann, der früher mit dieser Maschine gearbeitet hat. Er ist in Yūbari geboren und aufgewachsen. »Die Mine war ein sicherer Job, nichts Besonderes«, sagt er. Selbst seine Mutter arbeitete im Bergbau. Bei jemandem, der seit seinem 18. Lebensjahr in Tunneln gegraben hat, hätte ich keine so kerzengerade Körperhaltung erwartet. Die tiefen Falten in seinem Gesicht sehen im künstlichen Licht der Halle aus wie kleine Gräben.

Damals heulten jeden Tag die Sirenen durch Yūbari. Schichtbeginn, Schichtende, der Takt der Stadt. »Der Fluss war schwarz, wie Kohle«, erinnert sich Nishida. Das Wasser reinigte Arbeiter und Kohlebrocken gleichermaßen, der Staub verteilte sich im Tal. »In der Leitung mischte sich alles. Wenn ich morgens ein Glas Wasser trank, war es nur halb sauber.« 1967 fing Nishida bei Hokutan an, die Arbeit und zugeteilten Gruben wechselten regelmäßig. Er machte das, was die Chefs ihm sagten. Meistens bedeutete das, Geröll aus der Erde zu brechen und nach oben zu bringen. Sein Gehalt schwankte je nach Position zwischen 30.000 und 50.000 Yen pro Monat, der Durchschnittslohn eines Angestellten. Ein großes Bier kostete 140 Yen. Wie waren die Mittagspause in der Tiefe? »Wir hatten unsere Lunchboxen dabei. Manchmal wackelte die Erde und von oben fiel der Staub. Dann haben wir alle super schnell unser *bentō* weggesteckt und beschützt.«

In den 1960er Jahren, Yūbaris Höhepunkt, entschied die Regierung in Tōkyō, von der teuren heimischen Kohle auf billiges Öl aus dem Ausland zu wechseln. Um weiterhin wirtschaftlich zu bleiben, holte man sich große Maschinen aus Deutschland, Großbritannien oder den USA, die mit einem Bruchteil der Beschäftigten die gleiche Produktivität erreichten. Der Zertrümmerer, vor dem wir stehen, war einer der letzten, die geliefert wurden. Vorne hat er einen großen Bohrkopf mit Metallzähnen, die sich in das Gestein frästen. Anschließend fielen die Brocken auf ein Band, Nishida sortierte sie mit seinen Kollegen. »Dann verschwanden die Minen«, sagt er. 1982 schloss seine Zeche.

»Wegen der Kohle ging es uns gut«, erinnert sich Nishida. »Heute nutzen wir keine Kohle mehr. Ich tue mich schwer damit.« In seinen Augen sehe ich keine Traurigkeit, aber Stolz in seiner Haltung. Mir scheint, Nishida hat seinen Frieden mit der Welt gemacht. »Der Wind weht heute halt aus einer anderen Richtung.« Nach zwei Methangas-Explosionen in Bergwerken von Hokutan und Mitsubishi, die 155 Menschen das Leben kosteten, schloss 1990 die letzte Kohlemine in Yūbari. Hundert Jahre Bergbau endeten mit einem Knall. Hokutan gibt es heute nicht mehr.

Was mag er lieber, die Arbeit früher im Bergwerk oder jetzt hier im Museum? »Die Arbeit jetzt gefällt mir mehr«, antwortet Nishida. Sie passe besser zu seiner körperlichen Verfassung. Zum Abschied sagt er: »Yūbari ist furchtbar groß geworden, Hokkaidō ist ebenfalls gewachsen.«

Zwei Jahre, bevor Nishidas Mine geschlossen wurde, öffnete das Museum. Zu dem Zeitpunkt war klar, dass der Kohlebergbau Yūbaris Geschichte ist, nicht die Zukunft. Wir gehen durch eine Tür zum Haupteingang zurück, nach draußen. Aufzug und Tunnel erzeugen die Illusion, dass wir unter der Erde sind, tatsächlich sind wir jedoch im Erdgeschoss. Einige Brocken Steinkohle liegen neben dem Pfad, sie sind so groß wie Findlinge und glänzen schwarz-silbern.

Kudō und ich verlassen das Museum und laufen über eine Brücke zum Parkplatz. Unter uns plätschert der Fluss, der früher schwarz wie die Kohle war. Aus einem Wald ragt ein Förderturm. Das alles hier war früher einmal die Mine. Es ist Ende September, die Landschaft sieht nach Herbst aus, anders als in

2020
夕張
RESTART

Tōkyō. Auf Hokkaidō beginnt der Winter früher als im Rest des Landes. Ich mache meine Jacke zu und steige zu Kudō ins Auto.

Im Dezember 2009 war ich das erste Mal auf Hokkaidō. Damals wohnte ich erst ein paar Monate in Japan und hatte Lust auf Schnee. »Dann musst du in den Norden fahren«, sagte mein deutscher Mitbewohner. »In Tōkyō schneit es nicht.« Mit der S-Bahn und günstigen Regionalzügen fuhr ich nach Sapporo, für die Strecke brauchte ich drei Tage. Allein der Abschnitt zwischen dem Süden Hokkaidōs und der Hauptstadt der Präfektur dauerte einen ganzen Tag. Die Züge waren teilweise nur ein oder zwei Wagen lang und hielten in Orten, in denen ich mehr als eine Stunde auf den nächsten warten musste. Es war ein Abenteuer. Die kleinen Bahnen fuhren an verschneiten Wäldern und weißen Bergen vorbei. Manchmal war ich der einzige Passagier. Wenn ich auf das stürmische Meer hinausblickte und die verlassenen Fischerdörfchen mit ihren eingestürzten Hütten sah, dachte ich: Die Welt ist vorbei. Und es stimmte. Östlich von Hokkaidō kommt nichts mehr, die Westküste der USA ist 7.000 Kilometer entfernt. Ich war am Ende der Weltkarte.

Ich erzähle Kudō, wie ich vor 13 Jahren Hokkaidō im Winter erlebte. Wir sitzen im Yūbari Yatai Murai, im »Dorf der mobilen Imbissbuden«: drei kleine Restaurants unter einem Dach, dazwischen schmale Holztische. Von der Decke hängen rote Laternen und Kirschblütenzweige aus Plastik. Kudō ist sehr neugierig, sie stellt mir viele Fragen zu meinen Reisen. In Europa war sie noch nie, aber in den USA hat sie zwei Städte besucht, Los Angeles und San Francisco. Wenn man von Hokkaidō aus nach Osten reist, sind dies die ersten Metropolen, die man erreicht.

Kudō bestellt die Grillplatte aus dem mongolischen Restaurant, ich folge ihrer Empfehlung und frage nach einer Limo. Die alte Frau, die uns bedient, sagt, sie habe leider keine mehr. Sie ruft eine andere alte Frau aus einem der anderen Restaurants – die bringt mir die Flasche. »Das ist der Spirit von Yūbari«, sagt Kudō fröhlich. Viele der Bergarbeiter hätten früher im gleichen Haus gewohnt, die Gemeinschaft sei eng gewesen. »In Bergbauorten helfen die Menschen einander aus.«

Unser gebratenes Lammfleisch wird serviert. Kudō nimmt nun das erste Mal die Maske ab und schaut mich an. Es ist das erste junge Gesicht, das ich in Yūbari sehe. Vor dem Eingang der drei Restaurants verläuft das einspurige Gleis zum alten Bahnhof nebenan, der aussieht wie eine kleine Kirche, inklusive Türmchen mit Uhr. Wie die Minen wurde das Gleis von Hokutan gebaut.

Der geschlossene Bahnhof dient heute als Touristeninformation am Rande eines Skigebiets, vor dessen Eingang das mächtige Hotel Mount Racey steht. Es wurde 1991 gebaut. Mit 118 Zimmern war es der größte Arbeitgeber der Stadt, nachdem die Minen dicht waren. Doch die Gäste blieben aus. Elf Jahre später kaufte die Stadt das Hotel samt Gelände für 2,6 Milliarden Yen zurück – 600 Millionen Yen teurer, als der Investor einst dafür bezahlte. Aufgrund finanzieller Schwierigkeiten verkaufte Yūbari das Hotel 2017 an eine chinesische Investmentgruppe, für 240 Millionen Yen. Noch einmal wechselte das Haus den Besitzer, dann kamen Corona und die Insolvenz. Kudō zeigt sich optimistisch. »Das Hotel macht bestimmt wieder auf, es muss nur renoviert werden.«

Heute steht der Koloss stumm neben einem verlassenen Gleis und einer leeren Piste. Neben dem Eingang befindet sich eine Datumsanzeige. Hinter der Jahreszahl 2020 sind die Stellen für Monate und Tage leer.

Kudō bringt mich ins Rathaus. Ich möchte mit jemandem sprechen, der mir erklären kann, warum es Yūbari so schlecht geht. Kanzawa Nobuhiro empfängt uns in einem großen Konferenzraum. Der Beamte ist 50 Jahre alt und wurde von der Landesregierung in Sapporo entsandt, um über die Finanzen der Stadt zu wachen. Er wirkt gelassen, trotz seiner Verantwortung, und fasst die Situation trocken zusammen: »Der Tourismus sollte die Kohle ersetzen, aber das ist gescheitert.« Yūbari ist die einzige bankrotte Stadt in Japan.

Die beiden sprechen es nicht aus, aber die Ursache für den Niedergang war Nakada Tetsuji. Er wurde am 1. April 1926 außerhalb der Stadt geboren, und alle arbeiteten für Hokutan. Ab 1970 war er im Rathaus tätig. Die Kohleindustrie habe keine Zukunft, verkündete er und suchte nach neuen Wirtschaftszweigen. 1977 entwickelte er das Konzept für einen Vergnügungspark zur Geschichte der Kohle und das Motto »vom Bergbau zum Tourismus« *(tankō kara kankō he)*. Zwei Jahre später wurde er zum Bürgermeister gewählt. Die Bergwerke machten schneller zu als erwartet und die Stadt musste die Kosten für die Entsorgung von Maschinen und Metallschrott tragen. Nakada prangerte die Regierung an, Tōkyō solle die Rechnung zahlen. »Yūbari ist Opfer der nationalen Politik, die den Bergbau abgeschafft hat«, polterte er.

Die Finanzen Yūbaris sahen bereits 1981 schlecht aus, das Innenministerium empfahl eine Sparpolitik. Als Reaktion hob die Stadt die Gehälter der Beamten an und erhöhte die Ausgaben um 17 Prozent. Yūbari investierte durch sogenannte schwarze Anleihen – private Firmen nahmen Kredite für Projekte auf, welche die Stadt durch öffentliche Anleihen deckte. Scheiterte ein Projekt, übernahm Yūbari die Schulden. Bis es so weit war, tauchten die Summen nicht im Haushaltsbericht auf.

Zu Nakadas Investitionen in den Tourismus gehörte das Roboter-Universität-Wissenschaftsmuseum mit dem 12 Meter großen und 40 Tonnen schweren Roboter U-BAROT, der mit Kohle und Wasser aus Yūbari betrieben worden sein sollte. Auf YouTube gibt es Videos von dem Ungetüm. Zu den weiteren Projekten zählten ein Vergnügungspark mit Riesenrad und Achterbahn, ein Film- und Nostalgiemuseum und eine Kunsthalle, für die eine Bowling-Anlage umgebaut wurde.

Bürgermeister Nakada wurde sechsmal wiedergewählt.

Für Touristen war es nicht einfach, in die Berge von Yūbari zu kommen. Der Transport war damals wie heute ein Problem: Die Insel Hokkaidō ist mit Abstand die größte Präfektur in Japan. Bis zur Landeshauptstadt Sapporo fährt auch heute noch kein Shinkansen-Schnellzug. Ich bin mit dem Bus nach Yūbari gekommen. Die Verbindung von Sapporo besteht dreimal am Tag, man braucht ungefähr zwei Stunden.

Bürgermeister Nakada ging 2003 in den Ruhestand und starb kurz darauf, im Alter von 77 Jahren. Sein Nachfolger erbte 63 Milliarden Yen Schulden, rund 400 Millionen Euro. Am 20. Juni 2006 erklärte er den Bankrott der Stadt.

Die Zentralregierung in Tōkyō erließ Yūbari ungefähr die Hälfte der Schulden und verpflichtete die Stadt zu einem Sparplan, der innerhalb von vier Jahren umgesetzt werden sollte: Zwei Drittel der öffentlichen Angestellten wurden entlassen. Die hundert Beamten, die blieben, bekamen 30 Prozent weniger Lohn. Steuern für Grundbesitz, Vermögen und Autos sowie die Abgaben für die Abwasser- und Müllentsorgung wurden erhöht. Funktionierende Tourismusbetriebe, wie das hervorragende Bergbaumuseum, wurden verkauft und privatisiert, ebenso das Krankenhaus. Die Stadtbibliothek, öffentliche Bäder und die städtische Kunsthalle wurden geschlossen, die elf Schulen wurden zu vier zusammengelegt. Subventionen für Kindergärten und Sozialprogramme wurden gekürzt. Und Schnee wurde erst ab 15 Zentimetern Höhe geräumt. Vorher waren es zehn.

Seit 2006 darf keine Gemeinde in Japan ohne die Erlaubnis des Innenministeriums für private Schulden bürgen. Das soll ein zweites Yūbari verhindern.

Suzuki Naomichi begleitete den Prozess. Er stammt aus der Nähe von Tōkyō und arbeitete dort im Rathaus. Ähnlich wie Kanzawa wurde er 2010 nach Yūbari entsandt, um die Sparmaßnahmen zu überwachen. Die Stadt muss ihn begeistert haben, er ließ sich hier zur Wahl aufstellen und wurde 2011 mit 30 Jahren der jüngste Bürgermeister in Japan. Vier Jahre später wurde er wiedergewählt. Er war so beliebt, dass er 2019 zum Gouverneur von Hokkaidō gewählt wurde. Dieser kleine Ort machte ihn zum Landespräsidenten in der größten Präfektur, der jüngste überhaupt in Japan. Damit war Yūbari erneut landesweit in den Nachrichten.

Ich frage Kudō Yusa und Kanzawa Nobuhiro nach den vorherigen Bürgermeistern. Wie bewerten die Menschen in Yūbari die Großprojekte von Nakada? Wie beliebt war Suzuki wirklich? Die Anwesenden schauen ernst auf den Tisch vor sich. Kudō erklärt höflich: »Bitte haben Sie Verständnis, dass wir uns nicht zu vorherigen oder aktuellen Bürgermeistern äußern.« Wahrscheinlich ist es für Beamte der Stadt respektlos, etwas Negatives zur Person an der Spitze zu sagen.

Yūbari ist die älteste Stadt auf Hokkaidō, die Hälfte der Menschen ist über 65 Jahre alt. Der Anteil der arbeitenden Bevölkerung und die Steuereinnahmen sinken jedes Jahr. »Im Moment sind wir in der Lage, Schulden zurückzuzahlen und öffentliche Dienste anbieten zu können«, erklärt Kanzawa.

Jährlich zahle die Stadt 2,6 Milliarden Yen zurück an die Zentralregierung. Ein ganzes Hotel Mount Racey mit Skipiste, jedes Jahr. 2026 sei alles getilgt. Ab 2029 wäre die Stadt dann wieder selbstständig. Die Finanzen müssten nicht mehr von der Präfektur oder Tōkyō überwacht werden. »Viel Glück damit«, sage ich ehrlich.

Kanzawas Job ist es, neue Unternehmen und Menschen nach Yūbari zu bringen. Die Bevölkerung schrumpft. Was wollen sie dagegen unternehmen? »Wir können den Trend nicht aufhalten«, sagt er. Seine Ruhe überrascht mich. Ich weiß von vielen Regionen in Japan, die neue Menschen anlocken wollen, mit schnellem Internet für Start-ups, regionalen Lebensmitteln oder manchmal auch mit Geldgeschenken. Die Bevölkerungszahl im gesamten Land sinkt, Migration ist für Japan keine Option. Ich frage mich also, wo die Leute herkommen sollen, wenn sich die Regionen gegenseitig die Personen abwerben. »Wir können nur versuchen, den Rückgang zu verlangsamen«, erklärt Kanzawa gelassen. Er weiß: In ein paar Jahren werden in Yūbari höchstens noch 2.000 Menschen leben, vielleicht auch nur 1.000 oder weniger. Wenn ein Ort in Japan eine Stadt wird, gibt er diesen Status niemals auf. Das gilt auch für Yūbari – selbst wenn dort bald weniger Menschen wohnen sollten, als in einen ICE passen.

»Wir wollen für die, die noch da sein werden, einen angenehmen Ort zum Leben schaffen«, sagt Kanzawa. Das ist nicht einfach. Wird es noch ein Krankenhaus geben können, in einem Ort mit ein paar Hundert Menschen? Wie sollen die Alten versorgt werden? Schon jetzt gibt es mehr offene Stellen als Menschen, die nach Arbeit suchen.

»In Yūbari leben ist manchmal unbequem«, findet Kudō. »Wenn ich abends etwas trinken will, fahre ich zu einer Kneipe ganz im Süden der Stadt.« Den Weg angetrunken zurückzufahren, mache keinen Spaß. Einen Bus gibt es ab einer bestimmten Uhrzeit nicht mehr. Kanzawa erklärt, Yūbari sei zu weitläufig, um sich eine gute Infrastruktur leisten zu können. Die Antwort der Stadt auf dieses Problem nennt sich Compact City.

Etwas südlich von hier soll Neues entstehen. Wohnhäuser, Rathaus, Schule, Krankenhaus – alles komprimiert in drei neuen Bezirken. Dafür müssen fast alle, die noch in der Stadt wohnen, umziehen. Ungefähr die Hälfte der Menschen möchte das nicht. »Anders können wir die Menschen in Zukunft nicht ausreichend versorgen«, sagt Kanzawa. 2040 soll die Compact City fertig sein – dann sollen in Yūbari 2.882 Menschen leben, wenn es beim aktuellen Trend bleibt.

Früher war das Motto von Yūbari »vom Bergbau zum Tourismus«. Danach lautete es *bari bari yūbari* – was so viel bedeutet wie »Streng dich an, Yūbari« oder »Sei wie Yūbari und halte durch!« Der neue Leitspruch ist: »Restart. Challenge more.« Das steht so auch auf Kudōs Visitenkarte und ihrer Jacke. »Das ist nicht das Ende«, erklärt sie stolz. »Wir können noch weitermachen.« Kanzawa ergänzt: »Es ist die Einstellung, weitere Herausforderungen der Zukunft anzunehmen.« Das klingt nicht einfach, sage ich. »Ja, aber wir wollen über die Schwierigkeiten hinausblicken«, sagt Kudō. Und Kanzawa ist sich sicher: »Ich glaube, jeder in Yūbari arbeitet an diesem Ziel.«

Der Konferenzraum, in dem wir sprechen, ist viel zu groß für uns drei. So wie auch das Rathaus zu groß wirkt. Nebenan ist ein Büro, das sich über die Etage erstreckt, aber nur zu einem Viertel besetzt ist. Das Gebäude ist ein Betonklotz, sechs Stockwerke hoch, die Fassade aus rostigem Stahl und Glas. Drei Masten stehen vor dem Rathaus, an keinem weht eine Fahne.

Im Erdgeschoss befindet sich das Bürgeramt. An den Wänden hängen Poster aus vergangenen Tagen oder mit Durchhalteparolen.

Das hier in Yūbari sei doch eigentlich nichts Besonderes, sagt Kanzawa. Auch andere Städte seien in schwierigen Situationen. Das ganze Land werde älter, dieses Phänomen gebe es überall in den entwickelten Nationen. Doch die Geschwindigkeit, mit der sich diese Entwicklung vollziehe, sei in Yūbari höher als an anderen Orten. Kanzawa empfängt oft Besucherinnen und Besucher, auch aus dem Ausland, die von der Stadt und ihrer Situation lernen wollen. Er freue sich über das Interesse. »Auf dem Weg, auf dem sich viele Städte befinden, ist Yūbari wahrscheinlich einfach etwas voraus.«

Ich verstehe langsam, was mich an diesem Ort fasziniert. Die Geschichte von Yūbari ist die Geschichte des modernen Japans: Eine Industrie, die sich im Rekordtempo entwickelt, bis es knallt. Seitdem schrumpft die Bevölkerung. Yūbari ist so verschuldet wie das Land: Die Staatsschulden Japans beliefen sich 2023 auf 9,8 Billionen Euro. Kein Land hat im Verhältnis zum Bruttoinlandsprodukt (BIP) eine höhere Verschuldung.

In Yūbari wollen sie denen, die blieben, ein gutes Leben bieten, statt zu bedauern, was nicht mehr wiederkommt. Ich will mir ansehen, ob das funktioniert. Denn es könnte die Zukunft von Japan sein – und unsere.

Langsam verschwindet die Sonne, die Schatten der Berge liegen auf der Stadt. Kudō fährt mich zu einer Bushaltestelle, von der ich zu meiner Unterkunft komme. Seit fünf Jahren arbeitet sie in der Abteilung für Tourismus. Normalerweise wird man in japanischen Behörden und Firmen nach drei Jahren intern versetzt. Das soll Korruption vorbeugen und den Mitarbeitenden mehr Fähigkeiten beibringen. Ich sehe, dass Kudō ihre Arbeit begeistert. »Ich weiß nicht, wann sie mich versetzen, aber es könnte jeden Tag passieren.«

Wir halten vor einem überraschend modernen Gebäude und sie lässt mich raus. Warmes Licht fällt aus den deckenhohen Fenstern nach draußen. Ich sage ihr, dass ich mich noch etwas alleine umsehen möchte, bevor mein Bus kommt. »Ja, viel Spaß«, sagt sie zum Abschied. »Passen Sie aber auf, es gibt Bären in Yūbari.«

Das 60 Meter breite, einstöckige Gebäude heißt Risuta, kurz für »Restart«. Es steht erst zwei Jahre und ist das Zentrum eines der neuen Bezirke der Compact City. Drinnen gibt es keine Trennwände, nur Stützpfeiler in einer Halle, von denen Wegweiser in die Ecken zeigen: Bibliothek, Co-Working-Spaces, ein Wartebereich für den Bus, ein Mini-Bürgeramt als Zweigstelle des Rathauses.

Das Architekturstudio Atelier BNK aus Sapporo hat Risuta nach Gesprächen mit den Menschen in Yūbari entwickelt. Es soll eine kleine Stadt in der Stadt sein, nutzbar von verschiedenen Generationen. Tōkyō hat das Bauprojekt im Rahmen von regionalen Infrastrukturmaßnahmen genehmigt und die 1,2 Milliarden Yen an Baukosten zum Teil übernommen. Der Komplex wurde mit Architekturpreisen ausgezeichnet.

Ein paar Menschen arbeiten noch, sie packen langsam den Tag ein und beachten mich kaum. In einer Ecke steht eine Tafel mit der aktuellen Bevölkerungszahl: 3.203 Männer und 3.667 Frauen in 4.133 Haushalten. Jeden Monat sind es weniger.

Auf dem großen, leeren Platz vor dem Risuta grast ein Rudel Rehe. Ihr rotbraunes Fell wirkt grau im schwindenden Licht des Tages. Die Männchen tragen ein kurzes Geweih. Ende des 19. Jahrhunderts halbierte sich die Population der Rehe auf Hokkaidō. Hunderttausende wurden während der Kolonialisierung gejagt, in einem besonders kalten Winter erfroren viele Tiere oder fanden keine Nahrung mehr. Heute leben wieder mehr Rehe auf der Insel als vor dem Massensterben von 1879. Die Population hat sich erholt. Als ich an den Rehen vorbeigehe, drehen sie ihren weißen Hintern zu mir.

Auf der anderen Straßenseite sehe ich ein Conbini-Geschäft, einen Supermarkt und einen Baumarkt. Ein passender Ort für das neue, kompakte Zentrum. Alle Geschäfte sind schon da. Etwas entfernt steht die letzte Oberschule von Yūbari. Im März haben hier 17 Schülerinnen und Schüler ihren Abschluss gemacht, mit Beginn des neuen Schuljahres im April kamen 18 hinzu. Bei der Zeremonie sagte einer von ihnen, dass sie dem »Challenge-More-Spirit« folgen und vieles ausprobieren wollen. Zwei Wochen später besuchte Gouverneur Suzuki Naomichi die Schule und begrüßte die Jugendlichen. Er lobte sie für ihren Einsatz für Yūbari. Der Besuch einer Schule in seiner alten Stadt war für ihn sicher etwas Besonderes – nicht nur, weil Skifahren hier zum Curriculum gehört.

Das Rudel Rehe hat den Platz verlassen, es sitzt nun zwischen Risuta und der Straße. Die Tiere grasen entspannt auf einer Grünfläche, beleuchtet von Straßenlaternen und Neonlicht vom Supermarkt. Wenn ich in ihre Richtung laufe, beobachten sie mich aufmerksam, doch ich bin ihnen so egal wie der Verkehr. Ein Reh läuft auf die Straße. Die Autos bremsen, und es springt zurück auf die Wiese.

Kudō erwähnte, dass es viele Rehe in Yūbari gibt, aber ich hätte mir nie vorgestellt, wie sehr sie zum Stadtbild gehören. Drinnen im Risuta zählt eine Tafel die Bevölkerung runter, draußen grasen Wildtiere. Die Präfekturverwaltung schätzt, dass im Stadtgebiet rund 5.580 Hokkaido-Sikahirsche leben. Noch gibt es also mehr Menschen als Rehe in Yūbari.

Am nächsten Morgen stehe ich an der Haltestelle in der Nähe meiner Unterkunft. Falls ich den Bus verpasse, muss ich sechs

Stunden auf den nächsten warten. Die Luft ist kühl und feucht vom Nebel, der an den Bergen klebt. Risse ziehen sich über den Asphalt. Spuren des langen Winters und der begrenzten Mittel zur Ausbesserung. Neben der Straße liegen Reihen abgeernteter Felder und Gewächshaustunnel ohne Folie. Die Drahtgestelle biegen sich über der feuchten Erde wie Rippenknochen. An einem Mast hängt ein Schild, auf dem ein Bär sein blutrotes Maul aufreißt. Über der Zeichnung steht »Vorsicht vor Bären« und darunter auf Englisch »be careful to bears«. Ich hoffe, dass die Bären auch vorsichtig mit mir sind, als der Bus kommt. Ich fahre Richtung Rathaus, um Kudō zu treffen. Sie will mir heute zeigen, wo die Zukunft von Yūbari entsteht.

Kein halbes Dutzend Menschen sitzen mit mir im Bus. Aus dem Fenster sehe ich Felder ohne Früchte, verfallene Häuser, verbarrikadierte Türen und eingestürzte Dächer. Spuren von ehemals 116.000 Menschen. Vier Prozent der japanischen Bevölkerung leben heute auf Hokkaidō, die Häuser hier sind für den Winter gebaut: Asymmetrische Dächer gegen die Last der Schneemassen, vor den Haustüren gibt es häufig einen Vorraum, der warme Luft speichert.

Wir halten neben einem überwucherten Feld zwischen zwei verlassenen Häusern, wo ein Gebäude gestanden haben muss. »Das Rathaus ist dahinten, wenn Sie durch das Feld laufen«, sagt mir der Busfahrer. Ich bin der einzige, der aussteigt. Vorsichtig laufe ich über das dichte Unkraut und schaue um die Ecke. Tatsächlich, da steht das alte Rathaus, wo ich gestern war. Ich komme heute von der anderen Seite und habe das Gebäude erst nicht erkannt. Als der Busfahrer sieht, dass ich seine Erklärung verstanden habe, fährt er weiter. Ich bin im Süden der Stadt gestartet, die Fahrt hierher hat 50 Minuten gedauert. Die Distanzen sind gewaltig, in Anbetracht der wenigen Menschen. Ein Dorf trägt das Kostüm einer Großstadt.

Ich bin fast eine Stunde vor unserem Treffen da, also laufe ich zu Yūbaris Kino-Straße, wo 28 alte Filmplakate hängen. Ein Freilichtmuseum für den Film. Früher waren es mal 93 Poster, die meisten sind gezeichnete Werbetafeln von Klassikern aus Hollywood: »Planet der Affen«, »Casablanca« und »Death Wish« mit Charles Bronson. Audrey Hepburn lächelt unter einem schicken Hut von einem Plakat, das an der Fassade der Post hängt. Alle Plakate haben ihre Farben verloren.

Früher gab es hier viele Kinos, Filme gehörten zu den wenigen Kulturangeboten für die Kohlekumpel. Als die Minen schlossen und die Stadt den Tourismus ausbaute, startete 1990 das Yūbari International Fantastic Film Festival. Drei Jahre später zeigte Quentin Tarantino hier seinen Film »Reservoir Dogs«. Ein Foto zeigt ihn mit langen, zotteligen Haaren vor dem Hotel Mount Racey. Der Ort muss ihn beeindruckt haben, im Film »Kill Bill« nannte er eine mörderische Highschool-Schülerin nach der Stadt: Gogo Yubari. Wegen des Bankrotts der Stadt strichen sie das Festival, doch die Bevölkerung und Sponsoren konnten es 2009 neu organisieren. Seitdem findet es wieder jährlich statt. »Die Geschichte von Yūbari ist wie ein Film«, hat Kudō gestern gesagt.

Am Ende der Kino-Straße gehe ich den Hügel hinauf. Zunehmend habe ich das Gefühl, durch eine Geisterstadt zu laufen. Manchmal sehe ich Menschen, aber fast jedes Gebäude ist verfallen oder kurz davor. Die Fenster sind eingeschlagen, Türen hängen lose im Rahmen, die Fassaden bröckeln. Von oben schaue ich über das kaputte Viertel. In der Mitte steht das Rathaus, ein Kasten Beton und Glas in einer Grube aus Ruinen.

Unten angekommen, steige ich mit Kudō ins Auto. Sie fährt mich dorthin, wo die Hoffnung von Yūbari wächst. Neben der Pleite und dem Filmfestival gibt es eine Sache, die fast alle in Japan mit der Stadt verbinden. So auch meine Freunde. Als ich sie vor meiner Reise gefragt habe, was sie von Yūbari kennen, gab es immer eine Antwort: Melonen.

Früchte sind allgemein teuer in Japan, nach oben scheint es keine Grenzen zu geben. Das Delikatessengeschäft Sembikiya in Tōkyō handelt mit Luxus-Obst zum Verschenken: fünf Birnen aus Chiba kosten 70 Euro, ein Bündel Weintrauben aus Kagawa 90 Euro und eine Mango aus Miyazaki 250 Euro. Jede Frucht sieht perfekt aus und kommt in einer eigenen Kiste, gebettet wie ein Neugeborenes.

Die Marke »Yubari Melon« beziehungsweise die Sorte »Yubari King« ist die teuerste Frucht in Japan. In Sapporo wird jährlich ein besonderes Paar Melonen nach der ersten Ernte im Mai versteigert. Im Jahr 2023 zahlte ein Käufer 3,5 Millionen Yen, umgerechnet 22.000 Euro, für zwei Früchte. Landwirt Hara Hiroshi hat das teure Paar von seinem Feld geholt. Kudō zeigt auf seinen Acker, als wir vorbeifahren. Wir halten vor seinem Wohnhaus. Hara und seine Frau begrüßen uns freundlich und bitten uns in eine Lagerhalle nebenan. Er dreht zwei Transportkisten um, auf denen wir Platz nehmen. Ich frage ihn, ob er noch eine Melone für mich zum Probieren hat. Hara muss laut lachen. »Die sind alle schon längst geerntet und weg.«

Hara Hiroshi ist 41 Jahre alt, ein einfacher Farmer, das betont er in unserem Gespräch. Seiner Haut sieht man die tägliche Arbeit auf dem Feld an, sie ist gebräunt und voller Falten. Nervös spielt er mit dem Handtuch um seinen Hals, wie es viele in Japan tragen, die unter freiem Himmel arbeiten. »Ich lebe schon immer in Yūbari, meine Eltern auch«, sagt er. Seine Frau steht neben ihm und ergänzt: »Deine Großeltern nicht auch?« »Ah stimmt«, sagt er, »wir sind seit mehr als 100 Jahren hier Bauern.«

Seine Felder unterscheidet nichts von denen der anderen 400 oder 500 Landwirte in Yūbari, die auch die Melonensorte

»Yubari King« anbauen. Jedes Jahr wählt der regionale Agrarverbund jemand anderen aus, dessen Früchte versteigert werden. Im normalen Handel können die Melonen zwischen 25 und 1.000 Euro kosten. Sie sind besonders saftig, orange und süß.

Landwirtschaft in Yūbari heißt Melonen, es ist die größte Industrie der Stadt, mit einem jährlichen Umsatz von 2,6 Milliarden Yen, etwa 16,5 Millionen Euro. Jede Frucht zahlt die Schulden ab. Ihr Name ist geschützt, nur die Sorte »Yubari King«, die auch aus dieser Gegend kommt, darf als teure »Yubari Melon« verkauft werden. Die Melonen sind nach der Ernte zwischen Mai und August nicht lange haltbar und können nicht ins Ausland transportiert werden. Es ist wahrscheinlich auch die Seltenheit, die sie so teuer macht. Ich frage mich jedoch, ob eine 22.000-Euro-Melone so viel besser schmeckt als eine für 25 Euro. Wahrscheinlich macht der hohe Preis selbst sie wertvoll, nicht nur die Farbe und der besondere Geschmack. Später kann man erzählen: Ich habe die teuerste Melone der Welt gegessen. Diese Story ist unbezahlbar.

Isst Hara jeden Tag Melone? Er lacht herzlich und verneint. Auf seinen 500 Hektar produziert er jedes Jahr 40.000 Stück. Drei Familienmitglieder helfen ihm, dazu kommen eine Teilzeitstelle und acht Erntehelferinnen und Erntehelfer aus Vietnam. Seine drei Kinder sind noch zu klein. Wie kam die Melone denn nach Yūbari? »Das weiß ich nicht, aber mein Vater hat schon Melonen angebaut. Als ich anfing, kannte ich das also schon und dachte mir: Warum nicht?«

Kudō ergänzt ein paar historische Fakten, die der Agrarverbund gesammelt hat.

Der Boden in Yūbari ist gemischt mit Vulkanasche, das mögen viele Pflanzen nicht. Zudem lassen die harschen Temperaturen die meisten Setzlinge erfrieren. Bohnen, Spargel,

Süßkartoffeln in kleinen Mengen, mehr ist nicht drin. 1955 entdeckte ein Beamter der Stadt Melonen auf einem Feld. Einige der Bauern pflanzten sie für den eigenen Bedarf an. Die Sorte wuchs, trotz der Schwierigkeiten mit dem Boden. Sie sah länglich aus wie eine Gurke und man musste Zucker über das rote Fruchtfleisch streuen, damit es nach etwas schmeckte. Fünf Jahre später begann ein Experiment: Die Sorte wurde mit anderen Melonen gekreuzt, zehn neue Früchte entstanden. Im folgenden Jahr wurden mit ihren Samen Felder bestellt. Damit sie den Winter überstehen, sollen die Bauern die Keimlinge nah am Körper getragen haben. Die Ergebnisse waren ernüchternd: Die Früchte zu klein, das Muster nicht schön, das Fleisch immer noch nicht süß genug. Testmelonen aus Yūbari wurden nicht für den Handel zugelassen – also haben die Bauern die Früchte selbst gegessen.

Die Farmer wollten nicht aufgeben. Sie passten die Wärme in den Gewächshäusern an, ließen mehr Licht an die Pflanzen. Manche sollen sogar die Nacht auf dem Feld verbracht haben, um sicherzustellen, dass es den Melonen nicht zu kalt wird. Ende August 1961 wurde die erste Melone geerntet, die als »Yubari King« bekannt wurde.

Doch der Verkauf gestaltete sich schwierig. Nur innerhalb einer Woche nach der Ernte ist die Melone essbar. Zwar gab es schnelle Laster für den Transport, aber durch den Temperaturunterschied zum warmen Süden waren die Melonen aus dem kalten Yūbari überreif oder verdorben, bevor sie an ihren Zielorten ankamen. Schiffe und Züge brauchten damals eine Woche bis Tōkyō und waren nicht klimatisiert. Flugzeuge funktionierten. Was morgens geerntet wurde, konnte am Abend in der Hauptstadt sein – eine teure Investition. Beim Früchtemarkt in Tōkyō machten sich die Händler lustig über diese neuartige, orange Melone. »Ist das ein Kürbis?«, sollen sie gefragt haben.

Die Bauern in Yūbari glaubten weiter an ihre Melone. Wenn Menschen sie probieren, werden sie schon erfahren, wie köstlich sie ist, sagten sich die Farmer. Um auf sich aufmerksam zu machen, schenkten sie die Früchte bekannten Baseballspielern in Sapporo. Diese erwähnten anschließend die leckeren Melonen aus Yūbari in den Medien – die Nachfrage explodierte. Ich frage mich, ob der hohe Preis auch auf die prominenten Fürsprecher zurückgeht. Doch wenn die Melone nicht schmecken würde, spräche heute keiner mehr darüber.

Die Bergarbeiter nahmen den Hype damals nicht ernst. Der Kohleabbau war auf dem Höhepunkt, nie wohnten mehr Menschen in Yūbari. Doch je weniger Kohle abgebaut wurde und je mehr Erfolg die Melone hatte, desto mehr Platz wurde für Felder geschaffen. Nicht mehr benötigte Wohnhäuser wurden abgerissen. Heute sind in Yūbari alle stolz auf die Melonen.

Was macht die Melone nun so besonders? »Sie ist halt lecker«, sagt Hara und lacht schon wieder. So ganz genau weiß er das auch nicht. In Yūbari sei es morgens kalt, mittags warm und abends wieder kalt. Das bedeutet Stress für die Pflanzen, sie strengen sich besonders an, erklärt Hara. »Wenn es zu einfach für sie ist, geben sich die Pflanzen keine Mühe.«

In Yūbari geben sich alle Mühe, auch die Melonen.

Links von uns stapeln sich volle Kisten, die auf Abholung warten. Kudō fragt, was drinnen ist. Ohne zu antworten, greift Hara hinein, holt drei Büschel Spinatblätter heraus und gibt sie ihr. »Ein Geschenk«, sagt er mit einem Lächeln. Sie strahlt vor Freude. »Nach der Melonenernte pflanzen wir auf den gleichen Feldern Spinat an«, sagt Hara. »Die Pflanzen brauchen nicht lange.« Kudō ist ganz aufgeregt. »Ich liebe Spinat, habe aber noch nie ein Feld gesehen.« Mir geht es ähnlich und ich frage Hara, ob er sie uns mal zeigen kann. Er nickt. Keine große Sache.

Die hundert Meter langen Gewächshaustunnel von Hara sind noch mit Plastikfolie bedeckt. Auf dem Boden wächst ein grüner Teppich Spinat. Hinten, am Ende des Feldes, sitzt eine alte Frau alleine und sammelt die Pflanzen ein. »Meine Mutter«, sagt Hara, und wir winken. Kudō kniet sich runter zu den Pflanzen und fotografiert sie mit ihrem Handy. »Ich wusste nie, wie die wachsen. Und so schnell!« Hara und seine Frau grinsen. So viel Aufmerksamkeit bekommen ihre Felder ohne Melonen sonst nicht.

Scherzhaft frage ich, ob Bären auch Melonen mögen. »Letzte Nacht habe ich einen gehört«, sagt Haras Frau. Er ergänzt trocken: »Wir haben einen elektrischen Zaun gegen Bären und Rehe, aber sie kommen manchmal durch.« Ich frage ihn, ob ich das mal sehen kann, und er geht mit mir zu seinem kleinen Laster. Wir halten an einem Hügel mit Unkraut und kurzen Bäumen. Ein einfacher Zaun mit vier elektrifizierten Drähten grenzt die Farm ab. Davor, in der lockeren Erde, sind Abdrücke von Tatzen. Einmal quer über das Feld und wieder zurück. Der Bär war zu spät dran. Auch für ihn gibt es keine Melone mehr.

Kudō und ich fahren an verlassenen Häusern vorbei, in den Vorgärten grasen Rehe. Sie will mir noch einen letzten Ort in Yūbari zeigen. »Den ›Erinnerungsplatz für das glückliche gelbe Taschentuch‹ müssen Sie sehen!«, sagt sie. Wir halten auf einem Parkplatz, hier steht ein kleines Haus vor einer Grünfläche. Es ist zur Hälfte Café und Museumsshop. Zwei ältere Frauen unterhalten sich hinter dem Tresen. An den Wänden hängen leicht schiefe Fotos zwischen großen Fenstern. Sie zeigen das Gebäude und die Landschaft in verschiedenen Jahreszeiten. »Die habe ich gemacht«, sagt Kudō leise. Warum steht ihr Name nicht daneben? »Das wär mir unangenehm«, sagt sie schüchtern.

Auf einem Tisch wird Gelee aus Yūbari-Melonen angeboten. Ich kaufe mir eine Packung und ein Ticket für das Museum. »Er kommt aus Deutschland«, sagt Kudō zu den zwei Frauen. »Gib ihm 50 Yen Rabatt«, ruft eine von ihnen.

Draußen öffne ich eine Portion Gelee. Es schmeckt nach Honigmelone, süß und fruchtig. Limonade und andere günstige Produkte aus Yūbari-Melone gibt es das ganze Jahr zu kaufen – auch wenn das sicher nicht das Gleiche ist wie die echte Frucht. Während ich esse, zeigt Kudō auf einen gelben Briefkasten aus Metall vor dem Gebäude. Die kompakte, runde Form erinnert mich an einen Hydranten. »Den habe ich selbst gestrichen«, sagt sie stolz. Normalerweise sind Briefkästen in Japan rot. »Ich wollte etwas Besonderes schaffen, und Gelb schien mir hier passend.«

»Shiawase no kiiroi hankachi«, »Das Gelbe Taschentuch des Glücks« ist ein japanischer Film von 1977. Er handelt von einem Roadtrip dreier unglücklicher Menschen durch Hokkaidō, die am Ende in Yūbari ankommen. Bei der ersten Verleihung des Japanese Academy Award, dem japanischen Oscar, gewann die Geschichte in fünf Kategorien, darunter den Preis für den besten Film. Er ist inspiriert von einer amerikanischen Kurzgeschichte, dessen Autor eine negative Meinung von Japan hatte und deswegen die Verfilmung nur erlaubte, wenn der Film das Land nie verlässt. Nach dem Erfolg in Japan zeigte der Regisseur den Film dem Autor in New York. Obwohl es keine englischen Untertitel gab, rührte das Werk den Autor und er erlaubte den weltweiten Vertrieb. Dennoch ist der Film relativ unbekannt, eine englische oder deutsche Version kann ich nicht finden. In den USA wurde 2008 ein Remake produziert, »Das gelbe Segel« mit Kristen Stewart und Eddie Redmayne. Der Film gewann keine Preise.

Wir folgen einem Pfad zu einer Holzhütte. Früher standen hier Dutzende, in denen die Bergarbeiter wohnten. Im Film sieht man lange Baracken aus Brettern in engen Reihen. Die Wohnungen bestanden teilweise aus einem Raum, Toilette und Bad mussten sich mehrere Familien teilen. Heute steht nur noch eines der Häuser. Hier wurde die letzte Szene des Films gedreht. Kudō öffnet die Tür und ich kann nicht glauben, was ich sehe. Jede Wand, jedes Fenster, jede Tür ist behangen mit gelben Zetteln, auf denen Wünsche geschrieben stehen. Es müssen Hunderttausende Blätter sein. Nur der Boden ist frei.

In der Mitte stehen zwei Tische mit Stiften, Reißzwecken und den gelben Zetteln zum Beschreiben. Während ich noch über die Anzahl der geschriebenen Nachrichten staune, hat Kudō schon eine geschrieben und hängt sie neben der Tür auf. Bis zur Wand reicht die Nadel nicht mehr, sie steckt ihr Blatt in eine dicke Schicht anderer Zettel. Auf Englisch hat sie geschrieben: »Wishing you endless happiness and smiles – Yusa Kudō.« Ich nehme mir auch ein Blatt. Mir fallen zwei Freunde in Kyōto ein, die in zehn Tagen heiraten werden. Ich schreibe meinen Wunsch für sie auf: Glück, Liebe und eine grenzenlose Neugier auf ihrer gemeinsamen Reise. »Kann ich noch einen schreiben?« Kudō freut sich. »Natürlich!« Also: »Ich wünsche meiner 96-jährigen Oma und meinen Eltern gute Gesundheit.«

Die gelben Zettel filtern das Licht im Raum, sie kleben auch an den Fenstern. Nackte Glühbirnen tauchen alles in ein warmes Licht. Hunderte, Tausende Menschen waren hier und haben ihre Wünsche aufgeschrieben. In Yūbari hätte ich so einen Raum nie erwartet, aber vielleicht ist es Yūbari, das so ein Haus am meisten braucht. Man tritt ein und ist umgeben von der Hoffnung, die in den Nachrichten der Besuchenden steckt. Vieles, was ich in Yūbari gesehen habe, ist zerfallen oder auf dem Weg dorthin. Dieser Raum hier ist gefüllt mit Wünschen für ein besseres Morgen. Eine Idee davon, was alles möglich ist.

Auch dieser Kontrast ist Yūbari. »Man kann den Reiz der Stadt nicht verstehen, wenn man nicht herkommt«, sagt Kudō.

Im Nebenraum steht der kleine rote Mazda, mit dem die drei Personen im Film durch Hokkaidō fahren. An den Wänden hängen Bilder von Filmszenen und eine Karte mit allen Stationen. Ein Beamer projiziert eine Dokumentation über die Entstehung in Dauerschleife an die Wand. Seit 2018 gibt es das Museum.

»Nicht viele kennen diesen Ort, er hat so etwas Positives«, sagt Kudō. Ich schaue mir die Karte genauer an und suche Muroran, die Heimat von Kudō. Sie besuchte dort eine Oberschule für Mädchen. Später begann sie, Jura zu studieren. Nicht unbedingt, weil sie wollte, aber die Jobaussichten waren gut. Dann wurde sie krank. Fast zwei Jahre lag sie im Krankenhaus, war auf einen Rollstuhl angewiesen, musste alle Bewegungen neu lernen. Als sie wieder fit war, hatte sie einen neuen Blick auf das Leben. Sie wollte jeden Tag genießen. Wenn ich sehe, wie sehr Kudō sich über Spinat auf dem Feld freut oder wie stolz sie mir ihren gelben Briefkasten zeigt, glaube ich ihr das. »Wenn ich in die Abteilung für Krankenversorgung versetzt werden sollte«, sagt sie, »kann ich die Gefühle der Menschen besser verstehen, wegen meiner eigenen Geschichte.«

In ihrem jungen Leben hat Kudō einen Neuanfang machen müssen. »Wie Yūbari«, sage ich. »Ja, wie Yūbari«, sagt sie fröhlich. Hat sie mal überlegt, Bürgermeisterin zu werden? Suzuki war nur drei Jahre älter als sie jetzt. Irritiert winkt sie ab. »Das wäre nichts für mich. Ich liebe meine Arbeit. Ich lerne dabei neue Menschen kennen und kann von ihnen lernen.«

Wir gehen durch eine gelbe Tür nach draußen. Am Ende des Platzes, auf einem Hügel, steht ein fünf Meter hoher Mast. Ein Seil führt zu seiner Spitze und im spitzen Winkel zur Erde zurück. Es ist komplett behangen mit gelben

Stofftaschentüchern, die im Wind tanzen. Im Film hisst die Frau der Hauptfigur ein gelbes Taschentuch, damit ihr Mann es auf seinem Heimweg von der Mine sehen kann. Sie teilt ihm damit mit, dass sie schwanger ist. Ihre Wege trennen sich und er landet im Gefängnis. Es vergehen sechs Jahre, in denen sich die beiden nicht sehen, und er fragt sich, ob sie noch etwas für ihn empfindet. Als der Mann nach Yūbari zurückkehrt und zu seinem Haus blickt, wehen Dutzende gelbe Taschentücher im Wind. Sie hat die ganze Zeit auf ihn gewartet.

Das Glück von Yūbari lag früher in der Erde, heute wächst es auf den Feldern. Ein Kilo »Yubari Melon« ist wertvoller als ein Kilo Steinkohle. Die Flüsse sind wieder sauber, auf den Hügeln wachsen Bäume und keine Baracken. Die Stadt ist geschrumpft, aber für die, die blieben, soll sie lebenswert bleiben.

Kudō weist mich auf die Uhrzeit hin. Wenn ich nach Sapporo will, muss ich langsam los. Ich drehe mich noch einmal um und schaue zum Mast.

Am Ende der Welt weht ein gelbes Taschentuch, und es riecht nach Melone.

福島県

PRÄFEKTUR FUKUSHIMA

Zwiebeln für Fukushima

2011

Spät am Abend sitzt Bürgermeister Sakurai Katsunobu in einem kargen Konferenzraum und spricht in die Kamera. Er hat keinen Text vorbereitet. Monoton und gefasst erklärt er ohne Pause, was in seiner Stadt Minamisōma passiert. Es ist der 24. März, 13 Tage nach dem größten Erdbeben, das jemals in Japan gemessen wurde. »Wir zählen 253 Tote und 1.260 Menschen gelten als vermisst – und dazu kommt der Unfall im Atomkraftwerk.«

Minamisōma befindet sich am Rand des 20-Kilometer-Radius, der um das havarierte Kraftwerk Fukushima Daiichi als Evakuierungszone festgelegt wurde. Ein Teil der Stadt darf nicht betreten werden. Menschen innerhalb von 30 Kilometern um das Kraftwerk sollen ihr Haus nicht verlassen. Ein Bereich so groß wie die Sperrzone in Tschernobyl. Zwei Tage später wird das Video mit englischen Untertiteln auf YouTube hochgeladen. Innerhalb kurzer Zeit sehen mehr als 200.000 Menschen den elfminütigen Hilferuf des Bürgermeisters.

Sakurai, 55, sitzt in einer beigen Funktionsjacke vor einer grauen Wand. Seit weniger als zwei Monaten ist er Bürgermeister einer Stadt mit 70.000 Menschen. Er wirkt erschöpft. Wenn er von dem Tsunami und den Folgen spricht, kommt er ins Stocken. Freiwillige kommen, erzählt er, auch wenn sie selbst Familie verloren haben. Sie helfen denjenigen, die noch da sind. 50.000 Menschen sind bereits geflohen, die Versorgung ist unterbrochen. Straßen sind zerstört, Gleise verbogen. Verlässliche Informationen scheint es nicht zu geben. Sakurai macht TEPCO, den Betreiber des Kraftwerks, und die japanische Regierung für das Chaos verantwortlich. Die sind im Moment genauso überfordert wie er. Radioaktivität endet nicht an der Stadtgrenze. Mit dem Video bittet Sakurai um mehr Hilfe. Es brauche Freiwillige, Benzin und

Nahrungsmittel. Diesen Aufruf bedauere er, aber er sehe keine andere Möglichkeit. »Wir sind isoliert und auf uns alleine gestellt. Bitte helft uns.«

Japan ist dunkler geworden. Nach meiner Landung fällt mir auf, wie gedimmt der Innenbereich des Flughafens Tōkyō-Narita ist. Seit dem großen Erdbeben, dem Tsunami und dem Reaktorunfall in Fukushima ist inzwischen ein halbes Jahr vergangen. 40 der 54 Atomkraftwerke des Landes sind abgeschaltet, Tausende Menschen gelten weiterhin als vermisst. Als die Dreifachkatastrophe passierte, war ich in Berlin. Ich bin nach Japan zurückgekommen, um mir anzusehen, was passiert ist. Meine Mutter hatte mich gewarnt: Ganz Japan sei verstrahlt, das Trinkwasser in Tōkyō leicht kontaminiert. Berlin strahlt jedoch zwei- bis dreimal aktiver als Tōkyō – wegen Spuren von Atombombentests und dem Reaktorunglück in Tschernobyl.

Im Flughafen begrüßt mich ein Poster, auf dem steht: »Spare Strom für Japan!« Tōkyō fehlt es an Energie, ungefähr ein Drittel des Stroms in Japan kam bislang aus Atomkraftwerken. Im März und April gab es geplante Zeitfenster ohne Elektrizität, nun soll die Bevölkerung sich im Verbrauch zurückhalten. Die Skyline der Stadt ist abgedunkelt. Auch die Rainbow Bridge leuchtet nachts nicht mehr.

Der Aufruf von Bürgermeister Sakurai hatte Erfolg. Bereits zwei Tage nachdem das Video online gegangen war, konnte die Stadt nicht mehr auf alle Angebote von Helfenden reagieren. Eine Gruppe will ich begleiten. Save Minami-Soma ist ein spendenfinanziertes Projekt, das von in Japan lebenden Ausländern verantwortet wird. Wenn ich mitkomme, soll ich nicht nur fotografieren, sondern auch anpacken. Ich willige gerne ein.

Mit zwei gemieteten Kleinlastern und einem Pkw fahren wir Richtung Fukushima. Alle Wagen sind voll mit gespendeten Lebensmitteln. Sie stammen von Second Harvest Japan, einer NGO, die normalerweise Essen an Obdachlose verteilt. Seit der Katastrophe sind sie verstärkt in der Region Tōhoku in Nordjapan aktiv. Man kann sie in Deutschland mit den Tafeln vergleichen: Gespendete Lebensmittel werden an die verteilt, die sie brauchen.

Ich sitze in der Fahrerkabine neben Ian, einem Grundschullehrer aus Kanada, der mit einer Japanerin verheiratet ist und in seiner Schule einen Kuchenbasar veranstaltet hat, um Spenden für diesen Trip zu sammeln. Am Steuer sitzt Masa, ein Japaner, der in den USA lebt und im Marketing arbeitet. Wir stehen im Stau, als ein Auto hinter uns hupt und blinkt. Wir können nichts im Rückspiegel erkennen, also springe ich raus und gehe nach hinten. Die Tür zum Frachtraum steht offen. Es scheint noch alles drinnen zu sein: Paletten mit Wasserflaschen, Dosen mit Obst und Gemüse, Tüten mit Süßigkeiten für die Kinder. Bei der nächsten scharfen Kurve wären die Zwiebeln auf den Schnellstraßen von Tōkyō gelandet. Ich schließe die Tür und setze mich wieder nach vorne. Wir fahren weiter.

Unsere Mission in dieser Nacht ist es, nicht-kontaminierte Lebensmittel nach Minamisōma zu bringen. Neben mir sind zehn andere Menschen unterwegs, fast alle aus westlichen Ländern. Guy, der Projektleiter von Save Minami-Soma, kam in den 1980er Jahren aus den USA nach Tōkyō. In Japan lebte er mehrere Jahre lang als Gelegenheitsmodel ohne Visum und verdiente bis zu 2.000 Euro am Tag. Er war einer der Ersten, der einen Bedarf an westlichen Models in Tōkyō erkannte. Viele international agierende Firmen produzieren in Tōkyō ihre Werbung für den ausländischen Markt, die Personen müssen entsprechend ausländisch aussehen. Manche japanische

Unternehmen nutzen auch ausländische Models für ihre Produkte, um internationaler zu wirken. Heute gebe es zu viele, beschwert sich Guy, die Gagen seien im Keller. Selbst ich bin in Tōkyō schon in einem Werbespot für ein Videospiel aufgetreten.

Frustriert mit der langsamen und bürokratischen Art, mit der japanische Freiwilligendienste agieren, gründete Guy seinen eigenen. Er spricht leidenschaftlich von seinem Projekt. Auch andere, die mir von ihren früheren Einsätzen im Katastrophengebiet erzählten, berichten vom Adrenalin, das sie den verseuchten Schlamm wegräumen ließ. Am Ende gibt es die Anerkennung und Dankbarkeit der Menschen aus Fukushima. Das nimmt man mit, auch wenn man selbst den Luxus hat, gehen zu können, während die, denen man eine Woche lang geholfen hat, in ihre Notbehausungen zurückkehren müssen.

Wer nicht in Japan geboren wurde und jetzt noch hier ist, muss eine starke Verbindung zum Land haben. Der Begriff *flyjin* macht die Runde: Abgeleitet von *gaijin* (Ausländer/in), beschreibt er die Flucht zahlreicher Nicht-Japaner und Nicht-Japanerinnen aus dem Land. Innerhalb von vier Wochen nach der Katastrophe gingen 531.000 Menschen, ein Viertel aller in Japan registrierten Migrantinnen und Migranten. Die Bezeichnung *flyjin* stammt aus der ausländischen Community, um sich von denen abzugrenzen, die abgehauen sind. Auch wenn man individuelle Entscheidungen respektieren muss – diese Massenflucht sorgte für zusätzliche Unsicherheit. Die französische und deutsche Botschaft sprachen als erste die Empfehlung aus, Tōkyō zu verlassen, weil das Kraftwerk 200 Kilometer entfernt lag. Das Team der ARD verlagerte die Redaktion 400 Kilometer westlich nach Ōsaka, andere Medien flogen nach Hause. Auch eine deutsche Freundin von mir wurde von ihren Eltern gedrängt, Japan zu verlassen.

Es muss für die Menschen, die blieben, ein komisches Gefühl gewesen sein. Nachbarn verschwanden und Arbeitskollegen kamen nicht mehr ins Büro. Radioaktivität ist nicht spürbar, Angst schon. Dass diejenigen, die ausflogen, sich durch den Flug einer höheren Strahlenbelastung aussetzten als jene, die in Tōkyō blieben, wurde in der Panik vergessen.

Unsere Strecke ist so gewählt, dass wir nicht durch die radioaktiven Hotspots fahren. Nach Sonnenaufgang zieht der Geruch von verbranntem Gummi in die Fahrerkabine. Ein Auto hinter uns? Niemand zu sehen, links und rechts nur Wälder. Wir halten an. Die geladenen Paletten drücken den Kleinlaster derart nach unten, dass die Bremsen bei den Hügeln schwer zu schuften haben. »Daher kommt wohl der Geruch«, sagt Masa schulterzuckend. Es gibt nichts, das wir tun können. Also weiter, auch wenn die Bremsen qualmen.

Wir quälen den Laster wieder die Hügel hinauf. Bei jeder Talfahrt schaue ich skeptisch zu Masa, doch der grinst nur durch seine Sonnenbrille auf die Straße. Es ist nicht seine erste Fahrt auf dieser Strecke. In der Morgensonne ziehen wir vorbei an Bergdörfern, dicht bewaldeten Hügeln und tiefen Schluchten. Das Zirpen der Zikaden ist lauter als unsere Musik im Wagen.

»Schön hier«, sage ich. »Hier haben wir das letzte Mal die höchste Radioaktivität gemessen«, antwortet Masa. Ich mache mein Fenster wieder zu.

Japan kennt Naturkatastrophen – der 11. März 2011 war etwas anderes. Das Seebeben begann um 14:46 Uhr 130 Kilometer östlich der Großstadt Sendai mit einer Stärke von 9,1 auf der Momenten-Magnituden-Skala. Diese Skala endet bei 10,6 – bei dieser Stärke bricht die Erdkruste auseinander. 9,0 entspricht ungefähr der freigesetzten Kraft von 38.000 Hiroshima-Bomben. Das Beben löste einen Tsunami aus, der das Festland 30 bis 60 Minuten später erreichte, je nach Distanz zum Epizentrum. Die Welle hatte an vielen Stellen eine Höhe von über zehn Metern. Sie erreichte die amerikanische Westküste und sorgte dort für Schäden in Millionenhöhe. In Japan wurden mehrere Hundert Kilometer Küste zerstört, 18.500 Menschen starben, 300.000 mussten evakuiert werden. 400.000 Gebäude wurden ganz oder teilweise mitgerissen. Die Weltbank schätzt, dass der Gesamtschaden bei 235 Milliarden Dollar lag – die teuerste Naturkatastrophe in der Geschichte der Menschheit.

Und dann war da noch das Atomkraftwerk.

Es gibt Fukushima, die Präfektur. Dessen Zentrum ist die gleichnamige Stadt Fukushima. Wenn man in Deutschland jedoch von Fukushima spricht, ist meist das Kraftwerk gemeint, welches rund 90 Kilometer von der Stadt Fukushima entfernt liegt. Es wird von der Tokyo Electric Power Company (TEPCO) verwaltet, deren Zentrale sich 260 Kilometer weit weg in Tōkyō befindet.

Die Ereignisse im TEPCO-Atomkraftwerk Fukushima Daiichi wurden von der Internationalen Atomenergie-Organisation (IAEO) und durch eine investigative Recherche der Zeitung Asahi Shimbun minutiös rekonstruiert. Demnach überstand das Kraftwerk das Erdbeben, doch der 15 Meter hohe Tsunami, der ungefähr 50 Minuten nach dem Beben auf das Kraftwerk knallte, sorgte für den größten anzunehmenden Unfall. In den Reaktoren 1 und 3 kam es zu Kernschmelzen, ihre Hüllen wurden von Wasserstoffexplosionen zerstört. Die Reaktorkerne überlebten die Explosionen und lagen anschließend zum Teil unter freiem Himmel. Reaktor 2 blieb verschont, weil durch einen Bruch in der Reaktorhülle Druck entweichen konnte. Ein weiterer Zufall verhinderte Schlimmeres in Reaktor 4. Der damalige Premierminister Kan Naoto bezeichnete das in seiner Biografie später als »göttlichen Beistand«.

Wäre es schlimmer gekommen, hätte Tōkyō evakuiert werden müssen. Eine monumentale Aufgabe und laut Kan Naoto »das Ende der japanischen Nation«. Der Premierminister erfuhr von der Wasserstoffexplosionen in den Reaktoren nicht von TEPCO, sondern aus dem Fernsehen. In Deutschland weckte die Katastrophe bei vielen die Erinnerungen an Tschernobyl, obwohl Fukushima weniger gravierend war und niemand direkt wegen der Strahlung sterben musste. Die maximale Höhe der radioaktiven Belastung sagt jedoch wenig aus. Entscheidend ist, wie lange man der Strahlenbelastung ausgesetzt ist.

Nuklear-Historiker Robert Jacobs von der Hiroshima City University erklärte mir, dass Messwerte stark voneinander abweichen können, selbst wenn nah beieinander gemessen wird. Wie sich bestimmte Belastungen auf Menschen auswirken, lässt sich nur über einen langen Zeitraum erkennen. Gefährlich werde es, wenn man strahlende Partikel im Körper habe. Staub oder kontaminierte Lebensmittel können auf Jahrzehnte für Schäden sorgen. Es war dieser Staub, der viele Menschen in Hiroshima nach der Explosion der Atombombe krank machte. Gemüse und andere Lebensmittel, die auf radioaktiver Erde wachsen, tragen daher ein Risiko in sich.

Deswegen fahren wir durch die Berge von Fukushima mit verbrannten Reifen.

Am Ortseingang vom Minamisōma wachsen Sonnenblumen, die ihren Kopf hängen lassen. Sie welken in der heißen Mittagssonne. Einige Geschäfte sind zu, durch offene Türen schaue ich in dunkle, leere Häuser. Reisfelder verwildern. Wer weg konnte, ist weg.

Wir halten vor dem Bahnhof, wo örtliche Freiwillige auf uns warten. Vom Gleisübergang soll man Fukushima Daiichi sehen können, sagen sie mir. Bis zum Kraftwerk sind es 30 Kilometer. Doch so sehr ich auch die Augen zusammenkneife, es bleibt für mich unsichtbar.

Vor dem Bahnhof steht eine große Karte des Ortes und der Umgebung. Als ich sie mir näher ansehe, fängt eine blecherne Stimme an, zu mir zu sprechen. Willkommensworte für Touristen, ausgelöst durch einen Bewegungssensor. Worte verhallen in der Leere der Stadt.

Die Nacht im Auto war lang. Aus dem Automaten neben der Karte ziehe ich mir eine Cola und gehe zurück zur Gruppe der Freiwilligen. Ihr Anführer ist ein kauziger Kerl mit Sonnenbrille und Strohhut. Seine Hose hat er zum Trocknen auf die Kühlerhaube seines Autos gelegt. Zur Gruppe gehören einige ältere Damen, die wie für Arbeit auf dem Feld angezogen sind. Große Hüte schützen sie vor der Sonne. Sie werden unterstützt von jungen Männern, die alle die schwarzen Hemden ihres Sportvereins tragen.

Insgesamt sind wir nun etwas mehr als 20 Menschen. Heute werden wir an drei verschiedenen Orten Essen verteilen. Für Kinder gibt es zusätzlich Süßigkeiten und Spielzeug.

Die erste Verteilungsaktion findet in den provisorischen Lagern von Minamisōma statt. Einstöckige Metall-Baracken, die als temporäre Behausung für Menschen aufgestellt wurden, deren Haus in der 20-Kilometer-Sperrzone um den Reaktor steht oder die ihr Zuhause durch den Tsunami verloren haben. Ein paar Hundert Personen leben hier. Graues Aluminium auf grauem Kies und nichts, was Schatten bietet. Wir parken die Kleinlaster nebeneinander und bauen um die Ladeflächen eine Verteilungsstation auf. Etwa zehn Meter von uns entfernt stellen sich die Bewohnerinnen und Bewohner des Lagers in einer Reihe auf und warten. Die Frauen unserer Gruppe bleiben bei den Wagen und sortieren die zugeteilten Mengen. Pro Person und Haushalt vergeben wir eine bestimmte Anzahl Kartoffeln, Wasserflaschen und Früchte. Wir Männer sind eingeteilt, immer wieder die Ladefläche mit Lebensmitteln aus dem hinteren Teil des Trucks zu füllen und den älteren Personen dabei zu helfen, ihre Lebensmittel nach Hause zu tragen. Die Tüten und Kisten sind schwer. Wer hier wohnt, ist oft jenseits der 60.

Meine Aufgabe ist es, meine Hilfe beim Tragen anzubieten. Das bedarf oft einiger Überzeugungskraft. Denn auch wenn eine Dame über 80 ist und sich mit einem krummen Rücken zum Laster quält, verbietet es ihr die Höflichkeit, neben dem kostenlosen Essen auch noch Hilfe beim Tragen anzunehmen. Die Menschen entschuldigen sich öfter, als sie sich bedanken.

Die Damen fragen mich: »Wo kommen Sie her?« Viele denken, dass wir alle aus Amerika stammen. Eine Frau sagt mir: »Jaja, die deutsch-japanische Freundschaft, wir helfen uns immer aus, nicht wahr?« Die Wohnungen in den Baracken erinnern an Baukästen. Block an Block gibt es immer das gleiche Layout, in nummerierten Gebäuden, die den Grundriss einer japanischen Wohnung imitieren. Statt Holz und Reismatten sind Metall und Plastik verbaut. Die erfahrenen Freiwilligen haben mich gewarnt, keine persönlichen Gespräche zu beginnen. Den Menschen sei es manchmal unangenehm, hier zu hausen. Alkoholmissbrauch und Suizidraten seien hoch, sagte man mir. Die wenigen Fragen, die ich stelle, gehen oft ins Leere oder werden mit einem höflichen Lächeln beantwortet.

Das Lager liegt neben einem erntereifen Reisfeld, dessen saftiges Grün einen zynischen Kontrast zu den farblosen Baracken bildet. So verlockend der Reis aussieht, essen möchten ihn die Menschen nicht.

Nach der Verteilungsaktion im ersten Lager bin ich kaputt. Die knallende Sonne, die hohe Luftfeuchtigkeit von über 90 Prozent und die Anstrengung nach einer Nacht ohne Schlaf gehen nicht ohne Spuren an mir vorbei. Der britische Helfer sieht mich nur an und sagt: »Ihr Medien-Leute seid keine harte Arbeit gewöhnt.« »Ja«, stöhne ich, »wir schreiben nur darüber.«

In einem zweiten Lager wiederholen wir die Verteilung. Wieder sind es die Alten, die dankend das Essen annehmen. Am Nachmittag beginnt die letzte Aktion des Tages. In einem grauen Neubau aus Beton leben Familien, die ihr Zuhause verloren haben. Ähnlich wie in den Baracken ist es unsere Aufgabe, Essenskisten in die Wohnungen zu tragen. Es sind vier Häuser mit je sechs Stockwerken, ohne Aufzug.

Oben angekommen, sieht mir eine Mutter mittleren Alters meine Erschöpfung an. Ob sie denn etwas für mich tun könne, fragt sie. Ja, sage ich, etwas zu trinken wäre nett. Zwei kleine Kinder schauen mich neugierig an. Die Frau kommt heraus und drückt mir zwei Getränkedosen Kaffee und zwei Päckchen Gemüsesaft in die Hand. Sie und ihre Kinder sollten das lieber für sich behalten, aber ihre Höflichkeit ablehnen will ich nicht. Aus ihrer Sicht ist es so: Da kommt ein blonder Typ den ganzen Weg aus Deutschland, um uns Kisten mit Kartoffeln und Zwiebeln in die Wohnung zu schleppen, und dann nimmt er nicht mal unsere Dankbarkeit an. Einfaches Leitungswasser wäre sicher auch nicht ohne Belastung gewesen.

Diese Menschen haben alles verloren. Besitz, Haus, Arbeit, womöglich Freunde und Familie. Trotzdem bewahren sie Höflichkeit und ihr Gesicht. Vielleicht gerade, weil sie nicht mehr viel haben. Wer bin ich, ihnen das zu nehmen? Gleichzeitig frage ich mich, ob unser beherztes Angebot, die Tüten und Kisten in die Wohnung zu tragen, ihnen nicht auch Würde nimmt. Sie wollen vielleicht keine Bürde sein, keinen Einblick in ihre

Wohnung gewähren. Helfen in Japan ist für mich nicht einfach.

Ich nehme Kaffee und Saft und teile beides mit meinen Kolleginnen und Kollegen unten. Mein Körper fällt auf die Wiese vor dem Neubau. Mehr geht nicht. Mehr muss zum Glück auch nicht, denn die letzte Kiste ging gerade raus. Die Arbeit ist getan, das Essen verteilt. Für heute haben ein paar Hundert Personen frisches Gemüse ohne radioaktiven Belag.

Unser Leiter Guy erinnert mich wieder daran, dass wir tatsächlich noch in Fukushima sind: »Ich würde gerne mal mit einem Geigerzähler an deinen Arsch, Fritz.« Schnell wird er wieder ernst und ermahnt mich, dass der Boden hier sicherlich erhöhte Radioaktivität aufweist. Ich stehe auf, klopfe mir die radioaktiven Grashalme vom Gesäß und frage ihn, wie es jetzt weitergeht. Guy plädiert dafür, so schnell wie möglich nach Tōkyō zurückzufahren. Doch die örtlichen Aktivisten laden uns noch zum Essen ein. Mit seiner Gegenstimme nehmen wir die Einladung an.

Wir fahren zu einem herrschaftlichen Anwesen, traditionell japanisch und ungewöhnlich groß für ein Haus in der Stadt. Es muss ein altes Farmhaus sein. Die Frauen aus der Aktivisten-Gruppe haben kräftiges Rinder-Curry zubereitet. Wir greifen alle zu. Mein Gesicht ist genauso rot wie das Gericht. Dort, wo ich mir ein Handtuch als Sonnenschutz um den Kopf gebunden habe, zeichnet sich eine deutliche Kante ab. Bis das Vanilleeis zum Dessert gereicht wird, hat jeder in der Runde über meine sonnenverbrannte Stirn gelacht.

Noch ein Gruppenfoto und das Versprechen, bald wiederzukommen, dann geht es wieder zurück. Es soll direkt in Richtung Tōkyō gehen, doch in der Fahrerkabine äußere ich den Wunsch, das Tsunami-Gebiet sehen zu wollen. Das bedeutet einen kleinen Umweg an die Küste für unsere mittlerweile leeren Trucks. Unser Fahrer ist zu müde, um mit mir darüber zu diskutieren.

Er reicht mir das Handy und sagt nur erschöpft, dass ich das mit Guy klären soll. Ich unterbreite meinen Wunsch und er meint, wir sollen darüber abstimmen. Nach einem Wahlgang in jedem unserer drei Autos geht es zur Küste. Nun ist auch die Neugier bei den anderen geweckt.

Es sind sechs Monate vergangen, die Folgen des Tsunamis sind noch deutlich zu sehen. Leergefegt und plattgewalzt erstreckt sich die Landschaft kilometerweit von der Straße bis zum Meer. Vereinzelt stehen Bäume, Betonpfeiler und was von Häusern übrig ist. Alles andere wurde landeinwärts gespült. Boote liegen auf den Feldern und neben der Straße. Es sieht aus, als wäre ein Krieg durch die Region gezogen. Und doch wirkt es im warmen Abendlicht seltsam idyllisch. Es riecht nach Meer.

Am Horizont kann man das Kraftwerk erahnen. Auf dieser Straße befindet sich kaum ein Auto, das noch fahren kann. Vereinzelt sehen wir eckige Sterne aus Beton – Wellenbrecher, wie man sie an vielen Stränden in Japan findet. Mit ihrem tonnenschweren Gewicht sollen sie Tsunamis bremsen. Die Welle hat sie einfach mitgenommen. Wir fahren über eine Brücke, deren Stahlbeton gefaltet wurde, als wäre es Küchenfolie gewesen. Im Auto ist es still. Keiner kann reden. Keiner will reden.

2016

Ein blaues Poster hängt oben an einer Säule im Erdgeschoss des Flughafens Sendai. Weil die Farbe so kräftig ist, halte ich es erst für eine weitere Werbung. Darauf ist eine dicke blaue Linie zu sehen, die einmal um die Säule geht und einen Wasserstand markiert. Drei Meter und zwei Zentimeter hoch stand das Wasser in der Eingangshalle. Es ist die einzige Erinnerung an die Katastrophe in dieser Halle, sonst sieht es aus, als wäre nie etwas gewesen. Sind wirklich erst fünf Jahre vergangen?

Eine deutsche NGO hat mich und drei andere Kollegen nach Fukushima eingeladen. Seit 2011 sind sie hier aktiv. Jetzt, knapp einen Monat vor dem fünften Jahrestag im März, laden sie Journalisten ein, sich ihre Projekte anzuschauen. Nach unserer Landung am Flughafen ruhen sich die Kollegen nun im Hotel aus. Ich bin mit der Bahn vom Hotel wieder zurück zum Sendai Airport gefahren. Die Küste ist hier so nah, dass ich beim Anflug dachte, wir landen im Wasser. 128 Kilometer östlich von hier lag das Epizentrum des Seebebens, das havarierte Kraftwerk liegt 80 Kilometer südlich. Ich verlasse den Flughafen und laufe Richtung Meer.

Hinter den Parkplätzen beginnt ein Niemandsland, ich sehe keine Menschen oder Häuser. Ein Friedhof steht neben einem kleinen Schrein, Talismane segnen einen improvisierten Container. Die Gräber sind neu. Etwas weiter entfernt steht ein Haus einsam auf einem leeren Feld. Oben hängen Gardinen, im Erdgeschoss fehlen fast alle Wände. Die Bodenbretter sind zersplittert. Eine Schublade entdecke ich, aber kein einziges Möbelstück. Ich kann den Horizont durch das Haus sehen. Hinter mir geht langsam die Sonne unter.

Als ich vor der Ruine stehe, fühlt es sich wieder an wie 2011, doch viel ist inzwischen passiert. In Tōkyō gingen bis zu 170.000 Menschen gegen Atomkraft auf die Straße. Die größten Massenproteste im Land seit den 1960er Jahren. In Deutschland demonstrierten ungefähr eine Viertelmillion Menschen mit dem gleichen Ziel – einen Tag, nachdem Bürgermeister Sakurai seinen Hilferuf hochgeladen hatte. Er wurde vom US-Magazin »TIME« zu einem der 100 einflussreichsten Menschen des Jahres gewählt. Unzufriedenheit in der japanischen Bevölkerung mit dem Umgang mit der Katastrophe führte nach der Wahl 2012 zum Wechsel der Regierung. Auch im 9.000 Kilometer entfernten Deutschland hatte die Dreifachkatastrophe politische Konsequenzen: Drei Monate nach dem Unfall in Fukushima beschloss die deutsche Regierung den Ausstieg aus der Atomkraft. Es war keine nationale Katastrophe mehr, sondern ein globales Ereignis.

Der Himmel wechselt die Farben. Die wenigen Wolken wirken gigantisch über der leeren Landschaft. Fünf Jahre sind vergangen. Grün ist gewachsen, wo das trotz der Salzbelastung durch die Flut möglich war. Am Meer sehe ich Bäume in einer Reihe. Ihre Äste zeigen, wie hoch die Welle gewesen sein muss. Unterhalb von zehn Metern gibt es nur vereinzelte Ärmchen, der Stamm ist kahl bis auf die Baumkrone. Die Sonne ist fast verschwunden.

Hinter den Bäumen steht ein Zaun mit vielen Hinweis- und Verbotsschildern. Dahinter ein Wall aus Beton, ungefähr fünf Meter hoch. Er soll den nächsten Tsunami aufhalten. Ich kann die Wellen dahinter hören, sie treffen sanft auf die Küste.

In Japan leben heißt, dass Naturkatastrophen nie zu Ende sind. Es gibt immer die Vorbereitung auf die nächste. Trotzdem schleicht sich bei mir das Gefühl ein, dass diese Katastrophe vergangen ist. In Deutschland löst der Begriff Fukushima Assoziationen und Emotionen aus, doch selten denkt man dabei an das Beben und den Tsunami. Bei Menschen in Tōkyō scheint mir die Dreifachkatastrophes fast vergessen zu sein. Es muss halt weitergehen.

Die Baracken stehen noch, und sie wirken etwas bunter. Eine der Stationen auf unserer Pressereise sind die sogenannten temporären Wohneinheiten, die ursprünglich für zwei bis drei Jahre als Zwischenlösung dienen sollten. Fünf Jahre später wohnen hier immer noch Menschen, deren Häuser bei der Katastrophe zerstört wurden oder zu nahe am Kraftwerk liegen. Sie haben sich scheinbar damit arrangiert. Ich sehe einen

Gartenzwerg, ein buntes Windspiel, an vielen Fenstern hängt die Kleidung zum Trocknen. Das schnell hochgezogene Flüchtlingslager ist zur Dauerlösung geworden. Früher war es ein Sportplatz, am Rand stehen noch gewaltige Flutlichter, und ein Fußballtor rostet in der Ecke. Die Baracken sind dicht an dicht gebaut, keine zwei Meter Platz liegt zwischen ihnen.

Im Moment leben ungefähr 55.000 Menschen in temporären Einrichtungen wie diesen. Es gibt keinen direkten Toten durch das Reaktorunglück in Fukushima, aber die indirekten Folgen sind immens. Das Umsiedeln war besonders für die alten Menschen schwer, soziale Strukturen sind zerbrochen, der Arbeitsplatz, die Dorfgemeinschaft. Das kann nicht überall aufgefangen werden. Die japanische Regierung geht von mehr als 2.000 indirekten Todesopfern der Katastrophe aus – Menschen, die sich zu Tode getrunken haben oder wegen des Stresses an einem Herzinfarkt gestorben sind.

Laut einer Studie der Fukushima Medical University leiden 14,6 Prozent der Evakuierten an psychischen Problemen. Nach der Dekontaminierungsarbeit sind zwar einige Orte wieder begeh- und bewohnbar, aber nicht alle Menschen wollen zurück. Viele Orte waren schon aufgrund von Landflucht und Überalterung vor der Katastrophe ausgestorben.

Amano Yoshiku ist 64 Jahre alt und leitet seit drei Jahren eines der temporären Lager. Wir treffen sie in einem Haus, das als Gemeindezentrum dient. Mehrere Frauen sitzen an Tischen und basteln. In einem Nebenzimmer werden Massagen und Physiotherapie angeboten. Amano stammt aus dem Ort Namie, wie hundert andere Menschen hier, die sie vorher nicht kannte. Nach fünf Jahren hätten sie alle eine enge Verbindung, sagt sie. Das Überstehen der Katastrophe schweiße zusammen. Über die Freiwilligen, die ab und an noch kommen, und über unseren Besuch aus dem Ausland freue sie sich. Nicht jedes Lager nimmt Hilfe an oder lässt Fremde hinein. Es gibt Probleme mit religiösen Sekten, die um Mitgliedschaften werben. Am Eingang des Lagers gibt es ein Schild, das sie fernhalten soll.

Allen ist es klar: Das Leben hier soll nicht auf Dauer sein. In einem Lotterieverfahren bekommen die Menschen Wohnungen in benachbarten Präfekturen zugeteilt, sobald sie zur Verfügung stehen. Die Familien gehen zuerst. All das passiere unabhängig von alten Nachbarschaften und sorge für Unsicherheiten, sagt Amano. Sie möchte die enge Bindung erhalten. Wenn alle eine neue Bleibe haben, möchte sie einmal im Jahr ein gemeinsames Treffen veranstalten.

Wie wichtig dieser Zusammenhalt sein kann, erzählt Amano anhand von vier Kindern, die nach der Katastrophe getrennt voneinander auf unterschiedliche Schulen gingen. »Sie hatten Schwierigkeiten, weil sie zu ›Nicht-Katastrophen-Kindern‹ wenig Bezug hatten«, erklärt sie. Also steckte man sie wieder in eine gemeinsame Klasse.

Amanos Söhne arbeiten für TEPCO. Immer noch? Ja, immer noch. Sie wurden dort ausgebildet, mit ihrer speziellen Qualifikation gibt es nicht viele andere Optionen. Außerdem fühlen sie eine gewisse Verantwortung, ein schlechtes Gewissen. Amano möchte, dass ihre Söhne nicht mehr für das Unternehmen arbeiten, aber sie kann sie verstehen.

Amano ist die einzige Frau in der Präfektur, die ein Lager wie dieses leitet. Es fällt ihr nicht immer leicht, die Männer in die gemeinsamen Veranstaltungen zu integrieren. Sie hat Hochbeete aufgestellt, weil die Männer größtenteils in der Landwirtschaft tätig waren. Das Gärtnern soll ihnen wieder das Gefühl geben, gebraucht zu werden. Einer der Männer im Lager sagt mir, die Bauern seien wie Pflanzen: Es ist zwar möglich, sie an einem anderen Ort neu zu pflanzen, aber es ist unmöglich, das gleiche Umfeld zu schaffen. Die Kultur und Tradition, das Leben von früher – alles weg. Neben den Beeten steht ein solarbetriebener Geigerzähler, der die radioaktive Belastung in der Luft anzeigt.

Ich frage die Gruppe von Frauen, ob sie mir ihre Wohnungen zeigen können. Vor fünf Jahren habe ich als freiwilliger Helfer in Minamisōma die Baracken gesehen, erzähle ich. Ich würde gerne wissen, was sich verändert hat. Eine der alten Frauen lädt mich mit einem breiten Lächeln ein. Wir müssen keine zwei Minuten laufen, dann sind wir da. Sie wohnt hier mit ihrem Sohn, der gerade arbeitet. Drinnen sieht es so aus wie in vielen japanischen Wohnungen: Reismatten, Möbel aus Holz, wenig Platz. Durch die Gardine sieht man auf die Gardine im Haus gegenüber. Wie ist es denn, hier zu wohnen? »Ganz angenehm«, sagt die alte Frau gelassen, »besser als früher.« Sie friere abends nicht mehr, wenn sie auf die Toilette gehe, das Haus sei besser isoliert. Und diese direkte Nähe zu den anderen Häusern? »Naja, das Geschirrspülen hört man schon durch die Wände. Manchmal klopft der Nachbar dann auch.«

Es ist dunkel geworden. Die Flutlichter bleiben aus, die einzigen Lichtquellen sind die Lampen an den Hauseingängen der Wohneinheiten. Ab und an höre ich einen Fernseher, sonst ist es still. Ich frage mich, ob die Situation wirklich besser geworden ist? Japanische Häuser auf dem Land sind oft sehr groß und sehr alt. Es gibt so gut wie keine Isolierung und die Toilette befindet sich meistens außerhalb oder am Rande des Hauses. Nicht gerade komfortabel, vor allem nicht im Winter wie jetzt. Man könnte meinen, die Menschen hier in den neuen Wohnbaracken haben es besser. Doch der Fokus auf die verbesserten Kleinigkeiten lenkt vielleicht ab von den großen Verschlechterungen. Wenn man oft genug sagt, die Situation sei besser, dann ist es vielleicht irgendwann so.

Leiterin Amano will nicht mehr zurück nach Hause. Nicht, weil es hier im Lager besser sei. Sie kann nicht zurück. Ihr Haus liegt im Sperrgebiet von Namie. Einmal fuhr sie hin, mit einer Sondererlaubnis, und musste durch mehrere Checkpoints. Eine Patrouille kontrollierte sie. »Es war wie in einem Kriegsgebiet«, sagt sie. Ihren Ausweis hatte sie nicht dabei, warum auch, sie wollte ja nur nach Hause. Amano fängt an zu weinen. Nur für ein paar Stunden war sie in ihrem hundert Jahre alten Landhaus. Überall sah sie Spuren von Kakerlaken und Mäusen, vor dem Haus haben sich Wildschweine ausgetobt. »Das ist nicht mehr mein Zuhause.«

Moderne Geigerzähler klingen wie eine Mikrowelle. In unserem Minivan sind neben der Gangschaltung zwei kleine Radioaktivitätsmesser angebracht. Der eine zeigt stumm die Strahlenwerte, der andere piept nur bei einer großen, plötzlichen Veränderung. Regelmäßig macht das kleine Gerät bei unserer Fahrt »ding«. Ich brauche ein wenig Zeit, um den elektronischen Klang mit radioaktiver Gefahr zu assoziieren, statt einem fertigen Essen. Meinen Kollegen und ich werden von einer Mitarbeiterin und einem Mitarbeiter der japanischen Partnergesellschaft der deutschen NGO durch das ehemalige Sperrgebiet um das Kraftwerk gefahren. Die Association for Aid and Relief wurde 1979 in Japan gegründet, um Flüchtlingen in Asien zu helfen. Inzwischen helfen sie auch bei Krisen in Afrika – oder in Japan, wenn es notwendig ist.

Es gibt noch regelmäßige Patrouillen im Sperrgebiet und Autos der Polizei, die uns entgegenkommen. Presse wird nicht gerne gesehen. Die Straßen wirken neu gebaut, regelmäßig sehen wir Signaltürme mit Solarpanels. Es sind Geigerzähler, so groß wie Verkehrsampeln. Sie zeigen die Belastung in der

Luft. Je höher der Wert draußen, desto häufiger hören wir drinnen das »ding«.

Überall sehen wir Menschen bei der Arbeit, sie tragen Helme und Masken vor dem Mund. Ihre Signalwesten leuchten grell, in der leicht verschneiten und sonst winterbraunen Landschaft. Die Männer reinigen das Land. In besiedelten Gebieten wird die obere Erdschicht abgetragen, in schwarze Säcke gefüllt und gesammelt. Wälder und Hügel sind davon ausgenommen. Dabei kommt es nicht darauf an, ob hinter einem Haus direkt ein Hang beginnt oder der nächste Regen die Erde nach unten spült.

Der Erdboden sieht aus wie eine riesige Wunde. Wir fahren vorbei an einer alten Schule, vor der früher Reis gewachsen sein muss. Die Felder kann man auf der nackten Erde erahnen. Jetzt scheinen hier schwarze Säcke aus Plastik aus dem Boden zu wachsen, gefüllt mit radioaktivem Dreck. Die Landschaft ist voll mit ihnen. Es gibt riesige Lager, in denen Kräne die Säcke stapeln. Reihe an Reihe, bis zu fünf übereinander, erstrecken sich die Säcke scheinbar endlos. Tausende, wenn nicht Millionen. Es gibt noch keinen Plan, was mit ihnen passieren soll. Hier sollen sie nicht bleiben, aber keine andere Präfektur will sie. Also werden sie erst einmal ordentlich aufgereiht.

Angespannt halten wir in einer Siedlung und steigen aus. Mir sind viele Erzählungen von Kollegen bekannt, die nach dem Erdbeben ins Katastrophengebiet fuhren, um zu berichten. Manche wurden verhaftet, weil sie im Bannkreis um das Kraftwerk erwischt wurden. Die vielen Arbeiter und regelmäßigen Patrouillen machen uns nervös. Falls jemand fragt, gehören wir zur NGO, sollen wir sagen. Ein Arbeiter steht verloren in der Landschaft und schaut neugierig zu uns herüber. Er soll hier wohl einfach nur aufpassen – direkt nach der Katastrophe gab es Berichte von Plünderungen.

Freundlich spreche ich ihn an. Seit einigen Monaten, sagt er, sei er bei den Aufräumarbeiten dabei. Er kommt aus der Präfektur Fukushima, aber nicht aus diesem Ort hier. Trotzdem fühle er eine gewisse Verpflichtung, eine Verantwortung, etwas zu tun. Für den Dienst habe er sich freiwillig gemeldet, da er schon über 60 sei. »Lieber ich als jemand Junges«, sagt der Mann. Einen Dosimeter haben sie ihm mitgegeben, um die Strahlenbelastung zu messen. Doch er hat auch einen eigenen mitgebracht, weil er dem anderen nicht ganz vertraut. Der Dosimeter misst die Strahlung über einen längeren Zeitraum. Sobald ein Limit erreicht ist, gibt es ein Signal. Was passiert dann? »Dann habe ich Feierabend und komme nicht mehr her«, sagt der Mann. Das Gespräch vertreibt seine Langeweile, er ist redseliger, als ich das von einem Aufpasser im ehemaligen Sperrgebiet erwartet habe. Zum Abschied frage ich ihn nach seinem Namen. »Fukushima«, sagt er. »Was... wirklich?« »Ja!«, sagt er und lacht. »Die Schreibweise ist aber anders als bei der Präfektur. Das finden andere auch immer wahnsinnig lustig, wenn ich das erzähle.«

Herr Fukushima aus Fukushima hat den Drang, etwas zu tun, egal was. Für ihn ist das eben aufpassen, bis er für immer Feierabend hat. Für die Regierung heißt etwas tun, Erde abzutragen und aufzureihen. Die Frage, was man überhaupt tun kann, ist für mich damit aber noch nicht beantwortet. Ein besiedeltes Gebiet mit der Fläche von Luxemburg umzupflügen und zu putzen, in der Hoffnung, dass dort jemals wieder Normalität einkehren kann – diese Aufgabe ist kolossal.

Langsam setzt die Dämmerung ein. Wir fahren weiter und sehen abgesperrte Ortseingänge. Dahinter leuchten Straßenlaternen, als wäre nichts. Vor den Häusern parken Autos, auf denen Staub von fünf Jahren liegt. Zwischen den Zapfsäulen einer Tankstelle wächst Unkraut. Etwas näher am Meer, weit

entfernt von den Patrouillen und den schwarzen Säcken, halten wir. Wieder steht da ein einsames Haus, man kann das Namensschild noch lesen. Die Türen und Fenster sind aufgeplatzt, Möbel sind herausgefallen wie Innereien. Davor ein kleines, eingedelltes Auto. Der Tsunami hat es mitgeschleift, ein Baum hat es aufgespießt. Kein einziges Nachbarhaus steht noch. Der Mitarbeiter der NGO erklärt uns, dass alle Häuser nach und nach abgerissen und zurückgebaut werden. In Einzelfällen muss man sich dafür mit Hinterbliebenen einigen. Die Siedlung verschwindet langsam. »Die Leere ist gut«, sagt der Mitarbeiter. »Das heißt nämlich, es geht voran.« Vielleicht möchte man lieber die Leere sehen, als an die Katastrophe erinnert werden.

Wir wollen weiter nach Namie, zum ehemaligen Wohnort von Amano und den anderen hundert Menschen aus ihrem Lager. Die Stadt liegt direkt am Meer. Wir fahren, soweit die Wege es erlauben, und sehen ein Schild neben einer Straßensperre: Namie Town. Amanos Haus werden wir wohl nicht sehen, denke ich. Neben der Straße gibt es einen Pfad, ohne Absperrung. Weiter zu Fuß. Der verwilderte Weg führt zu einer Straße direkt an der Küste. Nach ein paar Metern klafft vor uns ein riesiges Loch im Asphalt, durch das wir fünf Meter tiefer die Wellen sehen können. Risse ziehen sich durch den Boden. Über dem Loch schwebt die Leitplanke in der Luft, gehalten von Pfeilern aus Stahl. Ein paar Meter entfernt sehen wir ein weiteres Loch, das noch größer ist.

Ich schaue in den Abgrund vor mir. Der Tsunami hat Löcher in die Straße gerissen, den Asphalt aufgebrochen und ein Stück Küste mitgenommen. Fünf Jahre später lässt sich die Kraft der Welle noch immer erahnen, so als hätte sie erst vor einer Woche die Straße aufgeknackt. Bis zum Kraftwerk sind es noch ungefähr 20 Kilometer. Weiter wollen wir nicht.

2018

Zwei Jahre später sitze ich in einem Wohnhaus am südlichen Ende der Präfektur Fukushima und muss meinen Gürtel ein Loch weiter aufmachen. Mein guter Freund Hide hat mich über die Neujahrsfeiertage zu seiner Familie eingeladen. Seine Mutter hat vor kurzem ihr Café aufgegeben, aber das Kochen für Gäste noch nicht. Sie hat uns frischen Oktopus, Kartoffelbällchen und Reisküchlein gemacht. Selbst ihre geschnittene Birne ist angerichtet wie in einem Restaurant.

Hide ist unter dem Heiztisch *kotatsu* verschwunden, ich sehe noch seine wilden Haare und einen Arm. Der *kotatsu* ist ein wundersames Gerät: Eine große Stoffdecke, die zwischen Tischplatte und Heizspirale liegt, sorgt für mollige Wärme, wenn man die Beine unter den Tisch steckt. Trägt man einen Kimono, der nur oben am Hals und unten bei den Beinen offen ist, fließt die warme Luft einmal den Körper hinauf. Früher gab es ähnliche Konstruktionen über der Feuerstelle im Haus, ein *kotatsu* ist quasi die elektrische Version. Ich will mir auch einen nach Deutschland bestellen, erzähle ich Hide. »Mach das bloß nicht«, sagt er. »Er ist zu bequem, du wirst faul und willst ihn nie mehr verlassen!«

Wie eine Raupe in die Decke eingewickelt, liegt Hide unter dem Heiztisch und bearbeitet mit dem einzig freien Arm seine Bilder am Laptop. Hide ist Fotograf, wie ich, nur ein paar Jahre jünger. Wir reden größtenteils Englisch, er spricht seit einem Austauschjahr in Vancouver fehlerfrei. In dieser Zeit sei er Experte für die Zubereitung von Kohl geworden, sagt er. Als Student war er so arm, dass er sich nur Kohl und Reis leisten konnte, also musste er beim Kochen kreativ werden. Hide liebt gutes Essen, er konnte mir schon einige Geheimtipps für Restaurants in Kyōto geben. Dort habe ich ihn kennengelernt. Vielleicht sorgt seine Leidenschaft für Genuss auch für sein ausgeglichenes Gemüt. Eine gemeinsame Freundin vergleicht ihn mit einem gemütlichen Bären, ich finde, er ist eher ein haariger Buddha. Es gibt wenig, was Hide verärgert. Die Politik der japanischen Regierung gehört dazu.

»Lasst uns zum Meer gehen«, ruft Hide und meint damit nur mich. Seine Mutter steht in der Küche, seine Großmutter ist außer Haus. Mehr Menschen leben hier nicht. Vor kurzem ist Hides Großvater gestorben, ein Altar mit seinem Foto steht im Nebenzimmer. Der Tod war der Grund für die Rückkehr von Hides Mutter. Ihr Café im 800 Kilometer entfernten Kyōto hat sie geschlossen, um nahe bei ihrer Mutter sein zu können. Es hatte ein eigenes Beet mit Früchten und Gemüse. Hides Mutter sagt, das Café fehle ihr nicht. Dann zeigt sie mir Fotos vom Haus und der Speisekarte, ohne dass ich danach fragen muss.

So nah an der Küste schneidet uns draußen der kalte Wind in jeden Flecken Haut, der offen liegt. Hide wickelt sich den Schal um den Kopf, bis nur noch seine braunen Augen zu sehen sind. Ich halte mir die Handschuhe vor den Mund. Neben uns sind nur Menschen in beheizten Autos auf den Straßen, niemand geht zu Fuß. Der Ort wirkt einsam. Andere Ecken in Japan sind im Moment voll: Der Tourismus im Land ist explodiert. 2017 kamen 25 Millionen Menschen aus dem Ausland, ein neuer Rekord. Die nukleare Katastrophe scheint vergessen. Oder sie ist zumindest egal geworden. Der Premierminister will sogar noch mehr Touristen ins Land holen. Hier merkt man davon nichts, Fukushima werden die wenigsten besuchen.

Der Strand sieht so leer aus wie die Straßen. Wir stehen auf einer Art Deich aus Geröll, die Sonne steht knapp über dem Horizont, doch es ist noch hell genug. Himmel und Meer sind unfassbar blau. Hide holt seine Kamera raus und klettert den Deich hinunter. Auf der Meerseite wurden Bäume gepflanzt. Junge Fichten, sechs Reihen, den gesamten Deich entlang. Ein neuer Schutzwall gegen den nächsten Tsunami, irgendwann. Zwischen Sand und Deich ist eine Kuhle aus Beton gegossen. Dahinter Tausende steinerne Tetrapode, vierfüßige Wellenbrecher aus Beton. Sie wirken ordentlich aufgereiht. »Ist der Tsunami hier nicht durchgerollt?«, frage ich Hide. »Doch«, sagt er, »aber wir hatten hier Glück.« Der Ort liegt in einer Bucht. Eine Landzunge, auf der ein kleiner Fischereihafen lag, hat wohl das meiste abbekommen. Trotzdem wirken die Häuser nah am Strand neu, die Landschaft seltsam leer. Hide erzählt, dass es früher mehr Geschäfte am Wasser gab, sie wurden aber zerstört. Danach zogen viele Menschen weg, also gab es keinen Grund, die Läden wieder aufzubauen. »Wegen des milden Klimas gilt die Gegend hier als eine der besten Ecken von Fukushima«, erklärt Hide. Ich schaue nach Norden. Das havarierte Kraftwerk ist 40 Kilometer vom Strand entfernt.

Wir laufen bis zum Wasser. Hide springt auf einen losgelösten Betonbrocken und fotografiert die tiefblauen Wellen. Der Wind hat seine Kapuze vom Kopf gepustet und lässt seine Haare tanzen. Vor der Strahlung brauche ich hier keine Angst haben, sagt er mir. Der Wind habe 2011 das meiste landeinwärts gepustet, Richtung Westen.

Morgen Abend fahre ich zurück nach Tōkyō, zuvor wollen wir noch einmal in das Katastrophengebiet. Es ist der Wunsch von Hides Mutter. Ich weiß nicht, ob mein Besuch der Anlass ist, aber ich komme gerne mit. Das letzte Licht des Tages schwindet, in den neuen Häusern gehen die Lichter an. Einen Meerblick haben sie nicht mehr. Deich und Beton sind zu massiv. Wenn es geht, sagt Hides Mutter, kaufe sie nur Lebensmittel, die von außerhalb von Fukushima kämen.

Für die Fahrt durch das einstige Katastrophengebiet hat sie uns Reisbällchen gemacht und ein Auto gemietet. Sie möchte so nah ran an das Atomkraftwerk wie möglich. Solange wir im Auto bleiben, sollte das okay sein, sagt sie. Auf den Straßen sehe ich die Geigerzählertürme neben den Verkehrsschildern. Seit dem frühen Nachmittag fahren wir nach Norden, Richtung Namie. Je näher wir kommen, desto mehr Zerstörung sehen wir. Es ist wieder 2016, es ist wieder 2011, nur mit mehr Natur. Ich sehe wilde Wiesen und Sträucher, keine Bäume, keine Häuser, nur vereinzelt Betonruinen. Es ist Neujahr, womöglich gibt es deswegen kaum Polizei und Patrouillen. Aber vielleicht ist es inzwischen auch egal geworden, da die Restriktionen gelockert sind. Neben der Straße steht ein einzelnes Haus. Ich bitte Hides Mutter anzuhalten. Solche Ruinen sind inzwischen selten geworden, aber als Erinnerung an das, was war, immer noch eindrücklich. Die nackten Betonwände stehen noch, der Boden besteht aus zersplitterten Holzbrettern. Ein Dach gibt es nicht mehr. Auch ohne Tür erkenne ich den Eingangsbereich an einem gefüllten Schuhregal.

Ich gehe ein paar Meter hinein, plötzlich bricht der morsche Holzboden unter mir weg. Mein Bein ist fast komplett verschwunden. Ein Katastrophengebiet ist kein Spielplatz, ermahne ich mich selbst und ziehe mich wieder raus. Hide war nicht so leichtsinnig wie ich und ist draußen geblieben. Ich schaue, wo er bleibt und bemerke ein weiteres Auto, das neben unserem steht. Zwei Männer sprechen mit Hides Mutter, er eilt ihr zu Hilfe. Bevor er jedoch etwas sagen kann, ziehen die Männer schon ab. Mich haben sie wohl nicht gesehen – das hätte wohl nur zu noch mehr Verwirrung geführt. Ich frage Hide, was los war. Eine Patrouille, sagt er, sie wollten wissen, was wir hier machen. Als Bewohnerin von Fukushima wolle sie sich einfach mal das Gebiet anschauen, hat Hides Mutter geantwortet. »Sie hat sie dann mit Alltagsdingen zugequatscht, bis sie abgehauen sind«, sagt Hide stolz. Wir steigen ein und fahren weiter.

Wir nähern uns dem Kraftwerk, bis die Straße endet. Das Schild mit dem »Betreten verboten« hätten wir noch ignoriert, aber der Feldweg ist nicht mehr befahrbar für unser kleines Mietauto. Nur Baufahrzeuge oder große Maschinen können hier entlang. Ich schlage vor, dass wir zu Fuß weitergehen, doch Hides Mutter reicht es. Sie will im Auto auf uns warten.

Das Meer rauscht links von uns, während wir weiter Richtung Kraftwerk gehen. Nach ein paar Metern sehen wir wieder schwarze Säcke mit radioaktiver Erde, die hier so geduldig warten wie im Rest der Präfektur. Direkt an der Küste steht ein Wall gegen die Wellen. Doch dieser ist anders. Er ist pechschwarz, wie die Säcke. Der Wall besteht aus den Säcken! Man hat ein paar Meter vor dem Ufer eine Mauer aus radioaktivem Dreck ins Meer gebaut. Manche Säcke sind aus der Reihe gefallen, andere sind aufgeplatzt, ihr Inhalt wurde im Wasser zerstreut.

Ein dreieckiges Haus steht allein neben dem einzigen Weg in Richtung Kraftwerk. »Marin-Haus Futaba« steht darauf. Die Uhr an der Spitze ist stehen geblieben, als die Welle kam, kurz nach halb vier. Wir nähern uns dem Kraftwerk. Hinter uns liegen Minamisōma und Namie, vor uns Hides Heimatort. Das Kraftwerk Fukushima Daiichi kann nicht mehr weit weg sein.

Der Küstenweg endet vor einem Erdhügel, wir kommen nicht herum. Eine Art Steg ragt ins Meer, eine lose Ansammlung von Felsen, Beton und Teer, die aufgebrochen wurde und irgendwie den Wellen trotzt. Mir ist das zu heikel, Hide springt von Fels zu Fels. Auf allen vieren folge ich ihm. Ich muss mich an den schroffen Steinen festhalten und schneide mir die Hände auf.

Nach der Hälfte des Steges sehe ich es. Die Nachmittagssonne steht tief und beleuchtet die Kräne und Türme des havarierten Atomkraftwerks. Es wirkt so klein, so banal, eine Baustelle am Meer. Ich schaue auf mein Handy. Es sind noch 3.550 Meter bis zum Kraftwerk. Näher war ich nie.

Ich schaue zu Hide. Was er gerade denkt? Er pinkelt ins Meer, freihändig. Zunehmend werde ich nervös und rechne jeden Moment mit einer Patrouille. Vom Steg kann ich nicht wegrennen. Auf allen vieren klettere ich zurück. Hide schafft es auch wieder an Land. Wir machen uns auf den Rückweg. Kurz bevor wir das Auto erreichen, kommt uns ein Mann entgegen, mit Bauhelm und Signalweste. Hide bleibt entspannt. »Wir tun einfach so, als verstehen wir kein Japanisch.« Als wir in Hörweite sind, ruft der Mann uns freundlich zu. »Seid vorsichtig.« Sonst nichts.

Hides Mutter bewegt sich zur Musik im Autoradio, als wir wiederkommen. Wir erzählen aufgeregt, wie nah wir dem Kraftwerk gekommen sind, aber mir scheint, ihr Bedarf an Abenteuer ist erstmal gedeckt. Sie fragt uns nur, ob wir hungrig sind, dann fahren wir los. Für mich ist es das dritte Mal im ehemaligen Sperrgebiet von Fukushima, für Hide und seine Mutter ist es neu. Er sieht es professionell und beschreibt das Licht, das auf das Kraftwerk fiel. Sie wirkt bewegt von der Leere, die sie bislang nur aus dem Fernsehen kannte. Je mehr Zerstörung beseitigt wird, desto besser.

Ein Straßenschild kündigt Minamisōma an. Bürgermeister Sakurai, der die Welt damals in seine Stadt eingeladen hatte, wurde drei Wochen später aus dem Amt gewählt. Man kritisierte ihn für mangelnde Kooperationsbereitschaft mit der Zentralregierung beim Wiederaufbau.

Auch ein anderer Zeuge der Krise musste gehen: Die »einsame Kiefer von Kashima« war der letzte Überlebende des

Waldes von Minamisōma. Der Tsunami hat hier mehr als Zehntausend Bäume entwurzelt. Nur eine einzelne, 25 Meter hohe und mehr als 100 Jahre alte Kiefer blieb stehen. Obwohl der Boden versalzen war, wuchs der Baum. Es galt als Wunder, das den Menschen Hoffnung gab. Doch am Ende waren die Umstände zu widrig, der Baum starb. Schnee fiel, als bei einer würdevollen Zeremonie im Dezember 2017 die letzte Kiefer von Minamisōma gefällt wurde. In der Leere von Fukushima wird es dauern, bis Neues wächst.

大久野島

ŌKUNOSHIMA

Giftgas und Kaninchen

HIROSHIMA, SEPTEMBER 2013

Jede Reise ist die Suche nach Antworten. Diese beginnt mit einer einfachen Frage meiner Freundin Tomoko: »Woran möchtest du arbeiten?«

Wir sitzen an einem Tischgrill, auf dem noch zwei halbe Okonomiyaki braten. Die herzhaften Pfannkuchen mit Nudeln, Ei, Schinken, Garnelen und einer süßen Sauce sind die Spezialität von Hiroshima. Tomoko ist 20 Jahre älter als ich und kommt aus Kōbe. Als ihr Mann hierher versetzt wurde, folgte sie ihm. Sie interessiert sich leidenschaftlich für Filme, also fing sie bei der Filmkommission der Stadt an. Durch ihr exzellentes Englisch wurde sie schnell unverzichtbar. Sie ist für Filmfestivals, Drehgenehmigungen und fast alle ausländischen Journalistinnen und Journalisten zuständig. Ich habe das Gefühl, die langen Arbeitsstunden haben sie noch dünner werden lassen.

Woran möchte ich arbeiten? Vier Jahre beschäftige ich mich jetzt mit Japan. Ich habe über Tōkyō geschrieben, die Verwüstung des Tsunamis in Fukushima gesehen und die Proteste gegen ein Atomkraftwerk in der Nähe von Hiroshima dokumentiert – dabei habe ich Tomoko kennengelernt. Seit dieser Woche bin ich Austauschstudent an der Hiroshima City University.

»Ich möchte mir Ōkunoshima ansehen«, sage ich und schneide mir ein Stück Pfannkuchen ab. Die Insel liegt ungefähr zwei Stunden von der Stadt entfernt und ist weltweit bekannt als Japans Kanincheninsel, weil dort Hunderte Kaninchen frei herumlaufen. Tomoko schmunzelt. »Wusstest du, dass dort Giftgas produziert wurde?« Ja, das wusste ich. Aber eigentlich weiß ich sonst nichts über die Insel. Und ich bin überrascht, dass Tomoko sofort das Giftgas anspricht, die meisten verbinden nur Kaninchen mit Ōkunoshima. Es ist zudem nicht einfach, verlässliche Informationen zu finden.

Die eigene Kriegsvergangenheit ist in Japan ein unbequemes, unbekanntes Thema. Besonders, wenn es um die Täter geht und nicht um das Land als Opfer. Der Krieg und die Zerstörung werden häufig beschrieben wie eine Naturgewalt, gegen die man nichts machen konnte oder für die es keine Ursache gab. Tomoko sieht das anders. Zusammen mit Filmteams besucht sie regelmäßig historische Orte in der ganzen Präfektur. Wenn man dort ist, wo etwas passierte, kann man sich auch die Frage stellen, warum es passierte. Wie kriegerische Aggression im Ausland Leid im eigenen Land verursacht hat. »Online finde ich zu Ōkunoshima vor allem Videos von den Kaninchen und kaum etwas über den Krieg«, sage ich. Tomoko lächelt. »Ich kenne da jemanden.«

HIROSHIMA, OKTOBER 2013

Wir warten in der dunklen Empfangshalle von RCC Hiroshima, einem lokalen Radio- und Fernsehsender, direkt am Schlosspark. An der Uni verbessert sich mein Japanisch, dennoch bin ich froh, dass Tomoko mir heute beim Übersetzen hilft. Vom anderen Ende des langen Flurs kommt eine Frau auf uns zu. Ihre große Perlenkette leuchtet hell. Tomoko und ich wirken unscheinbar dagegen, aber so ist das wohl beim Fernsehen: Man muss gesehen werden. Osaki Kimiko begrüßt uns freundlich, aber nicht herzlich. Sie bittet uns in einen Konferenzraum.

Die Fernsehjournalistin ist direkt: »Ich treffe mich nur mit Ihnen, weil Sie mit Tomoko befreundet sind«, beginnt sie. Aus einer Tasche holt sie drei Bücher und verteilt sie auf dem Glastisch. Sie nimmt das erste zur Hand, es handelt von ihrer eigenen Recherche zum Giftgas von Ōkunoshima. »Es war die größte Giftgasfabrik in Asien.« Das zweite Buch ist von einem leitenden Arzt der Universität Hiroshima. Es enthält Berichte über Patientinnen und Patienten, die früher in der Giftgasfabrik gearbeitet haben, und die gesundheitlichen Langzeitfolgen. Das dritte Buch ist dünn, aber großformatig. Darin sind Zeichnungen und Texte, sogar mit englischer Übersetzung. Eigentlich gibt es keine Bücher zu Ōkunoshima, die sich auch an ein westliches Publikum richten. Ich beginne zu blättern. »Das ist das Tagebuch eines Mädchens, das als Schülerin in der Fabrik arbeiten musste«, erklärt Frau Osaki. Eine Zeichnung füllt jede Seite: Wie das Mädchen Kampftraining mit dem Speer absolviert, wie sie an Arbeitern mit Gasmasken vorbeiläuft und wie sie weint, als sie im Radio vom Ende des Krieges erfährt. Eine Jugend in der Giftgasfabrik.

Unter dem Titel steht der Name der Autorin in lateinischen Buchstaben: Okada Reiko. Ich bin aufgeregt. »Haben Sie die Frau getroffen? Lebt sie noch?« Frau Osaki antwortet trocken: »Das weiß ich nicht, sie war vor 70 Jahren in der Fabrik tätig. Vermutlich ist sie schon tot.«

In meinem Studentenwohnheim schaue ich mir die Bücher genauer an. Das der Fernsehjournalistin enthält Karten, alte Fotos, aber vor allem viele Schriftzeichen, die ich noch nicht kenne. Ich lege es erst einmal weg. Das Buch des Arztes scheint für ein medizinisches Fachpublikum geschrieben zu sein, ich verstehe noch weniger. Aber das Tagebuch von Okada Reiko … diese Zeichnungen, diese Erinnerungen:

Erster Arbeitstag
Die schwarz-weiße Zeichnung zeigt eine Gruppe von jungen Mädchen, aufgereiht an der Küste von Ōkunoshima. Hinter ihnen sieht man das Meer und das Festland. Auf dem Boden haben sie ihre Taschen ausgebreitet, die von Militärpersonal durchsucht werden. Ein Mann in Uniform steht steif am Rand und schaut streng. Darunter steht:

»630 Schüler im Alter von 13 und 14 Jahren aus der Region versammeln sich, um die Rede des Werkleiters zu hören. Er erzählt uns Folgendes: Die Waffenproduktion hier sei streng geheim, deshalb dürfen wir mit niemandem darüber sprechen, nicht einmal mit unseren Familien. Nichts dürfe von dieser Insel mitgenommen werden, deshalb gebe es eine Kleiderkontrolle, wenn wir nach Hause fahren.«

Dezember 1944

Auf dem ersten gezeichneten Bild stehen zwei Schülerinnen unter einem Nadelbaum, in einer zweiten Zeichnung reiben sie ihre Wangen und weinen.

»Nach dem Mittagessen lehnen zwei Mädchen an einer verdorrten Kiefer und unterhalten sich. Eine nimmt Kiefernnadeln und benutzt sie als Zahnstocher. Sofort schwellen ihre Wangen an. Die ganze Insel ist durch das giftige Gas verseucht.«

Sommer 1945

Ein Bild von einem Betongebäude mit Schornstein, davor tragen Mädchen Baumaterial, mit dem Männer einen Wall errichten.

»Das Schuljahr geht zu Ende, obwohl wir gar nicht lernen. Tōkyō, Ōsaka, Kōbe – auf dem Festland wird eine Stadt nach der anderen bombardiert. Auch hier werden die Luftangriffswarnungen häufiger. Wir beginnen nun, zwischen den Gebäuden Erdwälle zu errichten, die den Bombeneinschlägen standhalten sollen. Ein Mädchen wird von Schwefelsäure verbrannt, die aus einer Leitung tropft.«

In der Nacht kann ich nicht schlafen. Die Zeichnungen, die den Alltag in der Fabrik zeigen, die Erinnerungen – sie sind lebendig in meinem Kopf. Ich sehe den Film vor mir, den ich über die Insel machen will. Machen muss. Gleichzeitig macht mir die Geschichte Angst. Ich weiß von anderen Arbeiten, die sich kritisch mit Japans Kriegsvergangenheit auseinandersetzen und deren Regisseure oder Autorinnen diffamiert oder verklagt wurden. Was wird mir passieren, wenn ich nach dem Giftgas suche?

HIROSHIMA, DEZEMBER 2013

Ich finde nichts zu Okada Reiko und weiß nicht, wo ich anfangen soll. Ist sie wirklich tot, wie Frau Osaki vermutet? Eine Todesanzeige online sehe ich nicht. Im Buch steht ein weiterer Name, der einer Übersetzerin. Vielleicht weiß sie etwas. Ich finde eine 23 Jahre alte Anschrift von ihr und eine mindestens 20 Jahre alte E-Mail-Adresse. Außerdem stoße ich auf einen ihrer Artikel in einem englischsprachigen Medium in Japan, der erst zwei Jahre alt ist. Ich schreibe der Redaktion und sie leiten meine E-Mail an die Übersetzerin weiter. Kurze Zeit später antwortet die Frau und ist schockiert, dass Okada Reiko möglicherweise gestorben ist.

»Ich habe erst vor wenigen Monaten mit ihr telefoniert«, schreibt mir die Frau. Sie schlägt vor, dass ich den Verlag und die örtliche Zeitung kontaktiere. Mir ist nicht klar, ob sie möchte, dass ich das Medium über den Tod informiere oder erst einmal überprüfen soll, ob die Story stimmt.

Ich schreibe den Verlag an und erhalte eine Antwort: Ja, Frau Okada lebt noch. Sie geben mir ihre Adresse und mit Tomokos Hilfe schreibe ihr einen drei Seiten langen Brief mit vielen Gedanken. Ich sage ihr, wie sehr mich ihr Buch beeindruckt hat. Wie ich in Deutschland in der Schule den Krieg vermittelt bekam und wie irritiert ich darüber bin, dass aus der Giftgasinsel Ōkunoshima eine Kanincheninsel wurde. Japan und Deutschland, die faschistischen Verbündeten, gingen nach dem Krieg sehr unterschiedlich mit der eigenen Geschichte um. Nirgendwo sehe man das besser als auf Ōkunoshima, erkläre ich. Darüber möchte ich einen Dokumentarfilm machen, für den ich sie, Frau Okada, gerne treffen möchte.

Eine Woche später erhalte ich eine Antwort. Sie habe sich sehr über meinen Brief gefreut, schreibt mir Frau Okada. Vor 40 Jahren war sie einmal in Deutschland. Sie ist auf den Kölner Dom gestiegen und an der Loreley vorbeigefahren. Seit dieser Zeit beschäftigt sie die deutsche und japanische Nachkriegsvergangenheit. Okada Reiko wünscht sich, Japan würde so offen über den Krieg sprechen wie Deutschland. Dazu würde sie sich gerne mit mir unterhalten.

MIHARA, JANUAR 2014

Die Landschaft ist grau und kahl. Tomoko und ich haben Hiroshima verlassen, gleich tauschen wir den Lokalzug gegen ein Taxi, um zum Haus von Okada Reiko zu fahren. Tomoko erzählt mir von einem ausländischen Filmteam, das sie vor kurzem betreute, und von den Interviewfragen des Regisseurs, die sie schwierig fand. »Menschen in Japan denken nicht in Worten«, erklärt sie mir. »Worte können nicht alles erklären.«

Ich denke noch darüber nach, als wir ankommen und aussteigen. Eine alte Frau kommt uns am Gehstock entgegen. Durch ihre gebückte Haltung wirkt sie noch kleiner, als sie tatsächlich ist. Okada Reiko begrüßt uns freundlich mit einem Lächeln. Letzte Woche seien in ihrem Dorf zwei Leute nicht mehr aufgewacht, erzählt sie uns, bevor wir ihr Haus betreten können. Sie selbst betet jeden Abend, dass sie den nächsten Morgen noch erlebt. »Ich wollte wenigstens noch bis heute leben, damit ich euch meine Geschichte erzählen kann.«

In ihrem Haus ist alles hellgrau, früher muss es weiß gewesen sein: Wände, Möbel, die Matten auf dem Boden und die

Tischdecke. Auf dem Boden stehen gerahmte Gemälde, manche lehnen an der Wand. Alle selbst gemalt. Ich erkenne ein Mädchen von der Insel aus ihrem Buch.

Okadas Vater war buddhistischer Mönch, ihre Familie betreute einen kleinen Tempel hinter dem Haus. An sich selbst glauben, seiner Perspektive vertrauen und dem eigenen Herz folgen, das sei das Wichtigste, hatten ihre Eltern gesagt. »Das hat mich mein ganzes Leben begleitet.« In ihrer Kindheit stand noch kein Gebäude vor dem Elternhaus, der Blick war frei. Wenn sie auf dem Boden lag, konnte sie durch die Schiebetür nach draußen sehen, auf die Seto-See.

Im Jahr, bevor der Krieg in Europa begann, verabschiedete das japanische Parlament das Volksmobilisierungsgesetz. Schüler und Schülerinnen der Mittelstufe sollten in Militärfabriken eingesetzt werden. Okada war 14 Jahre alt, als sie Ōkunoshima das erste Mal betrat. Sie hatte keine Ahnung, warum man sie auf diese Insel schickte. Vielen war das egal. Die Arbeit in der Giftgasfabrik sei eine Selbstverständlichkeit für die Tausend Schülerinnen und Schüler gewesen, die während des Krieges dort im Einsatz waren. »Einige waren da wohl stolz drauf«, sagt Okada. »Ich nicht. Ich fühlte mich gezwungen.« Das Gesicht der alten Frau ist ohne Freundlichkeit, wenn sie von ihrer Jugend erzählt.

Mit den chemischen Kampfstoffen hatte Okada nicht direkt zu tun. Sie und die anderen erledigten kleine Arbeiten wie den Transport von Baumaterial. Ihre größte Aufgabe war die Herstellung von zehn Meter großen Ballonbomben aus Papier und Wasserstoff. Die körperliche Arbeit sei kein Problem gewesen, verglichen mit der mentalen Belastung: Okada durfte mit niemandem über Ōkunoshima reden. Ihre Lehrer brachten sie um 8 Uhr mit dem Boot zur Insel und nachmittags zwischen 16 und 17 Uhr wieder zum Festland. Soldaten schrien sie ständig an. »Wenn wir nicht zur Giftgasfabrik fuhren, galten wir als unpatriotisch, also gingen wir auch hin, wenn wir krank waren«, erzählt sie emotionslos. So war das halt damals.

Insgesamt arbeiteten 6.700 Menschen auf Ōkunoshima. Während der Produktion war die Insel toxisch. Selbst das Toilettenpapier absorbierte die giftige Luft und sorgte für Hautausschläge bei den Arbeitenden. Wer hier tätig werden wollte, verdiente überdurchschnittlich viel Geld, doch erst, als die Menschen auf der Insel landeten, sagte man ihnen, was hier hergestellt wurde. Den Job zu kündigen, war dann keine Option mehr.

Einmal schlich sich Okada während der Mittagspause davon, um das Meer zu sehen. Es war wunderschön. Sattes Grün vor einem blauen Himmel. Nach dem Krieg würde sie Malerin werden, dachte sie sich. »Ich habe mir so gewünscht, das Ende des Krieges zu erleben.«

Als die Atombombe auf Hiroshima geworfen wurde, war Okada auf Ōkunoshima. Es war Viertel nach acht, die meisten Schülerinnen und Schüler waren schon da. Als sie zur Arbeit marschierten, sahen sie etwas. »Kein Regen und keine Wolken, dennoch gab es einen Blitz.« Sie flüsterten: Ein Gewitter, ein Gewitter! Eine Freundin erzählte ihr später, wie Menschen auf der westlichen Seite der Insel eine wunderschöne, leuchtende Wolke sahen, die sich über den Himmel erstreckte.

Drei Tage später wurde eine weitere Atombombe über Nagasaki abgeworfen. Die Soldaten auf Ōkunoshima verhielten sich nun »seltsam«, sagt Okada. Bis dahin war die Insel sehr beschäftigt. Sie hatten alle etwas zu tun, füllten Chemikalien ab und hielten die Fabrik am Laufen. Nach Nagasaki wurde die Insel stumm. Niemand schrie mehr Okada und die anderen an.

Wegen der Luftangriffe waren die Offiziere besorgt, dass es Ōkunoshima erwischen könnte – auch wenn nur wenige Menschen auf der Welt zu dem Zeitpunkt von der Giftgasfabrik wussten. Damit das so blieb, wurden Fässer mit chemischen Kampfstoffen von den Schülerinnen und Schülern auf die Nachbarinsel Ōmishima gebracht und in einem Süßkartoffelacker vergraben. Die Behälter waren nicht ganz dicht, eine ölige Substanz tropfte heraus. Einige der Jugendlichen benutzten ihre Strohsandalen als Schutz für die Hände. 13 Mal hin, 13 Mal zurück, erst dann durften sie nach Hause. Bis 15 Uhr rollten sie die Fässer durch die Sommerhitze. Sie schwitzten und niesten, Tränen liefen ihre Wangen hinunter. »14-Jährige heute können vielleicht verstehen, was wir erlebt haben, sie werden es aber niemals nachempfinden können«, sagt Okada ernst.

Am Mittag des 15. August 1945 versammelten sich die Schülerinnen und Schüler auf Ōkunoshima vor einem Offizier. Ihnen wurde gesagt, dass es eine wichtige Ankündigung im Radio geben wird. »Ich dachte, wenn der Krieg zu einer Invasion führt, würde mich ein Soldat umbringen. Oder ich töte mich vorher selbst«, erzählt Okada. Doch dann war die Stimme des Kaisers Hirohito zum ersten Mal im Radio zu hören. Der Krieg war vorbei. Der Offizier sang ein altes Lied aus der Meiji-Zeit, die Kinder weinten.

»Wir haben selbst kein Giftgas produziert, aber ich fühle mich verantwortlich«, sagt Okada. Nach dem Krieg wurde sie Lehrerin, weil ihr das Leben als freie Künstlerin zu unsicher erschien. Mit 25 wurde eine Ehe für sie arrangiert, doch der Mann sei schrecklich gewesen. Okada ließ sich bald scheiden. Kinder hat sie keine, ihr Bruder betreut heute den Tempel der Familie.

Im Laufe unseres Gesprächs machen wir Pausen, in denen sie grünen Tee für uns aufkocht. Sie fragt oft, ob ich noch mehr wissen möchte oder ob es mir reicht. Ich möchte so viel erfahren, wie ich kann. Sie beantwortet alle Fragen, ohne sich zu beschweren. Okada ist 84 Jahre alt. Wer weiß, wie lange sie ihre Erinnerungen noch teilen kann. Ich sage ihr, dass meine Oma vier Jahre älter ist als sie. Sie zeigt mir ein großes Lächeln und wünscht ihr eine lange Gesundheit.

Fast alle ehemaligen Arbeiter von Ōkunoshima erkrankten an chronischer Bronchitis. Auch Okada. Manche erwischte es schlimmer: Hautkrebs, Speiseröhrenkrebs, Magenkrebs, Lungenkrebs. Zu ihrer Zeit auf Ōkunoshima schwieg Okada, bis 1989 Kaiser Hirohito starb. »Ich habe den Kaiser gehasst, weil er Japan in den Krieg stürzte«, sagt sie wütend. »Als er starb, wurde mir klar, dass ich dabei geholfen habe, Menschen zu töten.«

Okada ordnete ihre Erinnerungen und fing an zu malen. Jeden Tag stellte sie eine Zeichnung fertig, oft zwei. Sie malte, bis ihre Augen wehtaten. Ihr Buch erschien im selben Jahr, in dem der Kaiser starb, in einer kleinen Auflage. Sie ließ es ins Englische übersetzen, damit es auch von Menschen in den USA und China gelesen werden konnte. »Mit dem Buch wollte ich mich für den Krieg entschuldigen.«

Die meisten der noch lebenden ehemaligen Arbeiterinnen und Arbeiter von Ōkunoshima waren nicht erfreut darüber, dass Okada die Geschichte der Insel öffentlich machte. Sie lüge, sie bringe Schande und Gefahr über sie alle, hieß es. Warum blieb sie nicht einfach still? Vielleicht hallte in den Verbliebenen der Befehl von damals nach: Erzählt niemandem von dem, was hier geschieht.

»Ich lebe gegen den Fluss«, sagt Okada. »Auch wenn sie mir vieles vorwerfen, sie können die Wahrheit nicht ändern.«

HIROSHIMA, JANUAR 2014

Im Internet steht wenig auf Englisch oder Deutsch über Ōkunoshima. Wenn, dann ist es viel über Kaninchen, wenig über Giftgas. Japan hat vor und im Zweiten Weltkrieg chemische Kampfstoffe produziert – fast ausschließlich auf dieser Insel – und anschließend nur in China eingesetzt. Aber konkrete Opferzahlen und Schlachten oder was nach dem Krieg mit dem Gift passierte, dazu finde ich online so gut wie nichts.

Das Semester ist fast vorbei und wir Austauschstudierenden sollen eine Ausstellung planen. Für jeweils eine Woche hat jeder von uns einen großen Raum in der alten Bank, eines der Gebäude, die nach der Atombombe stehen blieben. Ich wähle Fotografien aus, die ich in den vergangenen Monaten gemacht habe, drucke sie in der Uni und ziehe sie auf Rahmen. Die Ausstellung nenne ich »Tagebuch Japan«, auf Deutsch, um meinen fremden Blick zu betonen. Im Begleittext schreibe ich, woran ich arbeite und dass mein nächstes Projekt Ōkunoshima sein wird.

Drei Tage nach der Vernissage bekomme ich eine E-Mail. Kondo Noburo schreibt mir, dass er als Fernsehjournalist bei NHK arbeitet. Das Gebäude des Fernsehsenders liegt direkt gegenüber der alten Bank, er hat die Ausstellung auf dem Weg zur Arbeit entdeckt. Früher habe er Deutsch studiert, deswegen lockte ihn der Titel. Kondo hat viele Fragen: Warum interessiere ich mich für Ōkunoshima? Warum ist es so schwer, darüber zu berichten? Er schreibt mir, dass er seit mehr als einem Jahr versuche, eine Geschichte über Ōkunoshima zu veröffentlichen, was aber innerhalb des Senders nicht so einfach sei.

Ich antworte ihm ehrlich: Als Deutscher bin ich mit einem gewissen Gefühl der Verantwortung aufgewachsen, für unsere eigene Vergangenheit und die Handlungen während des Krieges. Früher habe ich gedacht, dass es in Japan ähnlich sei – schließlich haben beide Nationen eine ähnliche Nachkriegsgeschichte: Wiederaufbau, Autoindustrie, Weltwirtschaftsmacht. Das ist, was ich bei Ōkunoshima nicht verstehe: Wie kann man auf der Insel, auf der die größte Giftgasfabrik in Asien stand, Tourismus mit süßen Kaninchen betreiben?

Kondo ist jung. Er ist noch nicht lange beim Sender und sehr neugierig. Auf der Insel war er auch schon ein paar Mal. Ich denke, es ist endlich Zeit für einen Besuch.

ŌKUNOSHIMA, MÄRZ 2014

Gespannt schaue ich auf das Meer und die Hunderten von Inseln, an denen der Zug vorbeizieht. Die Gleise verlaufen so nah am Wasser der Seto-Inlandsee, dass manchmal Tropfen der Wellen auf die Fenster spritzen. Ist es diese Insel? Oder die daneben? Wurde dort Giftgas hergestellt? Hier in diesem friedlichen Meer? Bislang kenne ich die Insel nur von Okadas Erinnerungen. Ein halbes Jahr, nachdem ich meiner Freundin Tomoko bei Okonomiyaki von meinem Wunsch erzählt habe, besuche ich jetzt zum ersten Mal Ōkunoshima. Sie sitzt neben mir im Zug.

Kurz vor zehn Uhr vormittags kommen wir bei der Fähre in Tadanoumi an. In einem einfachen Holzgebäude gibt es einen Ticketautomaten und einen Schalter, hinter dem eine Frau sitzt. Wir können verschiedene Zielorte auswählen, der Knopf für Ōkunoshima ist mit einem Hasensticker markiert. Kondo und eine weitere Kollegin von NHK warten schon auf uns. Ich nenne uns scherzhaft den Club 27, weil wir bis auf Tomoko alle 27 Jahre alt sind – und gemeinsam zu Ōkunoshima recherchieren.

Ein Mann mit gebräunter Haut, grauen Haaren und dicker Brille steht neben den Fernsehleuten. Unter dem Arm trägt er einen Beutel mit zwei Mappen. Kondo stellt uns Yamauchi Masayuki vor, unser Guide für die Insel. In fünf Minuten legt die

Fähre ab. Es ist ein kleines Boot, die zwei Innenräume werden an diesem Morgen kaum ausgefüllt. Kondo und seine Kollegin holen kleine Handkameras aus ihren Taschen und beginnen, mich zu filmen. Er erklärt mir, dass er nur etwas Kritisches über Ōkunoshima auf den Sender bekommen kann, indem er über einen deutschen Journalisten berichtet, der kritisch über Ōkunoshima berichtet.

Nach zehn Minuten Fahrt zeigt Herr Yamauchi auf die Insel vor uns. Ich sehe das Dach eines dunkelgrauen Betonklotzes, der sich hinter Bäumen versteckt. Ōkunoshima ist ein bewaldeter Hügel, auf dessen Spitze ein 226 Meter hoher Hochspannungsmast steht. Die Stromkabel hängen von Insel zu Insel.

Herr Yamauchi wuchs kurz nach dem Krieg auf. Wenn er im Meer schwamm, sah er Ōkunoshima am Horizont. Als Kind fragte er die Erwachsenen, warum immer laute Boote zur Insel fuhren, und sie erklärten ihm, dass es Wasserfahrzeuge des amerikanischen Militärs seien. Sie sagten ihm auch, dass Giftgas auf Ōkunoshima produziert wurde – aber dass es niemals eingesetzt wurde. Er glaubte das. Yamauchi wurde Lehrer und brachte das, was er gehört hatte, seinen Schülerinnen und Schülern bei: Japan hat auf Ōkunoshima Giftgas produziert, aber es niemals irgendwo eingesetzt.

Als er Ende der 1980er Jahre durch Medienberichte die Wahrheit erfuhr, konnte er es nicht glauben. Chemiewaffen von Ōkunoshima, von dieser kleinen Insel, die er beim Schwimmen sah, haben in China Menschen getötet? Herr Yamauchi fühlte sich betrogen. Angelogen von der Regierung. »Das war unverzeihlich«, sagt er wütend. Schlimmer noch wiegt für ihn, dass er über Jahrzehnte die Lüge in seinen Klassen weiterverbreitet hat. Deshalb führt er heute Gruppen über die Insel: um die wahre Geschichte zu erzählen. Ungefähr 800 Mal hat er das schon gemacht. Es gebe noch viele Menschen in der Region, in Hiroshima, welche die Wahrheit nicht kennen würden, erklärt er. »Ich hoffe, meine Schüler von damals können sehen, was ich heute mache.«

Die Fähre landet an einem breiten Steg aus rostigem Metall. An Land hoppelt gleich eine Gruppe von Kaninchen auf uns zu, in hungriger Erwartung. Die ungefähr 700 bis 900 Tiere auf der Insel haben keine natürlichen Feinde, aber sind abhängig vom Essen, das die Touristen mitbringen. Haustiere, darauf weisen Schilder hin, seien sie nicht. Sie lassen sich nicht streicheln oder hochnehmen. Die Kaninchen kommen zu uns, wollen Futter und hoppeln wieder davon. Ein kurzes »Oh wie süß«, entfährt uns. Herr Yamauchi sagt nichts. Er weist rechts auf die erste Ruine – einen alten Steg aus Stein. Trotz des trüben Wetters an diesem Vormittag können wir den Ort Tadanoumi am anderen Ufer erkennen.

Die Produktion von Chemiewaffen war geheim, erklärt Yamauchi und öffnet eine seiner Mappen, um ein Foto von damals zu zeigen. Zur Zeit der Produktion wurde die Insel von allen Landkarten entfernt. In den vorbeifahrenden Zügen wurden die Fenster verdunkelt. Wir können von hier das Festland sehen, also konnten die Menschen vom Festland ebenfalls sehen, dass hier etwas passierte. Daher wurde dieser Steg bald stillgelegt und auf der Rückseite der Insel ein neuer gebaut, näher am Hauptgebäude der Fabrik.

Hinter dem Steg führt uns ein kurzer Tunnel aus Beton durch einen Wall aus Erde. Vor uns steht nun die größte intakte Ruine der Insel, das alte Kraftwerk. Das Dach habe ich von der Fähre gesehen. Durch drei Reihen Fenster ohne Glasscheiben sehen wir in eine große Halle. Eine verrostete Metalltür hängt schief in den Scharnieren, davor sitzt ein Kaninchen. Das Gebäude ist voller Efeu. Wie Adern verlaufen die Ranken über den dunkelgrauen Beton.

Ein hüfthoher Holzzaun soll den Eintritt verhindern, aber Herr Yamauchi steigt selbstbewusst darüber. Wir folgen ihm neugierig. In der riesigen leeren Halle können wir die Ausmaße der Chemiewaffenfabrik erahnen. Unser Guide zeigt uns Fotos, die kurz nach dem Krieg entstanden sind. Große Dieselgeneratoren versorgten die ganze Anlage mit Strom. Heute sehen wir nur den nackten Beton. Ab und an springt ein Kaninchen durch die Ruine.

»Ōkunoshimas grausame Geschichte ist geprägt von drei Kriegen«, erklärt Herr Yamauchi. Zuerst war da der Russisch-Japanische Krieg 1904-1905. Zwei Jahre vor dessen Beginn wurde Ōkunoshima zur Festung ausgebaut, mit 22 Haubitzen, je zehn Tonnen schwer. Ihre knapp drei Meter langen Rohre konnten 200 Kilogramm schwere Geschütze bis zu acht Kilometer weit schießen. Man wollte damit russische Kriegsschiffe versenken, sollten diese die nahen Städte Hiroshima und Kure angreifen. Doch die Russen kamen nie. Man baute die Kanonen wieder ab und brachte sie an die Front. Nach etwas mehr als einem Jahr der Gefechte gewann Japan den Krieg. Der erste Sieg einer asiatischen Nation gegen eine europäische Großmacht. Das Kaiserreich war stolz.

Der folgende Erste Weltkrieg bestärkte Japan erneut in seinen Großmachtfantasien. Deutschland und Frankreich setzten auf den Schlachtfeldern Giftgas ein – also wollte Japan das auch. Man schickte eine Delegation nach Europa und lud deutsche Experten nach Japan ein. Ab 1929 wurden auf Ōkunoshima Chemiewaffen produziert. Erst 1944 hörte man damit auf – aus Angst, die Alliierten könnten Giftgas gegen Japan einsetzen, wenn sie davon wüssten. Zwischen 1945 und 1946 wurde die Insel von den alliierten Besatzern mit Bleiche und Feuer gereinigt, die restlichen Chemiewaffen wurden vergraben oder versenkt. Anschließend ging die militärische Nutzung der Insel weiter: Die amerikanischen Streitkräfte verwendeten Ōkunoshima als Zwischenbasis und Munitionslager für ihren Krieg in Korea. Es waren diese Schiffe der Amerikaner, die Yamauchi als Kind sah. Diejenigen, die in der Nähe wohnten oder früher dort arbeiteten, forderten, dass endlich Frieden auf der Insel einkehren möge. Doch sie hatten kein Mitspracherecht. Der Koreakrieg endete 1953, die USA nutzten Ōkunoshima drei weitere Jahre als Munitionslager. Heute zeugen 34 Ruinen auf der Insel von den drei Kriegen.

Wir verlassen das Kraftwerk und gehen auf der einzigen Straße der Insel nach Norden. Ōkunoshima ist ungefähr 1500 Meter lang und 800 Meter breit. Mit einem Fahrrad kann man die Insel in weniger als einer halben Stunde umrunden. Ein einzelner Bus holt Reisende, die mit der Fähre kommen, vom Landungssteg ab. Ōkunoshima ist ein beliebtes Reiseziel für Tagestouristen und Übernachtungen. Überall sitzen, schlafen und hoppeln Kaninchen. Herr Yamauchi beachtet sie kaum. Aber er ist froh, dass es sie gibt. »Menschen kommen wegen der Kaninchen auf die Insel und können dadurch die Geschichte kennenlernen.«

Entlang der Straße sehen wir zugemauerte Eingänge. Tunnel und Luftschutzbunker, erklärt Herr Yamauchi. Laut ihm sind in einigen von ihnen heute noch Chemiewaffen gelagert. Wo genau, das wisse er nicht. Als die Alliierten die Insel erreichten, sollen sie noch 3.200 Tonnen gefunden haben. Sie entsorgten die chemischen Kampfstoffe, so gut sie konnten. Auf Fotos von den Aufräumarbeiten sieht man Arbeiter ohne Schutzkleidung, die Fässer und Bomben auf Schiffe laden. Lediglich Chlor-Arsen-Kampfstoff blieb auf der Insel. Das Material ist nur gefährlich, wenn es brennt, also ließ man es hier und vergrub es.

Herr Yamauchi erzählt von einem Fischer, der 1953 vor Ōkunoshima einen leeren Metallzylinder aus dem Wasser zog. Der Mann stammte aus der nahen Stadt Mihara, aber kannte die Geschichte der Insel nicht. Metall war wertvoll im Nachkriegsjapan, er wollte es verkaufen. Als der Käufer den Zylinder öffnete, um ihn zu zerteilen, spritzte Blausäure explosionsartig heraus – 26 Personen in der Nähe wurden verletzt. Der Metallhändler starb kurze Zeit später.

Entlang der Straße wächst eine Allee aus Palmen, links davon gibt es ein großes freies Areal, zu dem uns Herr Yamauchi führt. »Dort, wo jetzt gerade das schwarze Kaninchen sitzt, dort war die Hauptfabrik.« Er zeigt uns Fotos der Anlage: große Gebäude, einige mit Tarnmuster bemalt, vor ihnen Rohre und Hunderte Kisten. Zwischen den Gebäuden sind Wälle aufgebaut. Wahrscheinlich brachte die 14-jährige Okada den Arbeitern das Material dafür.

Wo früher Senfgas, Lewisit, Blausäure, Diphenylarsincyanid und Chloracetophenon hergestellt wurden, ist heute eine Wiese, auf der Kaninchen Löcher graben – eine grüne Mondlandschaft. Bunte Fahnen stehen verstreut auf dem Feld, für eine Art Golfspiel. Weiter hinten, neben einem alten Giftgaslager, sehen wir das einzige Hotel der Insel. Sein Grundriss überschneidet sich mit dem der damaligen Hauptfabrik. Über die Absurdität müssen wir verhalten lachen, wie wenn man schlechte Nachrichten bekommt und aus Unglaube nur kichern kann, weil einem keine passende Reaktion einfällt.

Wir laufen am Hotel vorbei, weiter entlang der Straße, die einmal um die Insel führt. Links von uns ist das Meer, wir blicken auf Dutzende unbewohnte Inseln, die den Horizont wie eine grüne Perlenkette dekorieren. Rechts liegt ein Tennisplatz. Früher standen hier die Gebäude, in denen nach deutschen und französischen Rezepten Giftgas hergestellt wurde.

In den 1960er Jahren gab es in Japan eine staatliche Initiative, die mehr Parks und Erholungsziele schaffen sollte. Ōkunoshima sei perfekt, sagte der damalige Bürgermeister der Stadt Takehara, zu der die Insel gehört. Sie liege abgeschieden, sei unbewohnt und könne gut von großen Städten wie Hiroshima oder Kure erreicht werden. Der damalige Premierminister von Japan stammte selbst aus Takehara und war ein Fürsprecher für die Insel, also ging es recht schnell. Die Ruinen der Fabrik wurden abgerissen und das Hotel darüber gebaut. Bis zu 100.000 Menschen kommen heute jedes Jahr, sagt Herr Yamauchi. Sie campen, angeln, schwimmen und füttern die Hasen.

70 Jahre nach dem Krieg sind der Boden und das Wasser durch die einstige Schwerindustrie verseucht. Fische enthalten erhöhte Mengen an Quecksilber, das Trinkwasser für die Hotelgäste kommt vom Festland.

Stimmt es eigentlich, wie überall online steht, dass die Kaninchen die Nachkommen der entlaufenden 200 Versuchskaninchen aus der Fabrik sind? »Nein, die wurden nach dem Krieg alle umgebracht«, sagt Herr Yamauchi. Ende der 1960er Jahre gab es in der Region einen Aufruf, Kaninchen für die Insel zu spenden. Ungefähr ein Dutzend Tiere sollen so nach Ōkunoshima gekommen sein. Seitdem haben sie sich prächtig vermehrt.

Bevor die Straße im Wald verschwindet und uns wieder zurück zum Kraftwerk führt, sehen wir die zweitgrößte Ruine. Sie ist in einen Hang gebaut, das Dach ist schon lange eingestürzt, nur die Betonstützen stehen noch. Das Lager bot Platz für sechs Tanks, in denen Kampfstoffe auf die Abfüllung in Transportkanister und Bomben warteten. Herr Yamauchi steigt wieder über den Zaun, wir folgen ihm. Um einen Menschen mit Senfgas zu töten, braucht es ein Gramm chemischen Kampfstoff, für ganz Tōkyō bräuchte man zehn Tonnen.

In nur einen der Tanks hier passten 80 Tonnen. Insgesamt wurden auf Ōkunoshima Schätzungen zufolge 9.000 Tonnen Chemiewaffen hergestellt.

Kondo ist während der Tour ruhig, er kennt die Insel schon. Seine Kollegin, die sich zu Beginn laut über die Hasen freute, ist völlig still. Tomoko scheint über das Ausmaß der japanischen Kriegsmaschinerie nicht überrascht zu sein.

Ich laufe bis zum Ende der Ruine über Geröllhaufen, die vielleicht einmal das Dach waren. Die acht Meter hohen Wände der Einzelkammern für die Tanks sind schwarz vom Ruß der Feuerreinigung nach dem Krieg. Pflanzen versuchen, mühsam die Ruine zu begrünen. Ich drehe mich um und schaue zurück in Richtung Meer. Selbst hier höre ich die Wellen. Ich habe mehr Fragen als vorher. Warum genau hat Japan Giftgas produziert? Warum wurde es nur in China eingesetzt? Warum ist die Geschichte so unbekannt, obwohl diese Ruine so sichtbar ist?

Vor mir sehe ich die blaue See und die vielen Inseln in der Nachmittagssonne. Ich kann mir nur schwer vorstellen, wie hier jeden Tag Behälter mit chemischen Kampfstoffen abgefüllt wurden, um sie mehr als tausend Kilometer Richtung Norden zu transportieren. Neben mir auf dem Schutt sitzen zwei Kaninchen. Ihnen ist die Geschichte egal.

HIROSHIMA, APRIL 2014

Die Kirsche blüht vor der Universität, das Semester wechselt und mein Stipendium wird verlängert. Zu Beginn des neuen Studienjahres lädt mich mein Professor ein, vor meinem Studiengang einen Vortrag über meine Projekte zu halten. Nervös stehe ich vor ungefähr hundert Studierenden im Hörsaal. Für Vokabeln wie »Giftgas«, »Zweiter Weltkrieg« und »Fabrik« brauche ich kein Wörterbuch mehr. Ich erzähle, woran ich seit einigen Monaten alleine arbeite. Mein Professor unterstützt mich, trotz des unbequemen Themas.

Ich versuche so viel über Ōkunoshima zu lernen, wie ich kann. Ein Arzt der medizinischen Fakultät einer anderen Universität in Hiroshima schickt mir eine Liste aller Fundorte von Giftgas in Japan – in jeder Präfektur entdeckte man die Chemiewaffen. Der letzte Fund liegt sechs Jahre zurück. Überall in Japan wurden Menschen krank, manche erblindeten, andere starben. Mehrere Dutzend Kanister wurden nahe Miyajima entsorgt, ein UNESCO-Weltkulturerbe nahe Hiroshima mit einem großen Shintō-Tor im Meer. Im Tokyoter Stadtteil Kōtō wurden fünf Jahre nach dem Krieg Kinder verletzt, weil sie mit einem Zylinder aus Metall spielten, aus dem gelbes Gas austrat. Am schlimmsten traf es Kamisu in Ibaraki. Dort wurden Giftgasbomben hinter einem Hangar vergraben, die sich langsam auflösten. Arsen verseuchte die Wasserversorgung des Dorfes. Fast 300 Bewohnerinnen und Bewohner klagen über neurologische Symptome wie Krämpfe, Kopfschmerzen und Schwindelgefühl. Ein junger Mann ist bis heute geistig behindert, weil er dem Wasser ausgesetzt war, als er ein Baby war.

Manchmal denke ich, ich habe alles herausgefunden, was es zu japanischem Giftgas zu wissen gibt. Dann bekomme ich einen neuen Hinweis, führe ein weiteres Gespräch oder entdecke noch ein Buch. Die Recherche fühlt sich uferlos an. Zu groß für mich alleine. Von all dem erzähle ich meinem Studiengang in wenig eleganten Worten in meinem Vortrag. Und bitte um Mithilfe.

ŌKUNOSHIMA, MAI 2014

Einige Wochen später begleitet mich eine Studentin aus dem ersten Studienjahr nach Ōkunoshima. Azusa ist 19 Jahre alt und sehr neugierig auf alles, was aus dem Ausland kommt.

Zusammen gehen wir in das Giftgasmuseum der Insel. In einem Raum des Neubaus stehen Vitrinen mit Fotos, Zahlen und Gegenständen aus der Fabrik. In den anderen Raum passen die Reisegruppen von Herrn Yamauchi. Wenn er hier seine Vorträge hält, spürt man die Wut eines Mannes, der jahrzehntelang belogen wurde.

Ehemalige Arbeiterinnen und Arbeiter der Fabrik haben 1988 Spenden gesammelt, um das Museum zu bauen. Sie wollten einen Ort, der an ihre Geschichte erinnert. Die Stadt Takehara und die Insel waren dagegen. Also machten sie einen Kompromiss: Sie sammelten Geld, die Stadt stellte eine Person ein, die das Museum betreuen sollte. Die meisten Informationen in der Ausstellung sind neutral gehalten, die Tafeln beschreiben nüchtern, was passierte. Nur ein Text weist explizit darauf hin, was Japan mit dem produzierten Giftgas in China machte und wie Menschen getötet wurden. Diese Tafel »verschwindet« manchmal, sagt Herr Yamauchi. Er schaue regelmäßig nach, ob sie noch da sei.

Als wir aus dem Museum kommen, frage ich die Studentin, wie es ihr geht und was sie denkt. Azusa ist lange still und sagt dann: »Ich verstehe jetzt, warum Menschen in Korea und China uns in Japan manchmal nicht mögen.« Ich frage mich, womit sie sich das vorher erklärt hat. Aber vielleicht hat sie sich das vorher nie gefragt.

TŌKYŌ, JUNI 2014

Nach fast einem Jahr der Recherche habe ich das Gefühl, ich habe jeden zu Ōkunoshima gefragt, den ich fragen konnte. Meine Suche ist erst einmal vorbei, auch wenn ich noch Hunderte Seiten Dokumente, viele Bücher und Stunden an Interviews auswerten muss. Alles begreife ich noch nicht. Einen Ort gibt es noch, an dem ich nicht war.

Zwischen 1937 und 1945 arbeiteten tausend Menschen im Noborito-Labor in Japans Hauptstadt an ungewöhnlichen Kriegstaktiken. Etwa an einer Maschine, die Geld druckt und für Hyperinflation in China sorgen sollte. Man dachte hier auch darüber nach, wie man durch das Abwerfen von infiziertem Futter oder verseuchten Stoffen Nutztiere in China töten konnte, um die Bevölkerung auszuhungern. Hier entstand die Idee für die Ballonbomben, die Okada auf Ōkunoshima hergestellt hat – deswegen bin ich heute hier.

Das »Museum des ehemaligen Noborito-Labors der Kaiserlichen japanischen Armee für Friedensforschung« liegt im Südwesten von Tōkyō. Es ist erst vier Jahre alt und in den zwei Gebäuden untergebracht, die von der Einrichtung noch stehen. Sie gehören zum Ikuta Campus der Meiji Universität, einer von Japans prestigeträchtigsten privaten Bildungseinrichtungen.

Heute ist das Museum eigentlich geschlossen, doch ich habe eine Sondererlaubnis bekommen. Eine Angestellte führt mich durch die Räume. »Das ist der alte Dachbalken«, erklärt die Frau und zeigt auf ein langes Stück Holz, das auf dem Boden aufgestellt ist. »Der ist noch original. Die blaue Wandfarbe ist auch wie früher, aber wir haben nachträglich gestrichen.« Es ist die erste Information, die mir das Noborito-Museum gibt – Details zu einem Balken. Nichts zu den Entwicklungen von Geheimtinte, Minikameras oder Wasserfiltern. Auch nichts zu den Taktiken biologischer und chemischer Kriegsführung.

Eine kleine Gruppe kommt hinein, sie wird von einem Fernsehteam begleitet. Japanisch scheinen sie nicht zu sprechen. Bevor ich gehe, kommt der Älteste von ihnen auf mich zu und begrüßt mich freundlich – auf Japanisch. Der Mann fragt mich, woher ich komme und was ich hier mache. Ich recherchiere zu Ōkunoshima, erkläre ich, und er sagt sofort:

»Ah, Giftgas.« Ich bin erstaunt. Normalerweise muss ich immer dazu sagen, dass es mir nicht um die Kaninchen geht.

Der Mann fragt mich weiter, ob ich einen Herrn Yamauchi kenne. »Das ist ein Freund von mir«, sagt er fröhlich. Er müsse jetzt mit der Gruppe Studierender weiter, aber hier sei seine Karte. »Bu Ping« steht darauf, Forscher an der Chinesischen Akademie für Sozialwissenschaften in Peking. »Schreib mir mal von deiner Recherche«, sagt er zum Abschied.

PEKING, AUGUST 2014

Ich sitze in der Wohnung von Bu Ping in China und esse mit ihm zu Mittag. Seine Frau hat zwei Berge Teigtaschen gefüllt und gekocht. Wir schaffen die Hälfte und ich hoffe, es reicht, um die Gastfreundschaft genug zu respektieren, bevor ich platze. Anschließend füllt seine Frau die Berge wieder auf.

Ich bin zum ersten Mal in China, Peking ist so anders als Tōkyō. Die Häuser sind hier zwar auch hoch, aber alles ist breiter. Die Straßen sind weit, es gibt mehr Platz für schlechte Luft. Auch die U-Bahn ist ein Kontrast zu Japan, alles ist lauter, es gibt mehr Gedränge.

Nach unserem zufälligen Treffen im Noborito-Museum habe ich Bu Ping online gesucht und meine Kontakte gefragt. Ich habe den Eindruck, dass er der wichtigste Experte für japanisches Giftgas in China ist. Eigentlich ist er drei- bis viermal im Jahr in Japan, aber allzu bald erst einmal nicht mehr, schrieb er mir. Aber ich könne ihn in Peking besuchen, wenn ich möchte. Es wird meine letzte Zwischenstation in Asien, bevor ich vorerst wieder nach Deutschland ziehe.

Ich habe Bu Ping Sake aus Hiroshima mitgebracht, wir trinken viele Gläser zu den Teigtaschen, bis er sich die Flasche genauer ansieht und die Augen weit aufreißt. Mehr zu sich selbst sagt er auf Japanisch: »Wie viel Prozent hat die Flasche…?«

Bu Ping spricht Mandarin, Russisch und Japanisch. Seine Mutter war dagegen, dass er nach Japan geht, erzählt er. Sie lebte in Peking, als die kaiserliche Armee einmarschierte. Mit gezogener Waffe untersuchten japanische Soldaten sie am ganzen Körper. Sie floh in den Süden und wurde dort von japanischen Fliegern bombardiert. Seine Mutter sprach oft über den Krieg. »Japaner sind furchteinflößend«, sagte sie.

Wir setzen unser Gespräch in seinem Arbeitszimmer fort. Die Wände sind voller Bücher, vom Boden bis zur Decke. Dutzende stapeln sich auf dem Boden. Auf dem Schreibtisch sehe ich Ausweise von wissenschaftlichen Konferenzen, Souvenirs aus Japan und Auszeichnungen. Auf einer ist Karl Marx abgedruckt. Wir sind zwei Nicht-Japaner, die sich auf Japanisch verständigen. Kleine Fehler in der Grammatik fallen niemandem unangenehm auf.

Bu Ping besuchte Japan zum ersten Mal 1986. Sein Bild von Japanerinnen und Japanern war so negativ wie das seiner Eltern. »Aber als ich die Menschen in Japan gesehen habe, dachte ich: Sie sind gar nicht so furchteinflößend«, sagt er. »Die meisten von ihnen wollen in einer friedlichen Welt leben, sie wollen keinen Krieg.« Je mehr Menschen er traf, desto mehr Freunde fand er. Er möge ihre Ernsthaftigkeit, sagt er. Immer wenn er in Japan reise, gebe es einen Guide mit einem festen Reiseplan. »In China sind wir eher so: Heute machen wir das, morgen das, mal schauen.«

Anfang der 1990er Jahre begann Bu Ping, zu japanischem Giftgas zu forschen. Er war der Einzige in China, die meisten wussten nicht einmal davon. Weil die japanische Schriftsprache viele Zeichen aus dem Chinesischen übernimmt, konnte er viele der alten Dokumente lesen. Doch mit Menschen in Japan sprechen konnte er nicht. Also lernte Bu Ping Japanisch.

Er wollte das Land besser verstehen, damit auch andere Menschen in China es besser verstehen.

Seine Forschung brachte ihn nach Hiroshima, wo jemand ihm das Tagebuch von Okada Reiko gab. Er war so beeindruckt wie ich. Zu Hause zeigte er es seiner kleinen Tochter, die wie viele in China schlecht über die Menschen in Japan dachte. Die seien böse und dumm, hat sie gesagt. Okadas Buch und die Zeichnungen veränderten das Mädchen: »Die Leute in Japan sind auch Menschen«, zitiert ihr Vater sie stolz.

Bu Ping schrieb einen langen Brief an Okada. Im Dezember 1993 trafen sie sich auf Ōkunoshima, es war sein erster Besuch. »Die Insel war wunderschön«, erinnert er sich. Aber als er das Museum und die Ruinen der Fabrik sah, fand er es nicht mehr schön. »Alles erinnert an den Krieg.«

Warum hat Japan chemische Kampfstoffe produziert? Bu Ping erklärt mir, dass das Land selbst kaum Rohstoffe hatte. Wenig Eisen für Stahl und eine Technologie, die mit dem Niveau der USA und Europas nicht mithalten konnte. Giftgas sei billig. Es lasse sich einfach mit Chemikalien im eigenen Land herstellen und habe das Potenzial, viele Menschen mit wenig Aufwand zu töten. Japan wusste, dass es nach internationalem Recht geächtet war, daher war der Einsatz geheim. Japan wusste auch, dass das chinesische Militär machtlos war. Weder konnte Chinas Armee mit Chemiewaffen zurückschlagen, noch sich davor schützen. Gasmasken gab es keine, nur in Wasser getränkte Tücher, die man sich um den Kopf band.

Ein Bericht des US-Militärs aus dem Jahr 1945 zählt 1.312 japanische Einsätze mit chemischen Kampfstoffen in China, gibt aber selbst an, unvollständig zu sein. Einer der größten Schlachten ereignete sich laut Bericht in Yichang, einer Stadt am Jangtse, nahe dem heutigen Drei-Schluchten-Staudamm.

Am 8. Oktober 1941 bombardierten japanische Geschütze chinesische Streitkräfte, die auf zwei Hügel außerhalb der Stadt vorrückten, mit 30 Gasgranaten. Als die Chinesen am nächsten Tag näher kamen, feuerte die japanische Armee noch einmal nach. Zwei Tage später nahmen japanische Geschütze vier Stunden lang eine chinesische Truppe ins Visier, die in die Stadt eindrang. Anschließend flogen 36 japanische Flugzeuge einen Gasangriff und warfen mehr als 300 Bomben auf ein Gebiet, das ungefähr so groß wie der Central Park in New York City ist. Die Zivilisten in der Stadt wurden von japanischen Soldaten an der Flucht gehindert. Man geht von 600 bis 2.000 Toten aus.

»Auf Basis unserer Forschung gehen wir von 94.000 Opfern durch japanisches Giftgas während des Krieges aus«, sagt Bu Ping. Es könnten aber auch mehr gewesen sein. Die kaiserliche Armee setzte Chemiewaffen ein, wenn sie unterlegen war oder eine Niederlage ahnte. Dennoch war der Einsatz von Giftgas nicht Teil der Tōkyōter Kriegsverbrecherprozesse. »Kein Wunder, dass die Leute nicht wissen, wie ihr Militär im Krieg gekämpft hat.«

Bis heute finden sich in China vergrabene chemische Kampfstoffe aus Ōkunoshima und verletzen Menschen. Bu Ping hat hundert Betroffene getroffen. Sie haben ihre Zähne verloren, ihre Hände sind verätzt oder sie sind chronisch erkrankt. Die meisten von ihnen leben im Nordosten des Landes, zwischen Russland und Nordkorea. Die Winter dort sind kalt, der Wind so scharf, dass er die Haut schneidet. Hier sei die japanische Armee durchmarschiert und habe ihre Chemiewaffen liegen lassen, sagt Bu Ping. Auf seinem Computer zeigt er mir Fotos von seiner Suche nach den Bomben. Keine Straßen führen in die gebirgige Region, nur im Winter kann man sich nähern, weil dann der Fluss zugefroren ist. Vier Stunden marschierten Bu Ping und sein Team bei minus 30 Grad, bis sie die zurückgelassene

Munition fanden. Sie mussten nicht tief graben, unter Schnee und Laub lagen die rostenden Gasgranaten, als wäre der Krieg erst ein Jahr her. Ich schaue ihm über die Schulter, wie er die Ordner durchblättert. Er erklärt mir, dass er die Bilder für ein Buch sortiert habe, welches schon vor mehr als zehn Jahren in China erschienen sei.

Auf einem Foto ist Bu Ping in einem Wald zu sehen, wie er über dem verschneiten Boden hockt. Mit dem Handschuh hält er die Spitze eines 50 Zentimeter langen Giftgasgeschosses. Er schaut direkt in die Kamera. Seine Augen sind weit aufgerissen, der Blick erinnert mich an den Gesichtsausdruck, mit dem er die Flasche Sake auf ihren Alkoholgehalt untersuchte.

»Japan hat sich nach dem Krieg verändert«, sagt er. »Menschen in China wissen gar nicht, wie sehr.« Seine Arbeit habe das Ziel, Verständnis zwischen beiden Ländern zu erreichen. Von Peking nach Tōkyō fliegt man lediglich drei Stunden. »Japan und China sind sich so nah. Aber die Gedanken der Menschen in diesen Ländern sind weit voneinander entfernt.«

DEUTSCHLAND, SEPTEMBER 2014

Nach dem Jahr in Japan geht mein Studium in Deutschland weiter. Ich habe viele Geschichten mitgebracht, die ich nach und nach veröffentliche. Und wann immer ich kann, sichte ich das Material über Ōkunoshima. Ich werte die Giftgasfundorte aus, erstelle eine Karte und eine Tabelle mit Opferzahlen. Es gibt noch so viel zu lesen und zu lernen. Weitere Semester vergehen, ich muss arbeiten. Niemand bezahlt meine Recherche zu japanischem Giftgas, aber deshalb kann mir auch niemand Vorgaben machen. Ich versuche, in Kontakt mit all meinen Ansprechpartnern zu bleiben, aber Okada benutzt keine E-Mails und Bu Ping antwortet mir irgendwann nicht mehr.

Deutsche Redaktionen zeigen wenig Interesse an Ōkunoshima. Ich erkläre immer wieder, dass Japan den Einsatz von Giftgas leugnet, obwohl er ausreichend dokumentiert ist und bis heute Opfer fordert. Das herauszufinden ist nicht einfach, wie ich mittlerweile weiß. Daher rührt vielleicht die Skepsis der Medien, wenn ich ihnen das Thema vorschlage – sie suchen schnell online danach und können nicht sofort verifizieren, ob stimmt, was ich sage.

Japan behauptet, die chemischen Kampfstoffe nach China transportiert zu haben. Mehr nicht. Dafür übernehmen sie Verantwortung und bemühen sich um die Entsorgung, die schleppend vorangeht. Die von der UN gesetzte Frist bis 2007 und später bis 2012, zu der alle zurückgelassenen Kampfstoffe aus China entsorgt sein sollten, ist verstrichen. Das führt zu Spannungen zwischen den Ländern.

Weil es außerhalb von Japan schwierig ist, weiter zu recherchieren, verfolge ich erst einmal andere Ziele. Aber bald werde ich die Suche abschließen können, ganz bestimmt.

NEW YORK CITY, SEPTEMBER 2015

Bei der 70. Generalversammlung der Vereinten Nationen wird der wiederholte Einsatz von Giftgas im Krieg in Syrien besprochen. Ich bin in New York und arbeite für eine deutsche Nachrichtenagentur. Im Gegensatz zu meinen Kolleginnen und Kollegen kann ich bei der Sitzung nicht dabei sein. In den Protokollen lese ich später von einem diplomatischen Schlagabtausch zwischen den chinesischen und japanischen Delegierten. Die Volksrepublik China gibt an, die Aufklärung in Syrien unterstützen zu wollen, weil sie das Leid, das chemische Kampfstoffe anrichten, selbst durch Japan kenne. Der japanische Diplomat erwidert, dass die Vereinten Nationen nicht das richtige Forum für diese Kritik seien und man nicht auf die Vergangenheit, sondern in die Zukunft schauen solle. Sowieso sei das »ganze Bild unklar.« Der chinesische Vertreter antwortet: Gäbe es genauere Zahlen zu Opfern, würden diese noch weit höher als die aktuellen Schätzungen ausfallen.

BERLIN, MAI 2017

Seit drei Jahren bin ich zurück aus Japan. Und die Recherche ist noch nicht beendet. Wie ist das passiert? War ich nicht kurz davor, fertig zu werden? Es fühlt sich an, als jongliere ich Dutzende Dokumente, und sie fallen vor mir auf den Boden, bevor ich sie greifen kann. Gleichzeitig wünsche ich mir mehr Quellen und mehr Zeit, sie alle zu sichten. Ich frage mich, wie ich alles eine Form geben kann, die anderen die Geschichte so vermittelt, wie ich sie inzwischen verstanden habe. Wenn ich mit Freunden darüber spreche, brauche ich lange, um grob zu erklären, was auf Ōkunoshima passiert und warum es mir so wichtig ist.

Ich bekomme eine Nachricht von Azusa, der Studentin, die mich damals auf die Insel begleitet hat. Sie ist nun Austauschstudentin im Master in Deutschland und möchte mich in Berlin besuchen. Den Anlass will ich nutzen, mir einen frischen Überblick über alles zu verschaffen, was ich bislang zu Ōkunoshima gesammelt habe. In einem gemieteten Büro lege ich ausgewählte Fotos, Dokumente und erste Entwürfe für die Story aus. Der Platz auf dem Konferenztisch reicht nicht. Ich blicke auf vier Jahre Recherche, die auf der Arbeit und Unterstützung von so vielen Menschen aufbaut, denen ich gerecht werden möchte. Ihre Antworten führten zu neuen Fragen, zu traumatischen Erinnerungen oder Notizen, die Jahre der Arbeit beinhalteten. Sie teilten ihr Leben mit mir – nun muss ich ihre Botschaft mit anderen teilen. Ich will keine Fehler machen.

Azusa sieht sich das ganze Material an, überlegt und sagt dann: »Fritz, wenn diese Geschichte ein Japaner oder Chinese erzählen würde, könnte man ihm vorwerfen, einseitig zu sein. Aber einem Deutschen nicht.« So wie sie es sagt, ist es fast meine Pflicht geworden, die Geschichte zu teilen.

Von einem Historiker, mit dem ich mich auf Twitter über meine Recherche austausche, bekomme ich eine Einladung, vor Forschenden der Japanologie einen Vortrag über Ōkunoshima in Berlin zu halten. Voller Ehrfurcht trete ich vor die Professorinnen und Doktoranden im Publikum. Zu Beginn sage ich: »Sie wissen mehr über Japan als ich – ich schreibe nur darüber.« Ihre Reaktion auf meine Recherche erstaunt mich. Sie haben bislang wenig von japanischem Giftgas gehört. Sie ermutigen mich, meinen Dokumentarfilm über die Insel zu machen.

Kurz darauf treffe ich einen chinesischen Historiker in Berlin und erzähle ihm von meinem Treffen mit Bu Ping in Peking. »Er war ein großer Wissenschaftler«, sagt er, »Ich war sehr traurig, als ich von seinem Tod erfahren habe.«

Ein Jahr nach unserem Treffen ist Bu Ping an Krebs gestorben. Er war Teil einer Gruppe von Forscherinnen und Forschern aus Japan, Korea und China, die sich für eine gemeinsame Aufarbeitung der Geschichte einsetzten. Mit Bu Ping starb auch diese Initiative. Am Abend nach dem Treffen mit dem Gastprofessor schaue ich mir die Notizen von dem Gespräch in Peking an. Ich kannte ihn kaum, aber auch ich verstehe: Bu Ping wird fehlen.

Ich überlege, meine Recherchen zu Ōkunoshima als meine Abschlussarbeit an meiner Universität in Hannover einzureichen, doch das Material, das ich inzwischen habe, ist zu ausführlich. Es könnte der Beginn einer Doktorarbeit sein. Ich beschließe, dass ich meinen Dokumentarfilm zu Ōkunoshima gleich nach dem Studium machen möchte. Einige Gespräche möchte ich noch führen – bislang traf ich nur Zeitzeugen oder Forscher. Die Perspektive der Täter würde mich interessieren. Was heißt es, Giftgas gegen andere einzusetzen? Was macht das mit einem Menschen? Und ich würde gerne jemanden finden, der die Chemiewaffen fand und nicht wusste, welche Gefahr davon ausging.

BERLIN, AUGUST 2018

Investigative Recherche kann man sich nur leisten, wenn man auch zu essen hat. Redaktionen haben bislang kein Interesse, diese Arbeit zu finanzieren. Also bewerbe ich mich für ein Stipendium. Das erste Jahr nach dem Studium ist hart, alles ist teurer geworden. Also nehme ich im Sommer einen Job in einer Agentur an. Ich sitze im Meeting, als ein Anruf einer Stiftung kommt. »Ich freue mich Ihnen mitzuteilen, dass wir Ihnen das Recherchestipendium für Ihr Projekt Giftgas & Kaninchen geben möchten.«

Fünf Jahre, nachdem ich mit der Recherche zu Ōkunoshima begonnen habe, bekomme ich endlich eine Chance, sie zu vollenden.

TŌKYŌ, OKTOBER 2018

Kondo wurde befördert. Nach seiner Zeit bei NHK Hiroshima arbeitet er nun in der Nachtredaktion von NHK in Tōkyō, wo er größtenteils Nachrichten aus dem Ausland betreut. Er wirkt müde, aber fröhlich. Wir treffen uns abends vor seiner Schicht auf eine Schüssel Ramen in Kabukichō, Tōkyōs Rotlichtviertel. Heute findet hier ein Nudelsuppenfestival statt. Wir setzen uns draußen an einen Klapptisch aus Holz. Auch am Abend klebt noch die Wärme des Sommers auf dem Asphalt. Die grelle Reklame von Kabukichō leuchtet bis in diese Nebenstraße. Was ist eigentlich aus dem Material geworden, was er mit mir auf der Insel gedreht hat? Ein Jahr, nachdem ich Hiroshima verlassen habe, lief sein Film über Ōkunoshima auf dem Sender. Darin zeigte er die Perspektive der ehemaligen Arbeitenden in der Fabrik. Okada wurde auch interviewt. Kondo entschuldigt sich bei mir, dass ich doch nicht in dem Film auftauchte. Ach, sage ich, mir ist das nicht wichtig. Was wusste ich damals überhaupt über Ōkunoshima?

Etwas weniger als einen Monat habe ich nun Zeit in Japan, fast jeder Tag ist verplant. Zunächst werde ich die Archive aufsuchen, erzähle ich Kondo. Die Forschenden der Japanologie gaben mir den Tipp, hier nach alten Militärdokumente zu suchen, die es in Europa nicht gibt. Ich will die Perspektive der Täter verstehen.

»Die ehemaligen Fabrikmitarbeitenden werden dazu nichts sagen«, erklärt mir Kondo. »Ich weiß auch nicht, ob sie noch leben.« Er hat eine andere Idee: »Wie wäre es mit einem ehemaligen Soldaten der kaiserlichen Armee, der im Zweiten Weltkrieg Giftgas in China eingesetzt hat? Er müsste jetzt 99 Jahre alt sein.« Ich kann kaum glauben, was Kondo mir vorschlägt. »Meinst du, der Mann spricht über das, was es offiziell nicht gab?« Seine Schüssel Ramen ist nun leer. »Ich rufe morgen mal seinen Sohn an.«

DATE, OKTOBER 2018

Der alte Soldat lebt auf Hokkaidō, Japans nördlicher Hauptinsel. Von hier ist Tōkyō so weit weg wie China.

Der Sohn empfängt uns vor dem Krankenhaus, in dem sein Vater im Moment wohnt und bringt uns zu einem leeren Warteraum. Nervös wendet er sich an Kondo. Ich verstehe ihn im ersten Moment nicht. Als er den Raum verlässt, um seinen Vater zu holen, übersetzt Kondo: »Mein Vater ist sehr alt und manchmal erinnert er sich falsch. Er erzählt, die japanische Armee hat in China Giftgas eingesetzt, aber die Regierung sagt, wir haben das nicht. Bitte seid vorsichtig, was ihr verwendet.«

Ich weiß von Kondo, dass der alte Mann seinen Frieden mit seiner Vergangenheit gemacht hat und offen darüber spricht. »Das Problem ist der Sohn«, erklärt mir Kondo. »Er hat Angst, dass die Taten seines Vaters sich negativ auf ihn auswirken könnten.« Der Sohn, selbst nahe dem Rentenalter, ist Zahnarzt in der Stadt Date und fürchtet, dass man über ihn tratschen könnte. Oder über seine Kinder. Das macht es so schwer, heute über Japans Kriegsvergangenheit zu reden. Die Jungen müssten die Verantwortung der Alten übernehmen, die das versäumt haben.

Die Tür öffnet sich und der Sohn rollt seinen Vater in den Raum. Sakuma Susumu lächelt uns breit an. Ich stelle mich vor und bedanke mich dafür, dass ich mit ihm reden darf. Kondo erkundigt sich, wie es ihm mit 99 Jahren geht. Er sagt stolz: »Ich bin schon 100!« Man sieht es ihm nicht an. Unter zwei warmen Stoffjacken verschwindet er ein wenig auf dem Rollstuhl, doch sein Gesicht wirkt lebendig und sein Geist klar.

Sakuma wurde 1938 mit 20 Jahren zum Militärdienst eingezogen, als einer der jüngsten Männer in seiner Einheit. Japan führte bereits seit einem Jahr Krieg in China. »Damals hat jeder die Musterung bestanden, solange er gesund war«, erzählt er in einem breiten Hokkaidō-Dialekt. Ich verstehe nur ein Drittel von dem, was er sagt und bin sehr froh, dass Kondo mir hilft. Sakuma wurde der 13. Gastruppe in Hankō, dem heutigen Wuhan, als Versorgungssoldat zugewiesen. Fast 3.000 Kilometer entfernt von seiner Heimat Date kümmerte er sich um die Pferde und trug Munition. Wer ein Mann werden wolle, müsse zum Militär gehen, sagte man ihm. Seine Ausbildung in der Chemiewaffeneinheit dauerte drei Wochen.

»Ich habe gesehen, wie das Giftgas in die Richtung des feindlichen Lagers wehte«, erinnert er sich. Jeder Windstoß verteilte den tödlichen Rauch über dem Boden. »Ich empfand es als grausam, dass es auch Zivilisten erwischte und nicht nur Soldaten.« Das Gas sollte Menschen außer Gefecht setzen, doch die ohnmächtigen oder handlungsunfähigen Personen wurden anschließend mit dem Gewehr oder Bajonett von den Fußsoldaten getötet, berichtet Sakuma. Es fällt ihm nicht schwer, über diese Vergangenheit zu sprechen, dennoch ist sein Gesicht ernst. Ich sehe eine gewisse Traurigkeit in seinen Augen. Beim Erzählen legt er die Hände auf seine Beine und greift sie fest.

Sakuma war in Yichang dabei, der Stadt am Jangtse, als Giftgas eingesetzt wurde. Zwischen April und Juli 1940 sah er, wie Soldaten mit Chemiewaffen auf Zivilisten feuerten. Wie oft, das weiß er heute nicht mehr. »Es müssen aber große Mengen gewesen sein.« Einer der leitenden Ingenieure wollte mit den Resten experimentieren. Sakuma fragte naiv: »Ist das nicht gefährlich?« Ihm war in der kurzen Ausbildung erklärt worden, dass Körperbereiche, die Giftgas ausgesetzt sind, lange schmerzen und taub bleiben. Der Ausbilder wies ihn zurecht: »Frag das dreimal und du bist Vaterlandsverräter!«

Sie mischten zwei chemische Kampfstoffe und ein älterer Soldat schmierte sie ihm auf die Beine. Am nächsten Morgen weckte Sakuma ein unangenehmer Geruch, »wie verfaulte Zwiebeln«. Seine Beine waren eitrig, aber er wollte damit nicht zum Feldlazarett, weil er Angst hatte, sich damit erneut zu einem Versuchskaninchen machen zu lassen. Er habe die Beine selbst mit einer Salbe behandelt und unter Schmerzen weiter an Einsätzen teilgenommen. Nie hätte er sich beschwert. Zu Beginn seines Militärdienstes habe ihm ein Leutnant gesagt:

»Dein Körper gehört nicht dir, er gehört dem Kaiser und er kann darüber verfügen, wie er will.«

Nach einem Jahr und drei Monaten endete sein Dienst in der Giftgastruppe. Bis zum Ende des Krieges wurde er für kleinere Einsätze und als Militärpolizist eingesetzt. Anschließend ging er zurück nach Date und arbeitete als Bauer. Über den Krieg schwieg er. »Sie haben uns gesagt, dass uns niemand vergeben wird, wenn wir darüber reden, also habe ich den Mund gehalten.« Selbst seiner Familie sagte er nichts, bis er 80 Jahre alt wurde. Dann begann er, seine Erlebnisse festzuhalten.

»Ich wollte die Wahrheit schreiben, damit sie zur Entschuldigung wird«, sagt Sakuma. Mit 81 Jahren veröffentlichte er seine Erinnerungen als Gastbeiträge in kleinen Zeitungen und Magazinen. Er schrieb Sätze wie: »Alle Soldaten werden auf dem Schlachtfeld zu Dämonen, jeder hat Dinge getan, an die er sich nicht mehr erinnern will.« Doch alles erwähnte er nicht, wie er zugibt. Zum Beispiel, wie er über den ehemaligen Kaiser dachte, der ihn in den Krieg schickte. Das wäre »würdelos«.

In einem seiner Texte beschreibt er den Einsatz von Chemiewaffen ausführlich:

> *»Ich habe eine Flasche mit Giftgas auf eine Familie geworfen, die in einen Bunker flüchtete. Ich werde niemals vergessen, was für schreckliche, unmenschliche Dinge ich diesen Menschen angetan habe.*
> *Krieg soll nie wieder geschehen. Ich denke, es ist meine Pflicht, in den mir verbleibenden Jahren darüber zu schreiben, wie gefährlich Giftgas sein kann. Es gibt viele Sachen, an die ich mich nicht mehr erinnern möchte, aber vielleicht ist es richtig, darüber zu sprechen und zu schreiben.«*

Wie Okada wurde er für seine Veröffentlichungen kritisiert. Doch ein ehemaliger Mitarbeiter der Giftgasfabrik auf Ōkunoshima las eine seiner Kolumnen in einer Lokalzeitung und besuchte ihn. Die weite Reise gemeinsam mit seiner Ehefrau zu ihm hier in den Norden beeindruckte Sakuma. Bei Sake und einem gemeinsamen Essen unterhielten sich die alten Männer über die Vergangenheit. »Er hat das Giftgas hergestellt – und ich habe es benutzt«, sagt Sakuma.

Vor elf Jahren lebten von den 800 Soldaten seiner Giftgastruppe nur noch 19 Menschen. Heute ist Sakuma 100 Jahre alt und vermutet, dass er der Letzte ist. »Japan möchte die Wahrheit verstecken und wir wollen unseren Nachkommen nicht vom Krieg erzählen«, sagt er. Sein Sohn sitzt während unserer Unterhaltung neben ihm. Sakuma schaut ihn nicht an, während er spricht, dennoch schaut sein Sohn weg. Es sei die Pflicht der Alten, daran zu erinnern, woran man nicht erinnert werden will. Wenn er im Bett liege und wegen der Schmerzen in seinen Beinen nicht schlafen könne, denke er daran, was er erlebt habe. Wie sie die Menschen vergifteten und anschließend töteten. Die Bilder lassen ihn nicht los.

Manchmal träume er davon. Es ist immer die gleiche Szene: »Einige meiner Kameraden kommen zu mir, sie werden von Chinesen gejagt. Wir rennen davon.«

ŌKUNOSHIMA, OKTOBER 2018

Drei Tage nach dem Gespräch in Date bin ich auf dem Weg nach Ōkunoshima, um zu sehen, was sich in den vergangenen vier Jahren verändert hat. Wo in Tadanoumi einst das unscheinbare Fährhäuschen stand, gibt es heute ein neues Gebäude. Auf Englisch und Japanisch steht auf allen Wänden »das Tor zur Insel der Kaninchen«. An Blumentöpfen, Schildern und an einer zwei Meter großen Uhr im oberen Stockwerk kleben

Silhouetten von Kaninchen. Neben dem Eingang schaut eines von ihnen von einem riesigen Foto die Besuchenden an. Der Ticketautomat ist jetzt mehrsprachig. Neben Fahrscheinen für die Fähre kann man in einem Shop Souvenirs kaufen, bevor man die Insel betritt: Kaninchen-Tassen mit französischem Text, Kaninchen-Jutebeutel, Kaninchen-Schlüsselanhänger, Kaninchen-Briefpapier, Kaninchen-Haftnotizen, Kaninchen-Ordner aus Plastik, Kaninchen-Kabelklemmen aus Leder und ein Fotobuch. Im angeschlossenen Café werden Getränke und Kaninchen-Insel-Softeis angeboten, in den Geschmacksrichtungen Vanille und Grüntee.

Das Ticket für die 15-minütige Fahrt kostet immer noch ungefähr drei Euro. Aber die Fähre legt nun häufiger am Tag ab. Meine ist fast voll. Inzwischen kommen fast eine Million Besucherinnen und Besucher pro Jahr, weil sie die Kaninchen in Hunderten YouTube-Videos oder in den sozialen Netzwerken gesehen haben. Die Touristen bringen Futter für die Tiere, diese hoppeln auf die Menschen zu und so entstehen neue Bilder für das Internet.

Dieses Mal habe ich ein Zimmer im Hotel der Insel gebucht. Auf dem Weg dorthin begegnet mir Herr Yamauchi. Zwei Dutzend Menschen laufen hinter ihm. Er entschuldigt sich kurz und sagt freundlich, er habe keine Zeit, um lange zu reden. Herr Yamauchi sieht aus, wie ich ihn in Erinnerung habe: zwei dicke Mappen unter den Armen und die Haut gebräunt von den vielen Präsentationen unter freiem Himmel. Er hat etwas aufgerüstet und trägt nun ein Headset mit Mikro, das zu einem Lautsprecher an seinem Gürtel führt.

Mein Zimmer ist funktional und angenehm, wenn auch Tatami und Tapete ihre Farbe verloren haben. Das Bad in der heißen Quelle des Hotels meide ich. Das Wasser soll zwar tief aus der Erde kommen – tiefer als aus der oberen Schicht, auf der die Giftgasfabrik stand – aber ich weiß inzwischen zu viel über diese Insel, als dass ich beim Bad entspannen könnte. Durch mein Fenster sehe ich das Meer.

In diesem Jahr gab es starke Regenschauer in der Präfektur Hiroshima, die Erdrutsche auslösten. Mit dem Zug konnte ich nur aus einer Richtung nach Tadanoumi fahren, weil die Bahnstrecke teilweise noch verschüttet ist. Auch Ōkunoshima hat es erwischt, oben auf dem Hügel der Insel. Der Bereich ist mit einem flatternden Band abgesperrt, über das ich steige, um auf das Gelände zu kommen. Unter mir liegt das Munitionslager der US-Armee aus den 1950er Jahren vergraben. Die Spitze der Fassade wächst aus dem Boden wie ein Pilz aus Backstein. Der Rest liegt unter Sand und Geröll.

Abends schaue ich von einem der höchsten Punkte der Insel auf das Meer. Die letzte Fähre des Tages bringt gerade eine Ladung an Schülerinnen und Schülern. Es sind mindestens hundert, ihre Uniformen sehen nach Mittelstufe aus. Ordentlich aufgereiht, folgen sie ihren Lehrkräften zum Hotel. Sie sind so alt wie Okada und die anderen Jugendlichen damals, die vom Festland zur Arbeit hergebracht wurden.

BERLIN, SEPTEMBER 2019

Ich drucke alle Interviews aus und lege die Zitate auf den größten Tisch, den ich habe. Der Platz reicht gerade so. Für den Film habe ich mit acht Menschen insgesamt 18 Stunden gesprochen. Dazu kommen zahlreiche Dokumente und historisches Bildmaterial. Die Unterlagen füllen eine große Schublade und Hunderte digitale Ordner. Ich habe immer noch großen Respekt vor dem Thema und denke an die Reaktionen, die Okada und der Soldat erfahren haben. Wenn ich ungenau arbeite, mache ich mich angreifbar. Sollte ich nicht belegen können, was ich sage, zweifelt man weiterhin an der Geschichte.

Organisation, Recherche, Reise, Dreh und Schnitt – alles mache ich alleine. Ich arbeite ein Jahr an einem 30-minütigen Dokumentarfilm über die Insel, daneben verdiene ich mir die Miete mit anderen Jobs. Den Film nenne ich schlicht »Ōkunoshima«. Noch bevor er fertig ist, wird er in das Programm des Internationalen Filmfestivals Hiroshima aufgenommen. Ich habe noch einen Auftrag in Kopenhagen. Tagsüber fotografiere ich, abends arbeite ich am Film. Fünf Tage vor der Premiere schicke ich die digitale Kopie nach Hiroshima. Von Kopenhagen fliege ich hinterher. Mein Gepäck kommt nicht an.

HIROSHIMA, NOVEMBER 2019

Mein Körper spürt die Last. Ich fange an, Kurzatmigkeit zu entwickeln, mein Herz rast in bestimmten Situationen. Doch ich habe es geschafft. Sechs Jahre, nachdem ich hier in Hiroshima mit der Recherche begonnen habe, zeige ich den Film bei einem Filmfestival!

Der Kinosaal gehört zur Filmbibliothek der Stadt und liegt zwischen dem Atombombendom und dem Schloss Hiroshima. Zum Lokalsender RCC, wo mir vor fünf Jahren das Tagebuch von Frau Okada gegeben wurde, sind es nur 560 Meter. Der erste Satz des Films ist ein Zitat von ihr, die ersten Bilder nach dem Titel sind ihre Zeichnungen. Der Film ist mehr geworden, als ich es mir als Student in der schlaflosen Nacht mit den Bildern des Tagebuchs im Kopf damals vorgestellt habe. Ich habe während meiner Recherche so viele Menschen getroffen, Freunde haben mich unterstützt. Einige von ihnen, wie Tomoko, sitzen neben mir im Saal.

Es sind viele Emotionen, die auf meinen Jetlag treffen. Am meisten spüre ich die Erschöpfung. Ich habe den Film Hunderte Male auf einem Bildschirm angesehen, Szenen geschoben,

Zitate gekürzt oder Untertitel korrigiert. Die Geschichte bewegt mich immer noch beim Zusehen. In einer Szene spricht Okada bei einer Veranstaltung über ihre Entschlossenheit und auf der Leinwand sehen wir Menschen aus dem Publikum, die sich so tief vor dieser dünnen Frau am Gehstock verbeugen, dass die Dame plötzlich alle anderen überragt. Ein älterer Mann, der im Saal vor mir sitzt, wischt sich eine Träne aus dem Auge.

Am nächsten Tag wechsle ich das Hotel gegen ein Airbnb in einer Gegend, in der ich als Student viel Zeit verbracht habe. Mein Gepäck ist inzwischen angekommen, ich rufe ein Taxi. Der Fahrer fragt mich, was mich nach Hiroshima bringt und ich sage: das Filmfestival. »Sind sie Regisseur?« Ja, sage ich, ich habe einen Film über Ōkunoshima gemacht. Ob er die Insel kenne? »Da gab es diese Giftgas-Fabrik, nicht wahr?« Ja, sage ich. Das haben Menschen auch mir erzählt.

BERLIN, 2020

Der Film ist fertig, ich erhole mich langsam – nun will ich die Recherche auch außerhalb von Japan veröffentlichen. Die Kurzatmigkeit spüre ich manchmal noch, wenn es stressig wird, aber das geht sicher bald weg. Wichtiger ist, dass ich die Geschichte mit anderen teilen kann.

Mit all meinen Quellen reiche ich den Film beim Journalismus-Wettbewerb World Press Photo ein. Ich schaffe es in die zweite Runde, werde aber nicht ausgewählt. Deutschen und internationalen Medien biete ich die Recherche an. Video, Fotos, Interviews, Archivmaterial – ich habe alles, was man brauchen kann. Doch es interessiert keinen. Wo ist der Bezug zu Deutschland, fragen mich deutsche Medien. Wenn es den nicht gebe, interessiere sich das deutsche Publikum nicht dafür.

Anfang 2020 erhalte ich Anfragen von Universitäten. Ich werde in vier Städte eingeladen und soll in Tōkyō einen Vortrag über das Giftgas halten. Ich freue mich sehr über das Interesse. Auch möchte ich mehr Filmvorführungen in Japan veranstalten – es ist schließlich die Geschichte des Landes. Dann beginnt im März 2020 die Pandemie. Japan macht dicht, Deutschland sagt Veranstaltungen ab. In den Medien gibt es ein gigantisches Thema und keinen Platz für altes Giftgas von einer Kanincheninsel.

Mich begleitet weiterhin die Angst, von rechtskonservativen Stimmen angegriffen zu werden, die dieses dunkle Kapitel der Geschichte leugnen. So wie es bei anderen Berichten über japanische Kriegsverbrechen passiert ist, etwa zur Zwangsprostitution junger Frauen aus Asien. Doch stattdessen scheint etwas zu passieren, das sich schlimmer anfühlt – die Recherche ist egal.

Das mangelnde Interesse der Redaktionen und die fehlende Möglichkeit, diese Geschichte zu veröffentlichen, nagt an mir. Ich brauche lange, um alles emotional zu verdauen. Insgesamt schalte ich einen Gang zurück und arbeite weniger. Die Kurzatmigkeit wird besser, verschwindet aber nie ganz.

BERLIN, JUNI 2022

Der Film ist zwar fertig, doch ich recherchiere weiter zum Giftgas. Es gibt nach wie vor so viel zu entdecken. Japan ist immer noch dicht, doch online gibt es inzwischen Neues zu finden, wenn man in die richtigen Ecken des Internets schaut: Historische Dokumente, die inzwischen von Archiven digitalisiert wurden, neue Kontakte oder Hinweise. Manchmal gebe ich Interviews zum Thema in kleinen Podcasts oder YouTube-Videos. Da kein Medium den Film kaufen will, veröffentliche ich ihn selbst. Schließlich ist er meiner. Ich beauftrage einen Freund mit der Entwicklung einer Webseite zur Doku.

Bevor sie online geht, bekomme ich einen Anruf von einer Produktionsfirma aus Hamburg. Sie wollen auf Ōkunoshima drehen, kommen aber mit der Recherche nicht voran und haben eines meiner Interviews auf YouTube gesehen. Wäre ich bereit, ihnen zu helfen? Habe ich noch Kontakte zur Insel?

ŌKUNOSHIMA, AUGUST 2022

Herr Yamauchi antwortet sofort auf meine E-Mail. Acht Jahre nach unserem ersten Treffen fährt er immer noch regelmäßig zur Insel. Mehr als tausend Besuche müssten es jetzt sein, schätzt er, auch wenn es in letzter Zeit weniger geworden sind. Wegen Corona ist alles etwas schwieriger. Im Jahr 2019 kamen 31,9 Millionen Touristen aus dem Ausland nach Japan. Zwei Jahre später waren es 0,2 Millionen. Das hat auch Folgen für Ōkunoshima: Die Kaninchen-Population hat sich halbiert, berichtet eine Lokalzeitung. Weniger Touristen, weniger Futter.

Ich begleite ein deutsches Filmteam des öffentlich-rechtlichen Fernsehens für zwei Wochen durch Japan. Drei Jahre konnte ich nicht ins Land – und meine erste Station ist ausgerechnet Ōkunoshima. Ich bin glücklich, Herrn Yamauchi wiedersehen zu können. Wie alle anderen Menschen, die in meinem Film über die Insel vorkommen, schickte ich ihm vor der Premiere eine DVD. Seine Antwort damals war freundlich, aber nicht sehr emotional. Auch zum Filmfestival kam er nicht. Ich konnte diese Reaktion lange nicht deuten und befürchtete, er fühle sich falsch dargestellt.

Wir treffen Herrn Yamauchi in der Lobby des Inselhotels, er beendet gerade eine Tour. Stolz erzählt er der Reisegruppe, wer ich bin und wie lange ich mich schon mit Ōkunoshima beschäftige. »Ich zeige deinen Film bei meiner Tour, so oft ich kann«, sagt er freudig. Drei Personen aus seiner Gruppe kommen auf mich zu und erzählen mir, wie sehr sie mein Film berührt habe, besonders die Passagen, in denen der 100-jährige Soldat über seine Erinnerungen spricht und Frau Okada über ihre Motivation, die Wahrheit zu sagen.

Ich bin ganz verlegen. Nach Jahren des Desinteresses bin ich es noch nicht gewöhnt, dass Leute sich tatsächlich für meinen Film interessieren. Es fühlt sich gut an.

Zusammen mit dem Filmteam gehen wir zu den Orten, die ich acht Jahre zuvor mit Herrn Yamauchi besucht habe und die er fast täglich sieht. Alter Steg, Kraftwerk, Hauptanlage, großes Lager. Hineingehen möchte er aber nicht mehr. Einmal ist er für ein ausländisches Filmteam ins Kraftwerk gegangen, anschließend gab es Ärger. Seitdem möchte er nicht mehr dabei gefilmt werden, wie er den abgesperrten Bereich betritt. »Ihr könnt aber gerne rein«, sagt er locker.

Nicht in, aber vor dem Kraftwerk filmen wir Herrn Yamauchi dann, ich übersetze die Fragen des Regisseurs. Die meisten davon hatte ich ihm auch zu Beginn meiner Recherche gestellt. Wir müssen beide lächeln, weil er weiß, dass ich die Antworten bereits gut genug kenne.

Wir verbringen drei Tage auf Ōkunoshima. Für das Filmteam ist es ein großes Abenteuer, ich bin mit allem vertraut. Das Munitionslager der US-Armee ist immer noch vergraben, die übrigen Ruinen sind so, wie ich sie in Erinnerungen und auf Bildern habe. Dennoch überrascht mich das Team mit einer neuen Entdeckung: Hinter einem kleinen Lager im Wald finden sie Bruchstücke von Rohren aus Keramik. Sie müssen dort seit dem Krieg liegen, ich habe sie vorher nie gesehen. Der Name des Herstellers steht dran, die Firma gibt es heute noch. Anscheinend handelt es sich um die isolierende Verkleidung von Metallrohren. Sind chemische Kampfstoffe durchgeflossen? Warum liegt das noch hier?

Ōkunoshima hat immer noch Geheimnisse für mich.

An einem der bislang heißesten Tage des Jahres werde ich vom Filmteam im großen Lager interviewt. Ich erkläre, was hier früher war und zeige Baupläne, die ich aus dem Militärarchiv in Tōkyō mitgebracht habe. Mehrmals laufe ich durch das Lager, bis alle Bilder sitzen. Vor neun Jahren habe ich angefangen, Fragen zu Ōkunoshima zu stellen. Heute werden mir diese Fragen gestellt.

KŌBE, SEPTEMBER 2022

Am nächsten Tag verlassen wir Ōkunoshima und fahren mit dem Auto zum nächsten Drehort. Es ist schon dunkel, als ich im Hotel am Stadtrand von Kōbe vor meinem Laptop sitze und online einen Vortrag in Deutschland über meine Giftgas-Recherche halte. Der Termin stand seit einem Jahr fest und es ist ein kosmischer Zufall, dass ich diese Woche auf Ōkunoshima verbracht habe. Das konnte niemand ahnen, als ich die Einladung zum Japanologen-Tag bekam. Beim Vortrag erwähne ich, dass mein Film nun online gesehen werden kann, auf Deutsch, Englisch und Japanisch. Ich erzähle, wie keine Redaktion mir die Geschichte abkaufen wollte und sage ehrlich, wie glücklich ich über die Gelegenheit bin, diese Geschichte jetzt zu teilen. Auf der Webseite zum Film gibt es die Möglichkeit, die Recherche zu unterstützen. Nach dem Vortrag erhalte ich eine Spende von 50 Euro – das erste Mal, dass ich mit meiner Arbeit über Ōkunoshima etwas verdiene.

Geld war nie der Anreiz, mich auf diese Reise zu begeben. Dennoch freue ich mich sehr über die emotionale Bezahlung, die mir durch die Reaktionen auf meine Vorträge zuteil wird. Die Begeisterung und Neugier des Publikums erinnern mich an den Anfang meiner Recherche. Noch im Hotel telefoniere ich mit einer Vertreterin der Deutschen Gesellschaft für Natur- und Völkerkunde Ostasiens in Tōkyō. Die Organisation hat mich bereits 2020 eingeladen, nun klappt es endlich.

An meinem letzten Tag auf dieser Reise durch Japan zeige ich »Ōkunoshima« endlich im Goethe-Institut in Tōkyō.

BERLIN, 30. DEZEMBER 2022

Einen Tag vor meinem Geburtstag wird der Beitrag des deutschen Filmteams, für den ich in Japan gearbeitet habe, im öffentlich-rechtlichen Fernsehen ausgestrahlt. Ich war nur Übersetzer und half bei der Organisation. Vielleicht haben sie mich rausgeschnitten, denke ich. Damit ich nicht alleine sehen muss, wie ich bei 36 Grad und 90 Prozent Luftfeuchtigkeit auf Ōkunoshima schwitze, mache ich einen Tag später eine Geburtstags-Watch-Party mit Freunden. Es gibt Sushi, japanisches Bier und Sake. Ich backe auch Melonpan, eine japanische Süßspeise.

Das erste Bild im Beitrag zeigt Ōkunoshima aus der Luft. Manchmal pausiere ich und erzähle Anekdoten vom Dreh. Wie wir uns hinter einer Mauer verstecken mussten, damit die Drohne uns nicht im Bild hat. Oder wie unmöglich es für den Regisseur war, vegane Optionen im Hotel zu bekommen. Dann bin ich zu sehen, wie ich durch das große Lager laufe. Vor Schreck lasse ich mein Handy fallen. Im Bericht sage ich ein paar Sätze – dann wird zum nächsten Ort geschnitten. Eingeführt werde ich durch eine Stimme, die sagt: »Der Journalist

Fritz Schumann recherchiert seit Jahren über die Fabrik auf Ōkunoshima.«

Das kann man so sagen.

EPILOG

Ich schreibe dieses Kapitel im Mai 2023. Ōkunoshima begleitet mich seit zehn Jahren und es wird mich sicher noch weitere zehn Jahre begleiten. Das Foto meines ersten Besuchs im großen Lager mit Tomoko, Kondo und Herr Yamauchi hängt heute an meiner Wohnzimmerwand. Im April 2023 hatte ich die Chance, nach China zu reisen und nach Spuren der Invasion der kaiserlichen Armee zu suchen. Es hat mir ein Gefühl für jene Orte gegeben, über die ich während meiner Recherchen bis dahin nur gelesen hatte. Alle Forschenden, die ich in China traf, kannten Bu Ping und waren von ihm beeindruckt. Ich habe seine Witwe in Peking besucht und ihr meinen Film auf einer DVD überreicht. Mir ist klar geworden, was für eine ungewöhnliche Ehre es war, von diesem Mann nach einem Zufallstreffen in Tōkyō eingeladen worden zu sein. Seine Frau zeigte mir Bücher, die seine Kolleginnen und Kollegen über Bu Ping geschrieben haben, um ihn zu ehren. In der Wohnung hingen Fotos von ihm, manchmal mit dem gleichen lustigen Gesichtsausdruck, den ich mit ihm verbinde, als er die Flasche Sake anschaute. Seine Frau und die Tochter sind erst nach Bu Pings Tod in diese Wohnung gezogen. Sie haben ihm ein Arbeitszimmer eingerichtet, das auf ihn zu warten scheint.

Tomoko habe ich nach dem Dreh auf der Insel in Hiroshima wieder getroffen. »Drive my Car«, ein Film, dessen Dreh sie in Hiroshima betreute, hat den Oscar gewonnen. Seitdem hält sie Vorträge vor anderen Filmkommissionen in Japan.

Kondo habe ich in Tōkyō getroffen. Er hat nun eine kleine Tochter und weniger Haare auf dem Kopf.

Der Soldat Sakuma lebt noch, er ist 105 Jahre alt. All diese Menschen und viele andere haben mir enorm geholfen, die Insel und dieses dunkle Kapitel der Geschichte, das Japan gerne vergessen möchte, besser zu verstehen. Ich hätte nie gedacht, dass ich so viel Material sammeln würde. Auch wenn es nie eine gigantische Veröffentlichung gab, bin ich glücklich über diese Reise zur Wahrheit.

Die Kurzatmigkeit, die ich während des Filmschnitts entwickelt habe, taucht noch selten auf. Sie ist ein merkwürdiges Andenken an diese Insel. Ich habe die Recherche begonnen, weil ich diese Geschichte teilen wollte. Wie viele Menschen ich wirklich erreicht habe, kann ich nicht sagen. Für manche Gesprächspartner im Film war es die letzte Chance, ihre Erinnerungen zu teilen. Was sie sagten, ist nun in der Welt.

Damit jeder, der sich für die Geschichte der Insel interessiert, sie auch finden kann.

大阪

ŌSAKA

Im Schatten der Sonne

Zwischen den Steinen wachsen Gräser und Weizen, die Äste der Bäume ranken wild in jede Richtung. In der Mitte des Parks steht eine schmucklose Uhr auf einem dünnen Stahlpfosten. Das Glas des Ziffernblattes ist gesprungen. Kurz vor halb eins. Ein alter Mann sitzt am anderen Ende des Parks und füttert Tauben. In den Bäumen rufen Krähen. Sonst sehe ich niemanden.

Kein Tourist kommt nach Naniwa, es ist ein unscheinbarer Stadtteil, zehn Kilometer südlich vom Hauptbahnhof von Ōsaka. Ich suche hier die Bezirke der Burakumin, der »Menschen aus dem Viertel«. Sie sind eine Minderheit in Japan, die nichts von der Mehrheit unterscheidet.

Burakumin sind in Japan geboren, sprechen Japanisch, sehen japanisch aus. Sie werden seit Jahrhunderten diskriminiert, weil sie oder ihre Vorfahren aus den *buraku* kommen – spezielle Dörfer und Siedlungen für Menschen, die wegen ihrer Tätigkeiten außerhalb der Mehrheitsgesellschaft leben mussten. Es ist nicht einfach herauszufinden, wo genau diese lagen, um nicht die zu diskriminieren, die dort heute leben. Was ich jedoch weiß: In wenigen Vierteln gab es mehr *buraku* als in Naniwa.

Anfang 2021 fragte mich eine Redaktion, ob ich etwas über Burakumin schreiben könne. Viel Berührung mit dem Thema hatte ich nicht. Ich wusste, dass es diese Minderheit gibt und dass sie diskriminiert wird, weil ihre Vorfahren vermeintlich unreine Berufe hatten. Aber ich kannte niemanden persönlich. Ich fragte meine Freunde in Japan, auch sie kannten keine Burakumin. Seltsam, dachte ich, für eine Gruppe aus schätzungsweise zwischen einer und drei Millionen Menschen.

Die Japanologin Dr. Monika Zíková hat viele Burakumin getroffen und ihre Dissertation über sie geschrieben. Keine einfache Aufgabe, das Thema wird in Japan ungern öffentlich besprochen. »Man versucht zu vermeiden, anzusprechen, was die

Harmonie gefährdet«, sagte Dr. Zíková mir vor meiner Reise nach Naniwa. Wenn man nicht darüber rede, dann gebe man dem Ganzen keinen Raum. »Und dann existiert das Ganze nicht wirklich oder man muss sich damit nicht beschäftigen.« Selbst der Begriff Burakumin wird vermieden. Man sagt »Menschen aus den diskriminierten Vierteln«, »Buraku-Problem« oder »Soziale-Integration-Problem«. In Manga, Anime, Videospielen und Filmen sind mir Burakumin nie begegnet. Sie waren und sind keine homogene Gruppe. Durch die Jahrhunderte hatten sie verschiedene Berufe und Bezeichnungen, wie *eta*, *kawata* oder *hinin*. Im Mittelalter gehörten Bettler und Prostituierte zu ihnen, aber auch Metzger, Gerber, Lederhandwerker, Reinigungskräfte, Gaukler, Wahrsager, Leichenbestatter und Grabwächter. Tätigkeiten, die vorgeblich unrein waren, stanken oder mit dem Tod zu tun hatten. Diese Berufe, hieß es damals, würden auch die Menschen unrein machen, die sie ausübten – und ihre Kinder, Enkel und Nachfahren. Burakumin lebten in eigenen Vierteln, außerhalb vom Dorf, an Flussbetten oder auf unfruchtbaren Böden, die häufig überflutet wurden. Sie sollen deswegen untereinander scherzen, dass sie sogar von Naturkatastrophen diskriminiert werden.

Dr. Martin Kaneko, Professor für Japanologie, hält auch eine andere Erklärung für denkbar: Es waren nicht die Berufe, die diese Menschen zu Außenseitern machten, sondern wegen ihrer schlechten sozialen Situation mussten sie die Berufe nehmen, die kein anderer machen wollte.

Je nach Zeit und Region wurden Burakumin unterschiedlich behandelt. In manchen Gegenden durften sie ihre Viertel zwischen Sonnenaufgang und Sonnenuntergang nicht verlassen. Weil sie äußerlich so aussahen wie die Mehrheit, mussten sie zur Identifikation ein rechteckiges Stück Leder an der Kleidung anbringen. Interaktionen mit Menschen eines höheren

Standes galt es auf ein Minimum zu reduzieren, Partnerschaften waren verboten. Burakumin galten nicht als Menschen, sondern als Dinge oder Tiere. Bei einem Gerichtsverfahren 1859 in Edo, dem heutigen Tōkyō, wurde der Mord an einem von ihnen verhandelt. Der Täter kam aus der Mehrheitsgesellschaft. Die Burakumin forderten die Todesstrafe. Der Richter sagte, dass es sechs weitere Tote brauche, um diese Strafe zu rechtfertigen, denn das Leben eines Normalbürgers sei sieben Burakumin-Leben wert.

Mit der Modernisierung Japans, dem Übergang von einem feudalen Staat zur Industrienation und der Öffnung zum Westen fingen die Burakumin an, vorsichtig ihre Rechte einzufordern. 1870 lebten in Japan 520.451 Menschen der Gruppen *eta* (ungefähr »Beschmutzte«) und *hinin* (»Unmenschen«), die später als Burakumin zusammengefasst wurden. Das waren damals 1,73 Prozent der gesamten Bevölkerung des Landes. Ein Jahr später wurden sie offiziell den anderen Bürgern gleichgestellt. Die Bezeichnungen *eta* und *hinin* wurden verboten und in öffentlichen Registern durch *shinheimin* (»Neubürger«) ersetzt – wodurch sie weiterhin klar identifizierbar waren.

In den folgenden Jahren kam es zu etwa 200 Protesten der Mehrheitsgesellschaft gegen die formelle Gleichstellung. Japan erlebte in dieser Zeit tiefgreifende Veränderungen. Frust über eine Bodensteuerreform und Preiserhöhungen ließ man an der Minderheit aus. In manchen Gegenden kam es zu einer »Jagd auf *eta*«, deren Höhepunkt 1873 ein Aufstand in Mimasaka war, im heutigen Okayama. 263 Häuser wurden niedergebrannt, es gab 11 Verletzte und 18 Tote.

1905 wurde der Begriff Burakumin von der Regierung eingeführt. Die Bindung an bestimmte Berufe und Wohnorte wurde offiziell aufgehoben, doch blieb oft bestehen, weil die Menschen keine Alternative fanden. Einige der Männer versuchten in der neuen Bergbauindustrie zu arbeiten. Manche Betreiber wehrten sich dagegen und sagten, diese Leute würden die Minen verunreinigen, wenn sie hineingingen. In einem Bergwerk durften sich Burakumin den Kohlenstaub nur mit dem Wasser für die Pferde abwaschen – nachdem die Pferde damit gereinigt worden waren.

Nicht-Burakumin verboten der Minderheit weiterhin, an Festivitäten teilzunehmen, sie verweigerten ihnen, ein Badehaus zu benutzen und die Bedienung in Bars und Restaurants. Die Kinder von Burakumin wurden in eigenen Klassen unterrichtet, isoliert von den anderen.

»An sich sind die Burakumin ja auch einfach praktisch, genau wie bei uns Minderheiten praktisch sind«, sagte Dr. Zíková, »für die Sachen, die nicht gut laufen, wo man sich selber aufwerten und jemandem die Schuld geben möchte.« Diese Dynamik gebe es nicht nur in Japan. Man habe gerne eine Gruppe von Menschen, die man für alles verantwortlich machen könne, was nicht laufe in der Nachbarschaft. Selbst die untersten Schichten haben noch jemanden, auf den sie mit den anderen herabschauen können. »Bei uns sind vielleicht Hartz-IV-Empfänger ähnlich vergleichbar in ihrer Stigmatisierung wie die Burakumin.«

In einer Ecke des Parks in Naniwa liegt ein großer Findling in einem Beet. Worte sind darauf eingemeißelt: »Geburtsort der Nishihama Nivellierungsgesellschaft«. Daneben liegt ein zweiter Stein mit einer Plakette, die ich hinter dem Unkraut kaum lesen kann. Sie erinnert daran, wie 1923 in Kyōto die Nationale Nivellierungsgesellschaft von Burakumin gegründet wurde. In dem Namen steckte der Wunsch, einen Ausgleich oder eine Balance zu schaffen – eine gleichberechtigte Begegnung auf Augenhöhe. Es war Japans erste Menschenrechtsorganisation und die erste, die für die Rechte der Burakumin kämpfte. Ein halbes Jahr später wurde in Ōsaka ebenfalls eine Nivellierungsgesellschaft gegründet. Die Steine wurden hier 1983 zum 60. Jahrestag aufgestellt. Ob die Gründung der Gesellschaft in Ōsaka exakt an diesem Ort stattfand, lässt sich schwer sagen. Naniwa wurde im Zweiten Weltkrieg durch Luftangriffe der USA zerstört.

Neben dem Text ist eine Dornenkrone eingemeißelt. Sie ist das Logo für die Buraku Liberation League (BLL), die Nachfolgeorganisation der Nivellierungsgesellschaft und die größte Interessenvertretung der Burakumin in Japan. Ihre Gründungsdeklaration beginnt mit: »Burakumin im ganzen Land vereinigt euch!« Eine Abwandlung von Karl Marx' Aufforderung an die Proletarier aller Länder. Dazu das Symbol, eine blutige Dornenkrone auf schwarzem Grund, eine bewusste Anlehnung an Jesus und sein Martyrium. Das, und der klare Bezug zu Karl Marx in der Ansprache – man spürt den Geist der damaligen Zeit, die Öffnung zum Westen, in der die Burakumin eine Chance sahen.

Die Buraku Liberation League ist umstritten, weil sie unbequem ist. Noch als Nivellierungsgesellschaft war eine ihrer ersten Aktionen die »Taktik der gründlichen Anprangerung«. Dafür versammelte sich eine Gruppe von Burakumin um eine Person, die sie diskriminiert oder beleidigt hatte, und forderte von ihr lautstark eine Entschuldigung in der Öffentlichkeit ein. Eine Art Offline-Shitstorm.

Das Anprangern isolierte die Burakumin, weil es oft gewaltsam eskalierte. Dr. Monika Zíková kann die aufgestaute Frustration nachvollziehen. Sie kann es nur schwer verstehen, dass man die jahrhundertelange Diskriminierung einfach hinnimmt – und sich nicht darüber aufregt. Gleichzeitig sei der Weg der Burakumin heute ein ruhiger, ohne Gewalt und Anprangern. Viele nehmen die Vergangenheit hin und akzeptieren sie als Tatsache. Jetzt sei jetzt, es könne nur besser werden. »Obwohl sie so stark isoliert wurden, sehen sie sich trotzdem als Japaner und als Teil dieser Gesellschaft«, sagt Dr. Zíková. Dieser pragmatische Umgang, diese Kunst der Vergebung beeindruckt sie.

Die BLL will die Diskriminierung gegen jede Gruppe eliminieren, daher solidarisiert sie sich mit den Ainu, einem Urvolk in Japan, oder den Dalits, der Kaste der Unberührbaren in Indien. In den 1930er Jahren protestierte die Nivelisierungsgesellschaft gegen die Judenverfolgung in Deutschland und engagierte sich für die Rechte von Menschen im von Japan besetzten Korea. Auf Druck des japanischen Militärs wurde die Organisation 1942 aufgelöst. Sie gründete sich nach dem Krieg als Buraku Liberation League neu.

Es war nicht einfach, Kontakt mit ihnen aufzunehmen. Nachdem sie auf meine Nachrichten und Mails nicht reagiert hatten, schrieb ich Briefe aus Deutschland an mehrere Büros der BLL. Als es darauf keine Antwort gab, bat ich einen Freund in Kyōto, das Büro der BLL zu besuchen. Als er eintraf, diskutierten sie noch, wie man am besten darauf antworten sollte.

Ein paar Wochen später sprach ich per Videocall mit Nishijima Fujihiko. »Seit 50 Jahren bin ich Teil der Buraku-Befreiungsbewegung«, erklärte der gewählte Generalsekretär der Buraku Liberation League und damit der zweitwichtigste Burakumin in Japan nach dem Leiter der BLL. Man gebe selten Interviews, hieß es vorher. Vor einigen Jahren gab es Verlage, welche die Burakumin-Vergangenheit bestimmter Personen öffentlich machten (oder sich ausdachten) und Listen mit Namen und Wohnorten von Burakumin veröffentlichten. Die BLL ging dagegen juristisch vor. Ihre Skepsis vor mir, einem Journalisten von einem anderen Kontinent, konnte ich verstehen. Wie abgesprochen, hatte ich meine Fragen vorab geschickt. Die Antworten wurden von dem 68-jährigen Nishijima ernst vorgelesen. Das Thema ist sensibel, seine Worte waren mit Bedacht gewählt: »Am Anfang meines Engagements wollte ich die Lebenssituation der Burakumin verbessern und andere Menschen über die Situation aufklären.« Ein Burakumin kann nicht für alle sprechen, auch die BLL beansprucht das nicht. Es waren Nishijimas Gedanken und Erinnerungen.

Die ehemaligen *buraku* konnte man als Slums bezeichnen. Ihren maroden Holzhütten fehlte der Zugang zur Kanalisation und Strom. Im Juni 1953 besuchte die UN-Diplomatin und ehemalige First Lady Eleanor Roosevelt ein *buraku* in Ōsaka und verglich die Situation mit denen von amerikanischen Ureinwohnern in Reservaten. Die Armut und der Mangel an sanitären Anlagen überwältigte sie, wie sie in einer Zeitungskolumne festhielt: »Welch Schaden Ausgrenzung anrichtet! Dies sind Dörfer, aus denen die Mädchen in die Städte gehen und sich prostituieren – und es ist nicht schwer zu verstehen, warum.«

1969 startete die Regierung eine Infrastrukturmaßnahme zum Ausbau der Bezirke, die als *dōwa chiku* bezeichnet werden, »soziale Integrationsviertel«. Naniwa in Ōsaka ist eines der größten. Der Park mit dem Gedenkstein, in dem ich stehe, ist umgeben von großen Sozialwohnungen. Links liegen ein Kindergarten und ein Waisenhaus. Direkt vor mir steht ein riesiger Wohnblock: hundert Meter breit und neun Stockwerke hoch. Vor den Fenstern hängen vereinzelt Futons zum Lüften. Sie sind farblos wie die Fassade.

Buraku-Viertel erkennt man nicht, wenn man nicht weiß, was man sieht. Es gibt kein Ortsschild oder Grenzmarkierung. Bis 2002 investierte die Regierung 16 Billionen Yen (ca. 120 Milliarden Euro) zur Verbesserung der äußeren Lebensumstände der Burakumin. Neben Wohnungen baute man Gesundheitszentren, Schulen, Bibliotheken und Schwimmbäder. Nach 2002 baute man nichts mehr.

Laut Nishijima wurden Burakumin durch die Maßnahmen unabhängiger und wirtschaftlich erfolgreicher. »Doch die Diskriminierung blieb, sie wurden weiterhin wegen ihrer Herkunft ausgegrenzt.«

Die modernen Gebäude entstanden in weiterhin isolierten Vierteln. Es fällt schwer, die notwendige Bauinitiative als reine Nächstenliebe zu interpretieren. Die alten Viertel wurden wiederholt als Brand- und Krankheitsrisiko für die umgebenden Nicht-Buraku-Bezirke bezeichnet. Sie zu verbessern, polierte das Image der Städte auf.

Die Maßnahmen erzeugten Neid bei Nicht-Burakumin. In ihren neuen Gebäuden gehe es den Burakumin dank der staatlichen Unterstützung doch sehr gut, hieß es. Der zynische Begriff »Dōwa Luxury Lifestyle« erinnert an Vorwürfe an vermeintlich faule Arbeitslose oder Geflüchtete in Deutschland, die von Sozialgeld in Luxus leben sollen. Dr. Zíková zitierte einen Burakumin in ihrer Arbeit: »Früher haben die Menschen auf uns heruntergesehen, weil wir diese Berufe hatten und arm waren – heute, weil sie uns für Schmarotzer und faul halten.«

Die Hoffnung der BLL und von Nishijima Fujihiko liegt jenseits des Betons: »Das ultimative Ziel ist, dass wir überall bedingungslos akzeptiert werden.«

Wenn ich durch die Straßen in Naniwa gehe, fällt mir noch etwas auf. Vor dem sozialen Wohnungsbau aus den 70er und

80er Jahren gibt es kaum Geschäfte, kaum Leben auf den Straßen. Obwohl ein Bahnhof keine fünf Minuten entfernt liegt, herrscht Leere. Selten höre ich andere Menschen. Sie sprechen Vietnamesisch, Mandarin und Koreanisch. Die Wohnungen in den *dōwa chiku* sind günstig und migrantisch geprägt. Nicht-Burakumin vermeiden es wohl, hier zu leben. Mir wäre egal, ob vor dreihundert Jahren ein Gerber oder Totengräber hier gewohnt hat.

Ich suche ein Museum für Burakumin, das in der Nähe stehen soll. Dafür laufe ich weiter, hinter den Wohnblock zu einer Straße. Die Markierungen auf dem Asphalt wirken wie frisch nachgezeichnet. Gegenüber vom Wohnblock, auf der anderen Seite, sitzt eine Immobilienfirma, deren orange und weiße Fassade ein willkommener Farbklecks ist. Dahinter beginnt ein kleiner Park. Der Rasen ist gemäht, das Gras vertrocknet. Ich sehe die gleiche schmucklose Uhr wie eben – wahrscheinlich geht das Viertel hier also weiter.

Für den neuseeländischen Historiker und Linguisten Alastair McLauchlan sind *dōwa chiku* wie diese der Grund, warum Diskriminierung weiterhin verbreitet ist: »Solange diese Viertel, wo ›Nicht-Japaner‹ wohnen, physisch existieren, ist es einfach, sie sich als Ort vorzustellen, der all das verkörpert, was man verachtet und fürchtet.« Burakumin sehen japanisch aus, sprechen Japanisch, haben eine japanische Staatsbürgerschaft – aber manche sehen sie als Nicht-Japaner. Als Unpersonen.

Nicht alle, die heute in ehemaligen *buraku* wohnen, sind Nachfahren von *eta* und *hinin*: Laut einer Volkszählung im Jahr 1993 durch das Ministerium für Innere Angelegenheiten gab es 4.442 Gemeinden, in denen 2,1 Millionen Menschen lebten, von denen etwas weniger als die Hälfte tatsächlich eine Herkunft in den alten Sonderdörfern gehabt haben sollen. Ich frage mich, wie offen die Befragten wirklich waren und ob sie sich trauten, ehrliche Angaben zu machen.

2015 erhielten Haushalte in Buraku-Vierteln Briefe, alleine in Ōsaka waren es mehr als 500. Darin stand: »Hey, ihr Buraku-Leute, ihr Kuhmörder, ihr blutigen *eta*, ihr geht keiner richtigen Arbeit nach. Wir alle hassen euch – egal wie viele Jahrhunderte vergehen, wir werden euch für immer verachten.«

Neben dem kleinen Park hinter der Immobilienfirma verläuft eine Straße, in der Statuen unter Bäumen stehen. Drei Trommler, ungefähr einen Meter hoch, halten ihre Schlagstöcke in die Luft. Eine Plakette erklärt, dass Trommeln traditionell mit Rindsleder bespannt sind.

Tierverarbeitung, Gerben und Lederhandwerk – das waren die Tätigkeiten, welche die Menschen ausübten, die später als Burakumin zusammengefasst wurden. Die Statuen sollen an die Geschichte des Lederhandwerks in diesem Viertel erinnern. *Taiko*, die »dicken Trommeln«, für die Japan bekannt sind, gibt es nicht ohne das Leder, das Burakumin hergestellt haben.

Neben einem leeren Baugrundstück und einem weiteren Wohnblock tanzen, schlagen und halten viele weitere kleine Trommler fröhlich ihre Stöcke in die Höhe. Ich suche das Liberty Ōsaka, das einzige Museum für Burakumin in Japan. Es hat zwar geschlossen, doch ich wollte es mir zumindest einmal ansehen. Früher war es eine Grundschule, durch Spenden von Burakumin wurde es zu einem Museum für die Geschichte der Minderheit ausgebaut.

Ich erreiche das Ende der Straße, finde jedoch keine Schule. Laut Google Maps muss es hier sein, auf Street View ist sie noch zu sehen. Bin ich vorbeigelaufen? Dann bemerke ich es. Das Museum stand einmal auf dem Baugrundstück – das Gebäude wurde abgerissen.

Ein Zaun beschützt das leere Nichts. Auf dem grauen Kiesboden wächst Unkraut, Regen von gestern hat sich in Pfützen gesammelt. Die Reste des Museums liegen in der Mitte des Grundstücks: ein Haufen Schutt. Es gibt keinen Hinweis, was hier entstehen soll, keine Baufahrzeuge oder Maschinen. Die alte Sporthalle steht noch als Ruine, der Tennisplatz ist unter dem Unkraut nur an zwei rostigen Rohren zu erkennen, die einmal das Netz hielten.

Die Schule wurde 1928 von Burakumin gebaut und 1985 zum Ōsaka Menschenrechts-Museum. Zehn Jahre später wurde die Ausstellung erweitert, um Themen wie Sexismus, Rassismus und Diskriminierung von Menschen mit Behinderungen.

Der rechtskonservative Politiker Hashimoto Tōru, bekannt für die Leugnung japanischer Kriegsverbrechen und damals Gouverneur der Präfektur Ōsaka, sah sich 2008 das Museum an. Die Inhalte der Ausstellung kritisierte er als »zu negativ«. Bevor seine Amtszeit vorbei war, trat er zurück und kandidierte als Bürgermeister der Stadt Ōsaka. Während des Wahlkampfs berichteten Medien über die vermeintliche Buraku-Vergangenheit seines Vaters, was er jedoch abstritt. 2011 gewann er die Wahl in der 2,7-Millionen-Stadt. Mit Verweis auf eine angeblich schlechte wirtschaftliche Situation strich er die Förderung für das Museum und verlangte 2,5 Millionen Yen Miete, weil das Grundstück der Stadt gehörte. Ungefähr 16.000 Euro sollten sie jeden Monat zahlen. Das Museum klagte dagegen. Man einigte sich außergerichtlich: Die Stadt verzichtete rückwirkend auf die bisherige Mietforderung, doch das Gebäude musste weg.

Der ebenfalls konservative Politiker Matsui Ichiro, aus der gleichen Partei wie Hashimoto, löste diesen 2011 als Gouverneur der Präfektur Ōsaka und dann 2019 als Bürgermeister der Stadt ab. »Ich bin nicht gegen ein Museum für Menschenrechte«, sagte er zur Schließung, »aber in der Zukunft werden wir prüfen, ob der Inhalt akzeptabel für die Bürger ist.« Im September 2020 wurde das fast hundert Jahre alte Gebäude abgerissen. Das Museum wollte an einem anderen Standort neu eröffnen, fand jedoch keine Lösung und spendete ihre 30.000 Exponate an die öffentliche Bibliothek von Ōsaka. Für das Grundstück hat die Stadt keinen Käufer.

Ich stehe vor der Brache und ärgere mich. Den Burakumin wurde die Chance genommen, selbst ihre Geschichte zu erzählen, mit eigenen Mitteln und eigenen Erinnerungsstücken. Was man nicht sieht, gibt es nicht. Man muss sich nicht damit beschäftigen, damit konfrontiert werden oder es reflektieren. Die Minderheit bleibt unsichtbar, die Diskriminierung verschwindet nicht.

Ich verlasse Naniwa. Mit der Bahn fahre ich zum Sumiyoshi-Taisha, einem der wichtigsten Shintō-Schreine in Japan. Er soll im Jahr 211 gegründet worden sein. 300 Meter breit, 260 Meter lang. Nach ihm ist das Viertel Sumiyoshi benannt. An seinem Eingang stehen riesige Steinlaternen neben einem großen Tor. Dutzende Menschen sind unterwegs, manche Kinder tragen festliche Kimonos. Die Besucherinnen und Besucher fotografieren sich vor der knallroten Trommelbrücke, die einen fast kreisrunden Bogen über dem Wasser macht.

Eine Hochzeitsgesellschaft in Kimonos und Anzügen läuft über den gepflegten Kiesboden an den alten Gebäuden vorbei. Ein roter Schirm wird über dem Brautpaar aufgespannt. Ich folge ihnen und lande in einem Wald aus Flaggen. Es müssen

Hunderte sein. Sie formen Tunnel durch die hinteren Ecken des Schreins. Obwohl es September ist, weisen die Fahnen auf das Neujahrsfest hin – jeden Januar sollen bis zu zwei Millionen Menschen hier für das neue Jahr beten.

Die Menschen, die später als Burakumin zusammengefasst wurden, reinigten diesen Schrein seit dem Jahr 1284. Sie putzten die Anlage, durften aber nicht an den Zeremonien teilnehmen. 1596 bauten sie ihren eigenen Schrein, 450 Meter östlich von hier – keine zehn Minuten zu Fuß entfernt.

Ich verlasse den Sumiyoshi-Taisha und betrete eine Wohngegend. Vier Bahngleise durchtrennen das Viertel, über ihnen hängt ein engmaschiges Netz aus Kabeln, Stahlträgern, Lampen und Schildern. Auf der einen Seite stehen gepflegte Einfamilienhäuser, auf der anderen Wohnblöcke aus den 1970er Jahren.

Sumiyoshi fühlt sich anders an als Naniwa. Die Gebäudekomplexe des *dōwa chiku* sind nicht höher als vier oder fünf Etagen, die Blöcke wirken nicht so massiv. Ein dünner Zaun trennt Wohnungen und Gleise, regelmäßig rattert ein Zug vorbei. Früher soll hier eine Mauer gestanden haben, die den Passagieren den Anblick des Viertels ersparen sollte. Nichts erinnert mehr an die Holzhütten ohne Zugang zur Kanalisation, die hier damals standen. Zwischen den Wohnblöcken ist viel Raum für Bäume, Grün und Licht. Die Sonne senkt sich langsam, jedes Haus wirkt golden. Ehemalige *buraku* sind so verschieden wie die Menschen, die heute darin wohnen.

Auf einer Hauptstraße, die von einem Bahnhof wegführt, gibt es Geschäfte. Fast alle sind geschlossen, nur der Frisör hat noch auf. Ein Schild an der Kreuzung zeigt auf verschiedene soziale Einrichtungen, wie ein Pflegeheim oder einen Kindergarten. Es sind viel mehr Menschen unterwegs als in Naniwa. Sie sind jung und alt, schauen prüfend und wundern sich wohl, warum ein Ausländer in ihr Viertel kommt.

Ich denke über das zerstörte Museum nach. Vielleicht geht es mir so nah, weil ich in Deutschland selbst zu einer Minderheit gehöre. So wie die Burakumin nichts von Nicht-Burakumin unterscheidet, sieht man es mir nicht an. Auch mich definiert meine Herkunft. Manchmal kann man es hören. Drei Wochen zuvor war ich mit einem deutschen Team in Japan unterwegs. In einem Gespräch sagte ich ein bestimmtes Wort und wurde kurz prüfend angesehen. »Du kommst wohl aus dem Osten.«

Ich wurde in der DDR geboren, drei Jahre, bevor sie verschwand. Meine Eltern, meine Lehrerinnen und Lehrer kamen aus dem Osten. Auch die Deutschen, die ich in Japan traf, und Menschen, die ich während des Studiums kennenlernte und zu meinen Freunden wurden, kamen häufig aus dem Osten. Oft haben wir das erst spät bemerkt, aber man sprach halt eine gemeinsame Sprache, man hat sich einfach verstanden.

Je älter ich werde, desto mehr denke ich über meine Herkunft nach. Manche Dinge, die für Freunde aus dem Westen selbstverständlich sind, wie vererbter Besitz oder ein gewisser Level an Wohlstand, sind für mich und viele meiner Freunde nicht die Normalität. Im Gegensatz zu den Burakumin wünscht mir niemand den Tod aufgrund meiner Herkunft. Aber der Unmut über die Verbesserungen in den *dōwa chiku* erinnert mich an Kritik am Solidaritätszuschlag und an den Sanierungen von ostdeutschen Städten. Auch Burakumin haben bestimmte Wörter, an denen sie sich erkennen können.

Als ich vor ein paar Tagen die BLL-Zentrale in Kyōto besuchte, die damals nicht wusste, wie sie auf meinen Brief antworten sollte, zeigte ich ihnen meinen veröffentlichten Artikel. Sie schienen gerührt zu sein. In Japan hat die Organisation Schwierigkeiten, die Bevölkerung über die Probleme der Burakumin aufzuklären. Einer von ihnen erzählte mir von seinem

Dilemma, ob er seinen Kindern von seiner Buraku-Herkunft erzählen solle oder besser nicht. Das erinnerte mich an einen erfolgreichen Geschäftsmann aus dem Osten, mit dem ich einmal essen war. Ihm war es wichtig, dass seinem Sohn die eigene Herkunft kein Hindernis ist. Er zeigte mir ein Foto von ihm und fragte mich: »Sieht er für dich ostdeutsch aus?«

Es gibt zwei Möglichkeiten, in Japan als Burakumin zu gelten. Entweder man wird durch andere geoutet, indem der Wohnort oder der eines Familienmitglieds in der Vergangenheit öffentlich gemacht wird – und damit die Berufe der Vorfahren. Seit 2016 gibt es ein Gesetz, dass die Diskriminierung von Burakumin thematisiert und die Regierung verpflichtet, dagegen vorzugehen. Ob und welche Strafen es gibt, ist jedoch nicht festgelegt, das Gesetz wird als zahnlos kritisiert. Listen von Namen und Familienregister von Burakumin sind illegal, aber käuflich. Manche Firmen beauftragen Privatdetektive, um Einstellungskandidaten zu prüfen, bevor sie das Geschäft »beschmutzen« können. In konservativen Familien werden Partner auf eine Burakumin-Vergangenheit durchleuchtet, damit sie nicht die Familie »verunreinigen«. In einer Umfrage in Tōkyō 2014 gaben 26 Prozent der Befragten an, sie wären dagegen, wenn ihr Kind jemanden mit Burakumin-Herkunft heiraten würde. In einer anderen Umfrage in der Präfektur Aichi 2012 gaben 48 Prozent an, dass sie nicht wollen, dass ihre Kinder Burakumin heiraten. Es gibt Fälle, bei denen ein Burakumin-Outing nach der Hochzeit zu einem Selbstmord führte.

Der andere Weg, als Burakumin zu gelten, ist die Selbstidentifikation. »Wir verkünden unsere Identitäten, wir sagen offen ›Wir sind Burakumin‹ und versuchen damit, Leute zu überzeugen«, sagt BLL-Generalsekretär Nishijima. Das gelte für jeden, der in der BLL aktiv sei – was immer weniger

Menschen sind. »Im Moment zählen wir 35.000 Mitglieder.« Das liege daran, dass sich die Lebenssituation für viele Burakumin verbessert habe. Vielleicht aber auch, weil viele sich bewusst distanzieren, um sich nicht zu outen.

Japan ist kein homogenes Land, entgegen vieler Erzählungen, die es selbst verbreitet. Auch Burakumin sind divers. Heute sind sie nur noch zu einem begrenzten Teil in den traditionellen Berufen tätig. Als Tagelöhner, Arbeiter, Angestellte oder vereinzelt sogar als Professorinnen und Professoren arbeiten sie in verschiedenen Bereichen. Burakumin mit einem geringen Bildungslevel stecken in schlecht bezahlten Berufen, die als 3D-Jobs gelten: *dirty, dangerous, difficult*. Arbeit, die sonst keiner machen will. Laut Buraku Liberation Institute verdienen sie im Durchschnitt nur 60 bis 70 Prozent des Lohns, den ein Nicht-Burakumin erhält. Die Rate an Studienabbrüchen ist dreimal so hoch.

Burakumin, die nicht als solche erkannt werden wollen, betreiben *Passing* – das Verschwinden in der Mehrheit. Sie verheimlichen ihren Wohnort und ihre Herkunft. Häufig ist das verbunden mit der Trennung von der Familie, dem sozialen Umfeld, dem Beruf und der eigenen Geschichte. Manche Burakumin fühlen sich schuldig, sich von ihrer Vergangenheit zu distanzieren, um erfolgreich in der Mehrheit zu verschwinden, während andere weiterhin diskriminiert werden. Auch andere Burakumin werfen ihnen vor, ihre Identität zu verneinen, um sich der Mehrheit zu unterwerfen.

Der Autor Murakoshi Sueo leitete früher das Buraku Liberation Research Institute und sagte einmal: »Die klügsten Köpfe verlassen die Community und berauben die Bewegung ihrer jungen Anführer. Durch *Passing* geben sie der Diskriminierung nicht nur nach, sondern dulden sie stillschweigend. Das ist eine Niederlage für uns alle.«

6910

1

Auch der 426 Jahre alte Burakumin-Schrein in Sumiyoshi scheint sich zwischen den Wohnblöcken zu verstecken, um nicht entdeckt zu werden. Er ist deutlich kleiner als Sumiyoshi-Taisha: 30 Meter lang, 23 Meter breit. Eng drücken sich Gebäude wie Würfel um einen Garten, der von außen nicht zu sehen ist. Ein schmaler Steinpfad führt zum Hauptgebäude mit dem Altar. Laternen, Gedenksteine und Pflanzen drängeln sich im Innenhof. Die Statue eines Wandermönches hält eine Gebetskette und schaut mich an. Über allem thront ein Kakibaum, voll mit Früchten.

Im Altargebäude unterhalten sich alte Damen hinter dem Vorhang. Eine muss mich bemerkt haben. »Da steht ein Mann im Garten«, sagt sie zur anderen. »Ein Ausländer.« In schnellen Schritten kommt eine Frau heraus, zieht sich Schuhe an und fragt sehr direkt: »Was machst du hier?« Ich bin überrascht und sage: »Ich, äh, möchte mir den Baum ansehen.« Ihre Stimme wird sofort freundlich. »Ah, kein Problem, viel Spaß.« Sie geht sorglos wieder hinein.

In Burakumin-Vierteln achtet man darauf, wer mit welchen Absichten kommt. Touristen werden es nicht sein, schon gar nicht aus dem Ausland. Die BLL dokumentiert Schmierereien an Wänden in den Vierteln, die sie für Außenstehende als *buraku* markieren sollen. Als Warnung oder Einladung zur Diskriminierung. Als Google Maps historische Karten von Japan integrierte, folgten eine Ermittlung des Justizministeriums und Proteste der BLL. Die digitalisierten Holzschnittdrucke zeigten klar lesbar die Viertel der *eta* und spätere *buraku*. Ein Jahr später wurden die alten Karten entfernt.

Ich laufe zurück zu den Bahngleisen und stelle mich unter einen der Bäume. Die Sonne steht tief und erleuchtet die Menschen in den Zügen von hinten. Ihre Silhouetten tanzen durch das Viertel im Rhythmus der Bahn. Ratat-tatat-tatat.

Fast eine halbe Stunde schaue ich den Zügen im Abendlicht zu.

Burakumin bauten hier ihren eigenen Schrein, weil sie in dem, den sie putzten, nicht willkommen waren. Sie galten als unrein. Im Shintō und Buddhismus ist Reinheit ein wichtiger Aspekt – nicht die einzigen Religionen auf der Welt mit diesem Kerngedanken. Im Falle der Burakumin überlagern sich spirituelle Verschmutzung und körperliche Reinheit aufgrund ihrer Arbeit. Es hieß, sie seien anfällig für Krankheiten, was jedoch an ihren schlechten Wohnverhältnissen lag.

Die verstorbene Aktivistin und Autorin Sumii Sue hat den Roman »Fluss ohne Brücke« geschrieben, in dem Burakumin eine Rolle spielen. Für sie liegt die Ursache der Diskriminierung im japanischen Kaiser: In einer Weltordnung, in der es einen göttlichen Übermenschen wie den Tennō gibt, muss es dementsprechend auch einen Gegenpol zu ihm geben, eine untermenschliche Schicht.

Im heutigen Japan gibt es keine Trennung der Stände mehr, die Minderheiten haben vor dem Gesetz die gleichen Rechte wie die Mehrheit. Aber es gibt noch den Kaiser, und es gibt noch die Burakumin. Und sie können nicht gewinnen. Wenn sie ihre Rechte einfordern, wird ihnen gedroht. Wenn ihre Viertel modernisiert werden, zieht das den Neid der Bevölkerung auf sich. Wenn sie sich in der Mehrheit verstecken, leben sie in der Gefahr, geoutet und von den eigenen Leuten als Verräter gesehen zu werden – und sich selbst zu entfremden. Wenn sie versuchen, ihre eigene Geschichte zu erzählen, wird ihr Museum abgerissen.

Einen Tag später treffe ich meinen Freund in Kyōto, der mir bei den Gesprächen mit der BLL half. »Es war kurios«, sage ich ihm, »die Gleise mit ihren Schranken waren so eine offensichtliche Trennung der Viertel.« Er sieht mich ernst an.

»Es verlaufen dort so viele Gleise, weil das ihre Viertel sind«, sagt er. »Nur dort konnte die Regierung das Land billig kaufen, die Häuser abreißen und die Gleise verlegen.« Die Minderheit konnte nicht protestieren.

Mit all dem, was ich nun über *buraku* weiß, habe ich das Gefühl, hinter die Kulissen Japans schauen zu können. Nicht jeder Sozialbau markiert ein Burakumin-Viertel, aber in fast jedem ihrer Viertel stehen solche Gebäude. Bahngleise, Taiko-Trommeln, Lederhandwerk – alles hat eine Bedeutung, die ich bislang nicht sehen konnte.

»Ich glaube, dass das Burakumin-Problem irgendwann größtenteils gelöst sein wird«, sagt Dr. Monika Zíková. Ihre Situation verbessere sich, die Anfeindungen würden weniger. Damit verschwinde jedoch nicht die Diskriminierung aus Japan. Zíková glaubt, dass eine andere Gruppe an die Stelle der Burakumin treten wird. »Die Bewohner von Fukushima? Ausländer? Eine andere Minderheit wird an allem schuld sein.«

Im November 2020 hat das japanische Justizministerium eine Reihe von Videos auf YouTube veröffentlicht, die über Alltagsdiskriminierung wie diese aufklären sollen: Eine Ausländerin entsorgt den Müll nicht korrekt und ihre Wohnung riecht komisch. Oder: Von Menschen im Rollstuhl wird nicht erwartet, dass sie genauso gut arbeiten können wie andere. Die Videos sind hochwertig produziert, die Ästhetik orientiert sich an Seifenopern. Eine Folge handelt von Burakumin. Der jungen Protagonistin erzählt die Oma, wie früher Menschen gegen die Heirat von Leuten aus Buraku-Vierteln waren. Die Frau hatte noch nie von dieser Diskriminierung gehört. Im Video über Ausländer löst man das Problem, indem man der Fremden die Regeln zur Müllentsorgung erklärt. Anschließend kocht sie Essen aus ihrem Land. Das Problem mit den

Burakumin wird gelöst, indem die Protagonistin in eine Bibliothek geht und ein Buch liest.

Japan, das sieht man in den neun Folgen der YouTube-Serie, ist ein Land mit vielen Problemen. Nur wenn man die Schatten sieht und akzeptiert, kann man das Land wirklich verstehen. Es sind nicht nur die Sprache oder die Regeln im zwischenmenschlichen Umgang, die das Verständnis erschweren. In Japan muss man den Vorhang beiseite ziehen und hinter die Kulissen schauen, um das zu sehen, was sie verstecken möchten. Das ist mühsam, aber man wird belohnt.

Seit hundert Jahren kämpfen Burakumin für ihre Gleichberechtigung in der japanischen Gesellschaft. Ob es weitere hundert Jahre dauern wird, bis diese kompromisslos erreicht wird, weiß Generalsekretär Nishijima nicht. Auf die »Taktik der gründlichen Anprangerung« setzt die BLL heute nicht mehr, sondern auf Bildung und Aufklärung. »Wir sind absolut bestürzt, dass die Diskriminierung immer noch existiert«, sagt Nishijima. Ich höre den Ärger in seiner Stimme. Eine so klare emotionale Aussage ist selten für jemanden in seiner Position, aber nachvollziehbar.

Im Oktober 1980 erklärte Japan gegenüber der Menschenrechtskommission der Vereinten Nationen: In Japan gibt es keine Minderheiten. Die Minderheiten in Japan protestierten dagegen. Die BLL legte Beschwerde bei einer Unterkommission ein. Auf ihren Druck – und dem der Ainu – passte Japan 1987 die Erklärung an:

In Japan gibt es Minderheiten, aber es gibt keine Probleme mit ihnen.

祝島

IWAISHIMA

Insel der rebellischen Rentner

2009

Morgen ist der letzte Tag des Jahres, aber ich bin heute schon am Ende. Es ist mein 22. Geburtstag, seit sechs Monaten lebe ich in Tōkyō in einer Wohngemeinschaft mit zwei Deutschen. Mein Zimmer ist acht Quadratmeter groß, durch das Fenster schaue ich auf eine vierspurige Autobahn über einer sechsspurigen Schnellstraße. Meine Ersparnisse sind aufgebraucht, seit Wochen ernähre ich mich größtenteils von Instant-Ramen. Mein Mitbewohner klopft an meine Schiebetür. Seine neue Freundin würde gerne in mein Zimmer ziehen. In einem Monat soll ich raus. Happy Birthday.

Abends treffe ich Freunde in einer Wohngegend in Shibuya, um mit ihnen zu beratschlagen, was ich tun soll. Und ob ich überhaupt in Japan bleiben kann.

Wir laufen eine Straße entlang und hören Musik. Eine Bar hat die Tür trotz der Kälte geöffnet. Sie ist kaum größer als mein WG-Zimmer und wir sind die einzigen Gäste. Außer uns haben nur die Musiker und der Barkeeper Platz.

Eine Freundin schenkt mir zwei gefüllte Einkaufstaschen: Reis, Gemüse, Obst und Käse. Ich bin gerührt. Das gibt mir Hoffnung, in diesem Land willkommen zu sein. Einer der Musiker nimmt sich seine Gitarre und fängt an zu singen. Auf einer Leinwand hinter ihm sehen wir Meer und Inseln. Ich verstehe nur zwei Worte: »Hiroshima« und »Kampf«.

Ich frage meine japanische Freundin Saori, wovon das Lied handelt. »Oh«, sagt sie, »vom Bau des Atomkraftwerks nahe Hiroshima und dem Protest dagegen.«

Wie bitte? Ich habe noch nie davon gehört, dass in der Nähe von Hiroshima ein Atomkraftwerk gebaut werden soll. Wie kommt man auf so eine Idee? Ich muss darüber berichten, denke ich. Ich muss Leute interviewen, Fotos machen und alles aufschreiben! An einen Rückflug möchte ich nicht mehr denken.

Eines der wenigen Gebäude in Hiroshima, das die Atombombe nicht zerstörte, war die Halle zur Förderung der Industrie der Präfektur Hiroshima. Die Ruine des Betongebäudes mit ihrem Kuppeldach ist heute ein Friedensdenkmal und wichtiger Orientierungspunkt. Der Busbahnhof liegt in der Nähe, viele Bahnlinien kreuzen sich hier. Am Denkmal der Zerstörung kommt man in der Stadt nicht vorbei.

»Hiroshima wurde das Atomkraftwerk mit dem Versprechen verkauft, die Atombombenkuppel mit ihrer Energie zu beleuchten«, sagt Kihara Shōji. Wir sitzen 850 Meter von der Ruine entfernt, in der Zentrale von Chūgoku Denryoku. Seit Oktober 1982 plant der Stromkonzern den Bau eines Atomkraftwerkes auf der Halbinsel Kaminoseki, zweieinhalb Stunden westlich von hier. Die Firma ist der einzige Energielieferant für die 7,5 Millionen Menschen in der Region. Fast alle befürworten das Atomkraftwerk – bis auf die Bewohnerinnen und Bewohner der kleinen Insel Iwaishima, vier Kilometer vor der Küste von Kaminoseki.

Kihara ist 61 Jahre alt und wurde in Hiroshima geboren. Seine ältere Schwester kam 1945, nach dem Abwurf der Atombombe, ohne Wirbelsäule auf die Welt. Er hat die Organisation *Bürger Hiroshimas gegen Atomkraft* gegründet – und hält Aktien am Konzern. Warum? »Wer Aktien hält, kontrolliert die Firma.« Es sei genau so, wie vor dem Konzern zu stehen und zu demonstrieren, was er einmal pro Jahr macht. Aber seine Methode ist effektiver, vermutet er. Er möchte andere Aktionäre überzeugen, gegen den Bau zu stimmen. »Wenn ich nur emotional agiere und draußen schreie«, sagt er, »nimmt mich keiner ernst.«

Saori ist mit nach Hiroshima gekommen, um mir zu helfen. Und weil sie Interesse an dieser Geschichte hat. Damals an der Universität überlegte sie, ob sie Journalismus oder Architektur studieren sollte. Sie wählte letzteres. Für sie ist unser Trip wohl die Suche nach der Antwort, was eine andere Entscheidung bedeutet hätte. Wir fragen Kihara, ob er uns den Kontakt zu anderen Menschen vermitteln kann, die wie er gegen den Bau des Atomkraftwerks sind. Er gibt uns fünf Telefonnummern.

Zwei Stunden später sitze ich auf einem Plastikstuhl auf dem Dach unseres Hostels neben münzbetriebenen Waschmaschinen und Trocknern. Es ist dunkel. Die milden Temperaturen sind Anzeichen für den Sommer, der bald kommt. Saori läuft nervös über einen ausgerollten Kunstrasen und telefoniert.

Mein Geburtstag und der Abend in der Bar liegen ein halbes Jahr zurück. Wegen Hiroshima und der Insel bin ich in Japan geblieben, fand eine neue WG und einen neuen Job, der mein Japanisch verbesserte. Ich lieh mir Geld von meinen Eltern für die Recherche und fuhr mit Saori nach Hiroshima, elf Stunden mit dem Nachtbus. Ohne ihre Hilfe wäre ich verloren.

Von unten dröhnt der Verkehr, Hochhäuser versperren die Sicht. Hiroshima ist eine moderne Großstadt. Ich kannte sie nur aus Büchern, mein Bild war, wie bei so vielen, geprägt von der Atombombe. Heute fahren Straßenbahnen auf breiten Alleen an Bürotürmen und Neonreklame vorbei. Die Wagen stammen aus unterschiedlichen Jahrzehnten, sie wurden nach der Vernichtung der Stadt von anderen Regionen Japans gespendet.

Saori hat den vierten Anruf beendet. Sie lächelt erleichtert. Endlich jemand, der mit uns reden will: Ein Farmer von der Insel kann uns morgen ein Interview geben. Beflügelt von diesem ersten Erfolg, bitte ich Saori ihn zu fragen, wo wir übernachten können. Ihr Gesicht verzieht sich. Meine Bitte ist anscheinend zu direkt und unhöflich. Die Frage ist ihr unangenehm, aber sie stellt sie trotzdem. Kein Problem, sagt der Landwirt, wir können das Protestbüro nutzen.

Yamato Takashi begrüßt mich mit einem festen Händedruck in einem kleinen Küstenort in Yamaguchi, der Präfektur von Iwaishima. An seiner Haut erkennt man die tägliche Arbeit auf dem Feld. Den Schlüssel zum Büro fänden wir im Briefkasten, sagt er, die Tür sei aber sowieso nicht abgeschlossen. Wir bleiben heute Nacht hier, Yamato fährt mit seinem Vater wieder nach Iwaishima, zur Insel, wo wir ihn morgen treffen.

Das »Büro« ist ein altes Einfamilienhaus, dekoriert mit Plakaten und Bannern, die vom Protest erzählen. Tominokai nennt sich ihre Organisation: »Rettet die Insel«. Mehr als 95 Prozent der 496 Menschen auf Iwaishima sind Mitglied, für 50 Yen pro Monat, etwa 40 Cent. Die aufgerollten Futons in den Zimmern lassen erahnen, wie viele Menschen hier untergebracht werden können, wenn es sein muss. Jede Reismatte auf dem Boden ist abgenutzt, die Inneneinrichtung funktional. Wir rollen im oberen Stock den Futon aus und hören die Wellen, die ein paar Meter vor dem Haus sanft auf das Ufer treffen.

Japanische Medien berichten selten über die Proteste auf Iwaishima. Menschen, die sich für Umweltschutz interessieren, ist die Insel bekannt. Sie lebt von Landwirtschaft und Fischfang, wie viele Dörfer an der Seto-See. Das Binnenmeer zwischen den Hauptinseln Japans ist das ganze Jahr mit mildem Klima gesegnet. Fische sind reichlich und das Seegras gilt als Delikatesse, die teuer verkauft wird.

Am nächsten Morgen sehen wir die erste Fähre des Tages. Sie fährt ohne uns ab, obwohl wir pünktlich sind, denn sie ist hauptsächlich für die Einheimischen. Sind alle bekannten Gesichter an Bord, wird abgelegt. Das nächste Boot geht in sechs Stunden.

Während ich überlege, wie es weitergehen kann, stürmt Saori mit einer Selbstsicherheit, die ich von ihr nicht kenne, zum Hafen und fragt die Leute auf ihren Booten, ob sie uns nach Iwaishima fahren können. Mein direktes und unhöfliches Verhalten der letzten Tage hat wohl auf sie abgefärbt.

Zwei Männer auf einem Segelboot erklären uns, dass sie eigentlich nicht zur Insel fahren wollen. Aber wir sollen mal an Bord springen. Saori grinst stolz. Die Bootsmänner sind Freunde und führen einen Blog über ihre Reisen, in dem sie uns später »Yacht-Anhalter« nennen.

Draußen an Deck riechen wir das Salz. Über dem glatten Meer geht die Sonne auf und Fische springen neben unserem Boot aus dem Wasser. Ich sehe Hunderte kleine Inseln an uns vorbeiziehen. Mehr als 3.000 soll es in der Seto-See geben, die meisten sind unbewohnt und ohne Namen.

An Bord erzählen wir, warum wir nach Iwaishima wollen. In Japan werden Atomreaktoren als notwendig für die Energieerzeugung angesehen. »Aber«, fragt einer der Bootsleute, »wenn Atomkraft so sicher ist, warum baut man dann kein Kraftwerk neben den Kaiserpalast?«

Je näher wir der Insel kommen, desto mehr Fischerboote dekorieren die See. Und dann sehe ich sie: Iwaishima. Die Insel, die zu meinem Geburtstag besungen wurde und mich in Japan hielt.

Besiedelt ist Iwaishima nur im Osten, wo der Hafen liegt. Etwas mehr als fünfhundert Häuser drängen sich hier dicht am Fuß eines Berges. Alles andere ist grüner Wald. Landgewinnung und Industrie haben die Seto-See seit den 1970er Jahren verändert, nur ein Fünftel der Küste ist so ursprünglich, wie sie früher war. Doch hier, im westlichsten Teil des Binnenmeeres, ist die Landschaft fast unverändert. Es ist ein Stück altes Japan. Seit mehr als tausend Jahren leben Menschen auf Iwaishima.

Die Bootsmänner steuern den Hafen an: Mauern aus Beton und steinerne Stege, die in die See ragen. Das Wasser ist kristallklar. Ich sehe Fische, Krabben und Seegras, das sich mit den Wellen bewegt. Der Morgen ist sonst still. Saori und ich gehen von Bord. Von den Anglern, die sich ihr Frühstück fangen, reagiert kaum jemand auf uns.

Häuser auf Iwaishima sind alt. Und sie sind nochmals umgeben von Mauern aus weißem Zement und groben Steinen, einen halben Meter dick, ebenfalls mit Ziegeldach. Saori ist als Architektin auf die Restaurierung alter Mauern spezialisiert. Diese hier seien etwas Besonderes, erklärt sie mir. Die Menschen haben sie gegen den schroffen Wind gebaut.

An manchen Türen hängen Zettel, die über neue Aktivitäten von Tominokai informieren, der Protestorganisation. Die Mitglieder marschieren jeden Montag über die Insel, um Präsenz zu zeigen und sich wöchentlich auf die Fortsetzung der Proteste einzuschwören. Mehr als tausend dieser Märsche gab es schon, doch sie werden schwieriger. Die meisten Teilnehmenden halten heute Gehstöcke statt Banner.

Noch am Hafen hält neben uns ein weißer Kei Truck, das ist ein schmales Auto mit Ladefläche. Farmer Yamato sitzt am Lenkrad und begrüßt uns ohne viele Worte. Er müsse jetzt Algen kochen, danach habe er Zeit – aber bitte nicht zu lange. Seit dem frühen Morgen steht er auf dem Feld. Er würde gern ein Nickerchen machen. »Springt auf«, sagt er. Wir nehmen zwischen Obstkisten Platz.

Wir fahren zu einem Hof zwischen zwei Wohnhäusern. Yamato legt die Algen in einen riesigen Wok und zündet darunter

Holzscheite an. Flammen züngeln, alles dampft. Er hat nicht wirklich Lust, über den Protest und das AKW zu sprechen und gibt uns eine Broschüre von Tominokai, die alles zusammenfasse. Wir plaudern also über das Leben auf der Insel.

Iwaishima gehört zur Stadt Kaminoseki, die das Atomkraftwerk bauen will. Drei Viertel der Menschen auf Iwaishima sind über 65 Jahre alt, die Schulen sind geschlossen. Die letzten drei Kinder der Insel werden auf dem Festland unterrichtet. Mit Mitte 30 gehört Yamato zu den Jungen. Vor zehn Jahren kehrte er zurück, um seinem Vater und dem Protest zu helfen.

Auf seiner Plantage auf der Südseite der Insel baut er Biwa an, eine Frucht zwischen Pfirsich und Apfel. Im Westen liegen Terrassen für Reisanbau. Ein Mann hat sie in 30 Jahren alleine gebaut, ohne Maschinen. In den Wäldern leben wilde Schweine. Ihr Fleisch wird regelmäßig als das Beste im Land ausgezeichnet. Iwaishima ist in Japan bekannt für ein naturverbundenes, traditionelles Leben. Von oben sieht die Insel mit etwas Fantasie aus wie ein Herz in der japanischen See. Es gibt kein Geschäft, das Fisch verkauft. Man brauche nur die Angel ins Wasser halten, heißt es.

Der Konzern Chūgoku Denryoku hat fast alle Fischer in der Region vom Bau des Atomkraftwerks überzeugt. Sie erhielten ein sogenanntes »Garantie-Geld«, das bei einem Unfall als Kompensation dienen soll, insgesamt 12 Milliarden Yen, etwa 100 Millionen Euro, wurden vor Baubeginn ausgezahlt. Alle nahmen das Geld an – nur nicht Iwaishima.

Yamato zeigt Richtung Osten über das Meer. In weniger als vier Kilometern Entfernung soll das Kraftwerk gebaut werden. Ich sehe nur eine gerodete Fläche. Vom Festland kann man sie nicht sehen, weil sie hinter einem Hügel liegt. Ich habe Kühltürme oder andere Gebäude erwartet. »Wegen der

Proteste steht bis heute nicht einmal das Fundament für das Kraftwerk«, sagt Yamato. Wir fragen ihn, mit wem wir noch auf der Insel reden sollten. Er beschreibt uns den Weg durch die verwinkelten Gassen zu einem Haus.

Die Schiebetür ist offen. Zwei junge Männer bereiten ihr Mittagessen vor und schauen uns neugierig an. Drinnen sind die Wände mit bunten Zeichnungen dekoriert und mit Fotos, die junge Menschen in Ruderbooten zeigen. »Wir sind im Moment alleine«, sagt der größere der beiden. »Die anderen besuchen jetzt während der Feiertage ihr Zuhause.«

Tōjo Masajuki ist 25 Jahre alt und und gehört zu einer Gruppe junger Leute, die in Kajaks die Transportschiffe von Chūgoku Denryoku blockiert hat. Zur Baustelle des Atomkraftwerks führt keine Straße, nur per Wasser ist sie zu erreichen. Mindestens ein Aktivist oder eine Aktivistin ist immer vor der Küste unterwegs, bis zu zwölf Stunden am Tag. Die großen Schiffe können die Kajaks nicht gewaltsam vertreiben, sonst würden sie sich strafbar machen. Über Monate entstand eine Pattsituation auf See. Niemand rührte sich, bis die Kajaks in einem Taifun kapitulieren mussten.

Tōjo ist seit mehr als einem Jahr auf der Insel, seine Haut ist so braun wie die von Farmer Yamato. Er dokumentiert das Leben auf der Insel und die Proteste, er möchte Fotojournalist werden. Mit Bewunderung spricht er von den Alten, die zur Baustelle fahren und sich vor die Baufahrzeuge legen. Die 20 Aktivisten zwischen 19 und 33 Jahren leben mietfrei hier im Haus, die Besitzerin ist ohne Erben verstorben. Das kommt auf Iwaishima häufig vor.

Wenn wir die beiden etwas fragen, ist Tōjo oft der Erste, der antwortet. Sein Kollege Okamoto Nauya wirkt nicht so selbstsicher wie er. Beide haben sich eine Schüssel Reis mit jeweils einer Trockenpflaume gemacht. »Essen für arme Leute«, sagt

Okamoto und lacht. Der 19-Jährige ist erst drei Monate auf der Insel. Er hilft auf einer Farm und bei der Fischerei aus, um sich ein Taschengeld zu verdienen. Sein Hauptjob ist der Protest, er wird mit Dank bezahlt. Okamoto kam nach Iwaishima, nachdem er den Vortrag eines Aktivisten in Kyōto gesehen hatte. Anschließend brach er sein Kunststudium ab. Seine Freunde verstanden nicht, warum er sein Leben so radikal verändern und sich gegen einen großen Konzern stellen wollte. Auf der Insel nennen sie ihn Kin-chan, das heißt so viel wie »Goldjunge«.

Wir lassen die jungen Männer weiter essen und gehen den Hügel der Insel hinauf. Das höchste Gebäude auf Iwaishima ist die geschlossene Grundschule, heute dient sie als Gemeinderaum für Veranstaltungen. Vom Schulhof aus sehe ich das ganze Dorf, die blaue Seto-See, die vielen winzigen Eilande und die Baufläche des Atomkraftwerks. Mir wird klar, warum das AKW hier gebaut wird: Die einzigen, die es sehen und sich davon gestört fühlen könnten, sind die alten Menschen auf dieser Insel.

Eine Person gibt es noch, mit der wir sprechen möchten. Sie wohnt nahe dem Hafen. Wir klingeln und klopfen, keine Reaktion. Die Haustür ist unverschlossen. Vorsichtig rufen wir hinein. »Verzeihung…?« Eine alte Frau mit großer Brille und bunter Schürze kommt langsam auf uns zu. Wir stellen uns vor und sie bittet uns herein. Es dauert nicht lange und Sakai Kyoko erzählt uns ihre Geschichte.

Als die Bombe auf Hiroshima fiel, stand sie im Hafen von Iwaishima und winkte einem Kriegsschiff zu. Den Lichtblitz habe sie bis hierhin sehen können. Dann folgte der Rauch am Horizont. Damals arbeitete Sakai in Hiroshima als Näherin für das Militär. Der Tag, an dem die Bombe fiel, wäre eigentlich ein normaler Arbeitstag für sie gewesen, doch zwei Tage vorher reiste sie spontan zu ihrer Familie nach Iwaishima, ohne auf der Arbeit Bescheid zu sagen. Erst dachte man, dass es sich um einen normalen Luftangriff handelt. Viele japanische Städte wurden damals von Brandbomben erwischt. Zwei Tage brauchte Sakai, um zurück nach Hiroshima zu gelangen. Alle Verkehrsverbindungen waren zerstört.

In der Stadt brannten überall kleine Feuer, die nicht ausgehen wollten. Einzelne Betongebäude standen noch, alles andere war weg. Der Asphalt war merkwürdig unbeschadet, am Straßenrand lagen verbrannte Körper. Sakai hörte einen Soldaten mit einem Megafon, der versuchte, die Lebenden zu koordinieren. Ein Mädchen lief vorbei. Sie hatte wohl eine Armbinde mit den Durchhalteparolen der Kriegspropaganda getragen. Die Schriftzeichen waren in ihre Haut gebrannt.

Die Bombe explodierte 500 Meter über dem Krankenhaus von Hiroshima. Das Gebäude, das Personal und die Patienten verdampften im Bruchteil einer Sekunde. Sakai erzählt uns von einer jungen Frau in einer stehengebliebenen Straßenbahn, die sitzend gestorben war. Sie sah verbrannte Kleinkinder und ein Pferd, dem schwarzes Blut aus dem aufgeplatzten Hals lief. Nachts beleuchteten die Flammen, was einmal eine Stadt gewesen war.

Soldaten sammelten die umherirrende Sakai ein und brachten sie in ein Notlazarett, das zuvor ein Textillager gewesen war. Statt Stoffe musste sie Wunden nähen, in denen sich Maden eingenistet hatten. Menschen starben, ohne dass jemand wusste, wieso. Die Toten wurden auf einen Haufen geworfen und angezündet. Wegen der radioaktiven Kontaminierung verbrannten ihre Körper in einer blauen Flamme.

Bei Sakai wurde in diesem Jahr Brustkrebs entdeckt. Sie will warten, sagt sie, lächelt schwach und schweigt.

Mit ihrer Geschichte will sie andere überzeugen, gegen das Kraftwerk zu protestieren. Bis zu ihrem 80. Lebensjahr ist sie bei den Demonstrationen mitmarschiert. Eine Zeit lang hat sie den Protest auf der Insel gegen das Atomkraftwerk geleitet. »Zwischen nuklearer Energie und nuklearen Schrecken gibt es keinen Unterschied«, sagt sie.

2011

Ich sitze in der Fähre nach Iwaishima. Regen fällt, die See wirkt grau. Saori begleitet mich erneut, diesmal musste ich sie überreden. Das Reaktorunglück von Fukushima ist ein halbes Jahr her und ich lebe wieder in Berlin. Seit meiner Abreise dachte ich oft an die Insel und ihre Menschen. Das Erdbeben vom 11. März 2011 löste einen Tsunami aus, der das Kraftwerk in Fukushima ausgelöscht hat und das ganze Land veränderte. Alle 50 Kernkraftwerke sind abgeschaltet, Neubauten sind vorerst gestoppt. Ich bin für einige Wochen wieder in Japan, um zu sehen, wie das Reaktorunglück das Land verändert hat. Müssen die Menschen auf Iwaishima immer noch kämpfen?

Kurz nach meiner Rückkehr nach Deutschland im letzten Jahr konnte ich meine Recherche mit meinem Vater als kleines Buch veröffentlichen. Der Fokus lag auf Hiroshima: Im Jahr meiner Geburt war mein Vater das erste und einzige Mal in Japan gewesen und hatte die Stadt zum Jahrestag des Bombenabwurfs besucht. Wir kombinierten historische Aufzeichnungen zu Hiroshima von 1945, seine Notizen von 1987 und meine bisherigen Recherchen auf Iwaishima. Ich habe das Buch im Gepäck und will es den Menschen auf der Insel zeigen.

Iwaishima ist inzwischen bekannt geworden. Einen Monat nach dem Reaktorunglück in Fukushima sah ich einen Beitrag im deutschen Fernsehen, Zeitungen folgten nach. Die internationale Presse brachte Berichte über die Insel und das Atomkraftwerk. Die Stadt Kaminoseki schrumpft, sie brauchte das Geld.

Zwischen 1984 und 2010 erhielt sie 4,5 Milliarden Yen durch staatliche Subventionen für Regionen, die ein AKW bauen wollen. Dazu gab es 2,4 Milliarden Yen von Chūgoku Denryoku. Umgerechnet sind das insgesamt mehr als 40 Millionen Euro für ein Atomkraftwerk, das nicht existiert. Die Fischer von Iwaishima sollten eine Milliarde Yen vom Konzern erhalten, ungefähr acht Millionen Euro. Sie lehnten ab.

Ein Dutzend Menschen von Iwaishima hat seit den 1970er Jahren im Kraftwerk in Fukushima gearbeitet. Sieben von ihnen starben an Krebs. Die Überlebenden protestieren heute gegen das AKW gegenüber ihrer Insel.

In der »Los Angeles Times« wird Yuasa Masae zitiert, Professorin an der Hiroshima City University: »Die Kernkraftindustrie ist eine starke politische Kraft hier.« Obwohl das Reaktorunglück sie gebremst habe, werde sie nicht aufgeben. »Die Atomlobby wird dafür plädieren, noch mehr Geld auszugeben, um die Wissenschaft zu perfektionieren.«

Der Regen lässt nach, als die Fähre den Hafen erreicht. Wir fragen nach dem Farmer Yamato und uns wird gesagt, dass er gerade schläft. Ziellos laufen wir durch die Gassen, bis uns ein bekanntes Gesicht anlächelt. Okamoto Nauya, der Kayak-Aktivist, den sie Kin-chan nennen, lädt uns in sein Haus ein: ein weiteres altes Anwesen ohne Erben. Für weniger als drei Euro die Nacht könnten wir hier als Freunde der Insel übernachten, sagt er.

Seit Fukushima habe sich einiges getan, erzählt uns Kin-chan. Der Bau des Atomkraftwerks wurde von der Präfektur

Yamaguchi und Chūgoku Denryoku gestoppt. Nach fast 30 Jahren scheint Iwaishima den Kampf gewonnen zu haben. Zögerlich freut man sich. Es sei nicht das erste Mal, dass ein temporärer Baustopp verhängt worden sei, sagt Kin-chan. Erst wenn die Bauzäune verschwunden seien, werde die Insel feiern. »Drei Tage lang!«

Tōjo Masajuki schaut plötzlich durch die Eingangstür, der andere Kayak-Aktivist. Auch er erkennt uns gleich und lächelt. Er will Kin-chan auf Wiedersehen sagen. Gleich geht die Fähre Richtung Festland, die er mit seiner Verlobten nimmt, einer Kayak-Aktivistin. Beide verlassen die Insel, die anderen Aktivisten sind auch weg. Der Kampf ist vorbei. Nur Kin-chan will nicht gehen. Seine Mutter, die anfangs nicht begeistert war, dass er sein Studium schmiss, wohnt heute auf Iwaishima. Er habe ihr so leidenschaftlich von der Insel erzählt, sagt Kin-chan. Aus dem unsicheren jungen Mann ist ein glücklicher Bewohner Iwaishimas geworden.

Nach dem Reaktorunglück in Fukushima flüchteten fünf Familien aus verschiedenen Regionen in Japan nach Iwaishima. Eine ist geblieben, sie lebt in einem der höchsten Häuser auf der Insel. Vor Familie Sano liegen das ganze Dorf und das Meer, hinter ihnen liegt ein Leben in Tōkyō. Die jungen Eltern wollen ihre zwei kleinen Kinder nicht mit vermeintlich verseuchten Lebensmitteln aufziehen. Ihr Haus auf Iwaishima und das havarierte Kraftwerk in Fukushima sind 900 Kilometer voneinander entfernt. Eine Distanz, die beruhigt.

Vater Sano Kotaro war Fotograf, suchte wilde Tiere und Natur. Er erzählt, wie er in Afrika auf dem Boden lag, um Geparden mit der Kamera nahezukommen, während seine Frau das Kind windelt. Als er den Berg Takao in der Nähe von Tōkyō für einen Bildband fotografierte, war das ein Wendepunkt für ihn.

»Mir wurde klar, welche schützenswerte Natur es bei uns daheim in Japan gibt und wie zerbrechlich sie ist – stets bedroht durch kommerzielle Interessen.« In dieser Zeit hörte er zum ersten Mal von Iwaishima.

Jeder auf der Insel weiß, dass zur Familie Sano zwei Kinder und eine Katze gehören. Hier kennt jeder jeden. Das ist für die Familie aus Tōkyō nicht einfach. Bevor sie ihr Haus beziehen konnte, musste sie sich dem Inselrat vorstellen. Der signalisierte, dass Iwaishima keine temporäre Sache sei. Wenn man auf die Insel ziehe, soll man auch hier bleiben. »Die ersten zwei Jahre sind die Menschen skeptisch«, erzählt Vater Sano, »aber danach gehört man zur Gemeinschaft.« Die Verschlossenheit bewahrt das ursprüngliche Leben auf der Insel und sorgt für dessen Aussterben. Ich denke an den lokalen Shintō-Priester, der wegen seiner offenen Einstellung zum Atomkraftwerk von der Insel geschickt wurde. Die Geschichte ist lustig, aber zeigt auch, dass es Gegenmeinungen schwierig haben auf Iwaishima.

Sano Kotaro ist jetzt Schweinefarmer, weil er eine Art Inselpraktikum macht. Er hilft allen überall auf der Insel: auf der Farm, auf dem Hügel, am Meer. Bei allem, was die Insel ernährt, arbeitet er eine gewisse Zeit mit und entscheidet dann, was ihm am besten gefällt. Ist das nicht eine große Veränderung zu seinem Leben in Tōkyō? Er schaut auf seine schlammverschmierten Stiefel und nickt. Nach einem Blick zu seiner Frau bestätigt er, dass er sich hier wohlfühle. Sie wollen den Rest ihres Lebens auf der Insel verbringen. Ihren Kindern wollen sie später die Wahl lassen.

Draußen in den verregneten Gassen begegnet uns Farmer Yamato. Er grüßt wortkarg: »Oh, ihr auch hier?« Für ein Gespräch habe er keine Zeit, aber ich kann ihm eine E-Mail schreiben, wenn ich noch Fragen habe. Man hat uns nicht vergessen, sage ich zu Saori. Sie lächelt müde.

Als der Regen nachlässt, setzen wir uns ans Meer. Saori ist frustriert. Während im letzten Jahr die Sonne über dem Meer aufging, ist jetzt alles grau. Auf dem Handy checkt sie den Fahrplan des Nachtbusses in Richtung Tōkyō. Sie hat keine Lust mehr auf die Insel. Wir haben nicht mehr das Gefühl, dass unsere Anwesenheit hier etwas verändern kann, anders als beim letzten Mal. Es ist keine lustige Abwechslung zum Alltag im Büro, sondern ein Marsch durch den Regen. Saori hat ihre Antwort gefunden, ob Journalismus eine Alternative für sie wäre. Nach unserem letzten Besuch kehrte sie ins Architekturstudio zurück. Die Fähre kommt. Saori lächelt zum Abschied. Ich weiß nicht, ob aus Freundschaft oder Erleichterung.

Zurück im Haus für die Freunde der Insel bereitet Kin-chan das Abendessen für mich und einen weiteren Gast vor, einen Studenten aus Kyōto. Kin-chan brät Fische, die er selbst gefangen hat, und serviert sie uns mit Sake. Er erzählt, dass jetzt gerade eine Party auf der Insel stattfindet, zu der er später mit dem Studenten eingeladen ist. Die Regisseurin Hanabusa Aya hat einen Dokumentarfilm über Iwaishima gemacht und ist zu Besuch. Ich bin traurig, nicht dabei zu sein, danke aber Kin-chan für seine Gastfreundschaft. Er hebt die Sake-Schale in meine Richtung und lächelt.

Am späten Abend öffnet sich die Schiebetür. Ein älterer Mann stützt den betrunkenen Studenten aus Kyōto, der von der Party kommt und sich nicht auf den Beinen halten kann. Der Mann legt ihn in das Nebenzimmer, setzt sich zu mir und nimmt sich ein wenig Fisch.

Herr Hashimoto Hisao kennt mich, von meinem Buch habe er gehört. So etwas spricht sich auf der Insel schnell herum. Er ist verantwortlich für dieses leere Haus für die Gäste der Insel. Vor seinem Ruhestand arbeitete er für eine kurze Zeit in einem Atomkraftwerk von Chūgoku Denryoku. Er ist also Ingenieur? »Nein, nur einfacher Arbeiter«, sagt er. Schnell merkte er, was dort alles nicht richtig funktionierte. Deswegen setzt er sich jetzt gegen die Atomkraft ein. Vor einem Jahr verklagte Chūgoku Denryoku vier Aktivisten von Iwaishima, die maßgeblich die Bauarbeiten behindert hätten. Herr Hashimoto war einer von ihnen. In dem Prozess gab er ein Statement ab, um die Motivation der Fischer zu erklären:

> *»Die Bebauung der Küste bedeutet, unsere Lebensgrundlage zu zerstören, die uns seit Generationen von unseren Vorfahren übergeben wurde. Chūgoku Denryoku war so unverschämt, uns zu sagen, dass unsere Art zu leben keine Zukunft hat. Wenn es zu einem Unfall kommt, werden wir Menschen von Iwaishima nirgendwohin gehen können und auf uns alleine gestellt sein.*
> *Seit 1982, seit den Anfängen des Kaminoseki-Kernkraftwerks, haben wir gewaltfrei »NEIN!« zu dem Projekt gesagt. Um uns zu bekämpfen, hat Chūgoku Denryoku eine enorme Geldsumme bewegt, um die lokalen Gemeinden und die Regierung zu beeinflussen. Ich und die anderen drei Angeklagten haben nichts getan, für das jemand von uns eine Entschädigung verlangen kann. Das Atomkraftwerk und dieses Meer können niemals gemeinsam existieren.*
> *Wir Fischer haben die Verantwortung, das Meer zu erhalten und an künftige Generationen weiterzugeben. Wir sind entschlossen, unsere gewaltfreien, gerechten Aktivitäten fortzusetzen, bis Chūgoku Denryoku dieses Projekt aufgibt.«*

Hashimoto setzt sich seine Schirmmütze wieder auf, steht auf und geht durch die Schiebetür nach draußen. Er bittet mich, ein Auge auf den betrunkenen Studenten zu haben, der inzwischen tief schläft. Ich schaue in den Abendhimmel. Die Figuren auf den Dächern der alten Häuser glänzen im Regen. Zum Abschied schaut mich der alte Mann ernst an und dankt mir für meine Berichte. »Aber Iwaishima bekommt doch jetzt viel Aufmerksamkeit durch die Medien«, sage ich. »Ja«, sagt Herr Hashimoto, »aber du bist wiedergekommen.«

2014

Trotz der Sonne ist es kalt, so früh am Morgen. Ich stehe vor der Hiroshima City University und warte auf einen gelben Toyota. Seit einem halben Jahr lebe ich als Austauschstudent im Wohnheim der Universität auf einem Berg. Die Soziologie-Professorin Yuasa Masae hat mich gefragt, ob ich sie nach Iwaishima begleiten kann. Ich habe keinen Kurs bei ihr, aber wir sprachen ein paar Mal über die Insel. Aus akademischen und aktivistischen Gründen ist sie häufig dort. Auf Iwaishima ist es ruhig geworden, nach Fukushima schien der Kampf gewonnen. Heute und morgen soll auf der Insel etwas Großes passieren, hat Masae angekündigt. Ihr Auto fährt vor.

Auf dem Weg zur Küste sammeln wir einen deutschen Strahlungsexperten ein, der gerade für ein Seminar in Hiroshima ist: Sebastian Pflugbeil, Physiker und Bürgerrechtler. In der letzten Regierung der DDR war er Minister. Masae erzählt uns, was auf Iwaishima passiert.

Viele Jahre hat Yamato Sadao, der Vater des Farmers Yamato Takashi, die Proteste auf der Insel geleitet – und damit de facto Iwaishima. Yamato Senior sei nicht sehr beliebt, sagt Masae, und etwas stur. Deswegen sollen die Menschen ihn immer wieder gewählt haben. »Sie dachten: Wenn er schon bei uns unbequem ist, ist er auch gegenüber der Stromfirma unbequem und kann dort unsere Interessen vertreten«, erklärt Masae.

Er hatte den Plan, Iwaishima vom Stromkonzern unabhängig zu machen, indem die Häuser Solarzellen bekommen. Nicht alle fanden das sinnvoll. Die Gesamtfläche aller Dächer reiche nicht, um genug Strom zu generieren. Als nach Fukushima der Kampf gegen Chūgoku Denryoku gewonnen schien, trat Yamato zurück und hinterließ eine halbe Insel mit Solarzellen. Für Energie ist Iwaishima weiterhin abhängig vom Konzern. Der 59-jährige Shimizu Toshiyasu übernahm vor drei Jahren seine Rolle. Er sei sehr beliebt auf der Insel, so Masae, und werde für seine zurückhaltende Art geschätzt.

Das Garantie-Geld, das an die Fischer der Region gezahlt wurde, ist ein neuer Konfliktpunkt geworden. Auf Iwaishima war man sich einig, das Geld nicht anzunehmen. Seit dem großen Erdbeben und dem Vorfall im Kraftwerk in Fukushima vor drei Jahren ist die Konstruktion des Atomkraftwerks zwar pausiert, aber nicht beendet. Die Fischer auf der Insel gehen jedoch nicht mehr davon aus, dass das Kraftwerk jemals gebaut werden wird. Warum also nicht das Geld nehmen, argumentieren einige. Sie haben keine Angst mehr, dass ihre Lebensgrundlage zerstört werden könnte. Die Bezahlung wäre noch ein Sahnehäubchen obendrauf.

Auf der Insel gab es eine öffentliche Abstimmung, bei der sich die Mehrheit gegen das Geld ausgesprochen hat. In den Tagen danach sollen manche heimlich bei der Stromfirma angerufen haben. Sie sagten, ihre Meinung habe sich geändert, die Abstimmung sei verwirrend gewesen. Sie seien bereit, das Geld zu nehmen. Auf der Insel gibt es nun zwei Lager:

Ungefähr 40 Menschen wollen das Geld haben. Alle anderen lehnen es ab – weil es eine symbolische Niederlage wäre.

Die Menschen auf Iwaishima fürchten außerdem, dass die Bauarbeiten irgendwann doch wieder beginnen könnten. In der Zukunft wird es immer weniger von ihnen geben, die sich dagegen wehren können.

Strahlenexperte Pflugbeil sieht die Sache pragmatisch. »Wie lange können die Senioren noch kämpfen? Zehn, zwanzig Jahre? Der Konzern sitzt es aus«, sagt er. »Sie sollen lieber das Geld nehmen, statt sich gegenseitig an die Gurgel zu gehen«, sagt Pflugbeil. »*Go out with a bang!* Und mit einer großen Party.«

Masae bleibt höflich: »Ich weiß ja nicht…« Pflugbeil kann sich kein deutsches Dorf vorstellen, das so lange Widerstand leisten würde.

»Wenn die Insel stirbt, wie wird man sich an sie erinnern?«, frage ich ihn. »Als die Insel, die 30, 40 Jahre lang gegen einen Stromkonzern gekämpft hat? Oder als die Insel, die am Ende aufgegeben hat – und sein Geld nahm?«

Wir fahren durch einen Küstenort, der mir bekannt vorkommt. Es ist der gleiche, in dem wir vor vier Jahren nach einem Boot fragten und das Büro von Tominokai steht. Wir haben die Fähre verpasst.» Schon wieder«, sage ich und erzähle, wie wir damals per Anhalter nach Iwaishima kamen. Inspiriert von meiner Geschichte hält Masae an, steigt aus und fragt die Bootsbesitzer in der Nähe. Einer stammt von der Insel und wartet gerade auf den ehemaligen Anführer Yamato, um ihn nach Iwaishima zu bringen. Wir dürfen an Bord. Kurze Zeit später betritt Yamato Sadao das Boot, er sieht mich nicht an. Hinter ihm folgt sein Sohn Takashi, der mich anschaut, überlegt und dann sagt: »Du bist der mit dem Buch.«

Auf Iwaishima führt Masae uns zu einem Wohnhaus am Hafen, wo das erste Meeting stattfindet. Im Wohnzimmer sitzen zwei Dutzend Menschen auf dem Boden und hören dem Anwalt der Insel zu. Morgen wollen Vertreter der Fischereigewerkschaft der Präfektur Yamaguchi kommen. Sie haben das Garantie-Geld vom Stromkonzern angenommen und wollen jetzt die Menschen auf Iwaishima überzeugen, ihnen zu folgen. Doch die meisten auf der Insel wollen nicht einmal, dass die Gewerkschafter Iwaishima überhaupt betreten. Mit vollem Körpereinsatz möchten sie die Vertreter zurück in die Fähre drängen, so wie sie es schon oft gemacht haben – mit Leuten vom Stromkonzern und aus der Politik.

»Das ist kindisch«, sagt der Anwalt sachlich. In seinem schwarzen Anzug fällt er auf zwischen den Fischern und Senioren. Neben ihm sitzen der Inselrat, Anführer Shimizu und wir. Ein alter Mann gibt dem Anwalt recht. Die Entscheidung über das Geld sei doch schon gefallen. »Die Leute von der Gewerkschaft wollen nur reden«, sagt der Alte. Sie jetzt zurück ins Boot zu drängen, ändere nichts. Der Anwalt nickt. Allerdings verstehe er die Gefühle der Inselbewohner. »Sie wollen zeigen, dass sie weiterhin den Konzern und alle Pläne ablehnen.« Der Protest und die Entschlossenheit der Senioren überzeugten ihn einst, die rechtliche Beratung zu übernehmen. Jeder Konflikt, der mit Chūgoku Denryoku zu tun hat, ist ein Kampf für die Insel und zum Schutz ihres Meeres.

Bentō, japanische Lunchboxen, werden in den Raum gebracht. Während wir essen, stellen wir uns reihum vor. Mir gegenüber sitzt eine Autorin aus Tōkyō, die zwei Jahre auf der Insel lebte. Sie hat ein Buch über diese Zeit geschrieben. Auch Tōjo Masajuki, der Kayak-Aktivist, ist hier. Seit dem Reaktorunglück 2011 dreht er an einem Film über die Insel und über Fukushima.

Anführer Shimizu bleibt still und stellt sich als Letzter vor. Mit seiner Windjacke und Baseball-Mütze ist er von den anderen Senioren nicht zu unterscheiden. Gleich ist Inseltreffen, sagt er, alle Bewohnerinnen und Bewohner sollen zum Gemeindehaus am Hafen kommen. Oben im Versammlungsraum sind einige der Alten schon da. Eine Gruppe Damen freut sich, Tōjo wiederzusehen. Er wohnt mit seiner Frau auf dem Festland, sie erinnern sich gerne an ihn. An einem großen Fenster steht Herr Hashimoto, Tōjo geht zu ihm. Beide schauen lange auf das blaue Meer hinaus. Es wirkt friedlich. Kaum ein Schiff ist unterwegs.

Der Raum füllt sich. Bis ins Treppenhaus drängen sich die alten Menschen. Alle wollen wissen, wie es weitergeht, was der Plan für morgen ist. Zuerst spricht der Anwalt. Er lobt die Jahrzehnte des Protests, die harte Arbeit der Senioren. Aber er bittet sie, es nicht zu übertreiben und auf ihre Gesundheit zu achten. Sie hätten genug erreicht.

Farmer Yamato sagt, dass das eigentliche Problem doch die Schulden der Fischer seien. Wenn die Insel es schaffe, ihnen finanziell zu helfen, dann könne man auf das Geld verzichten. Die See ist reich an Fisch, der Wettbewerb hart. Deswegen verdienen die Fischer nicht genug. Nach ein paar Wortmeldungen ist das Treffen vorbei. Die meisten stehen vom Boden auf, als Shimizu das Mikrofon in die Hand nimmt. Er mahnt zur Vorsicht für den nächsten Tag. »Nicht schubsen, nicht gewalttätig werden.« Das könne gegen die Insel verwendet werden. »Schreien ist okay.« Die Hälfte der Insel ist bereits die Treppe hinunter.

Masae und Pflugbeil nehmen die letzte Fähre des Tages, ich möchte noch bleiben. Herr Hashimoto erinnert sich gut an mich und bietet mir eine Unterkunft an. Es ist wieder das offene Haus für Freunde der Insel, in dem ich vor drei Jahren übernachtet habe. Ich lasse meine Tasche im Haus und gehe durch die Gassen. Die Wege auf der Insel kenne ich noch gut, sie sind so verwinkelt wie damals. Iwaishima scheint Veränderung nicht zu erlauben. Auch wenn nach Fukushima einige Neue gekommen sind – die wenigsten bleiben. Die junge Familie Sano, die ich 2011 getroffen habe, hat ein Jahr später die Insel verlassen. Auf einem Pfad begegnet mir die Autorin aus Tōkyō, die mittags beim Treffen mit dem Anwalt dabei war.

Yamaaki Makoto schlägt vor, dass wir zusammen abendessen. Sie führt mich zu einem weißen Haus und sagt: »Hier ist es!« Drinnen steht ein Tisch, gedeckt für zehn Leute. Wir nehmen Platz. Kurze Zeit später kommt Tōjo dazu. Die Köchin tischt gebratenes Wildschwein, frittierte Austern und Kartoffelsalat auf, dazu Sushi und Reis. Alles von der Insel, alles köstlich. Ich frage: »Sagen Sie, wie lange haben Sie schon das Restaurant?« Alle schauen mich irritiert an. Im Hintergrund läuft der Fernseher. »Restaurant? Ich wohne hier!« Der Tisch lacht. Sie ist die Ehefrau von Herrn Hashimoto – und das ist sein Haus.

Hashimoto Noriko wurde auf der Insel geboren, lebte aber mehr als 30 Jahre lang in Ōsaka und arbeitete dort als Friseurin. Ihr Vater überlebte die Atombombe in Hiroshima, wie ihr Mann ist sie ein Teil der Protestbewegung. Mit guter Laune und Witzen unterhält sie uns beim Essen. Fürsorglich ermutigt sie mich ständig, mehr zu essen. Mein Glas ist nie leer.

Später kommen ihr Mann Hisao, Anführer Shimizu und der halbe Inselrat hinzu. Mit den alten Männern leere ich eine Flasche Sake. Autorin Makoto hat sich mit ihrem Laptop in die Ecke zurückgezogen. Nach vier Gläsern ist mein Japanisch so gut wie noch nie. Ich spreche mit den Senioren über den Protest und Politik, meine Projekte und den Krieg.

Abe, Japans Premierminister und Enkel eines Kriegsverbrechers, betreibt wieder aggressive Außenpolitik. Regelmäßig verärgert er China und Korea mit ignoranten Äußerungen. Seit er an der Macht ist, rückt Japan nach rechts. Die alten Herren am Tisch, viele kurz nach dem Krieg geboren, finden Abe furchtbar. Er sorge nicht gerade für ein aufgeklärtes Volk, Fukushima spiele er runter. Rückt denn der Krieg nicht mit jeder Generation weiter in die Ferne, frage ich. Einer der Männer antwortet: »Ja, aber es wird immer Kriege geben.«

So offen am Tisch über Politik zu sprechen, ist in Japan ungewöhnlich. So ungewöhnlich, wie mehr als 30 Jahre gegen ein Atomkraftwerk zu protestieren.

Iwaishima ist still am nächsten Morgen. Heute kommen die Vertreter der Fischereigewerkschaft zum Reden – falls sie überhaupt die Insel betreten können. Die nächste Fähre kommt in einer Stunde, die könnte die Vertreter an Bord haben. Ich laufe zum Hafen und sehe einige Leute vor dem Gemeindehaus stehen. Drinnen ist die halbe Insel versammelt. Mit der ersten Fähre des Tages sind weitere Menschen angereist, um die Proteste zu unterstützen. Ein kleines Mädchen hat mit Wachsmalstiften ein Poster gebastelt, »Gegen Atomkraft!« steht darauf. Unter den Worten ist ein kleiner, toter Fisch aufgemalt. Die fünf Jahre alte Yuiko kommt mit ihrer Mutter aus Ibaraki, einer Präfektur südlich von Fukushima. Nach dem Unfall im Kraftwerk flohen sie nach Yamaguchi.

Frau Hashimoto und andere Frauen der Insel bringen selbstgemachtes Essen, während die Männer die Tische im Saal bereitstellen. Wer kann, schläft auf den Reismatten im Gemeindehaus. Die nächste Fähre kommt, die Gewerkschafter sind nicht an Bord. Also müssen sie mit der letzten am Tag kommen – die gleiche, die ich zurück nach Hiroshima nehmen muss. Mein Zeitfenster ist klein. Shimizu sagt zu mir: »Auch wenn du nur zehn Minuten lang fotografieren kannst – das kann schon einen Unterschied machen.«

Es sind bestimmt 200 Menschen, die nun am Hafen stehen. Anspannung liegt in der Luft. Das Fernsehen kommt mit einem eigenen Boot: NHK, Yamaguchi TV und andere Sender, die ich nicht kenne. Ich sehe Fotografen und Blogger. Alle starren aufs Meer.

Frau Hashimoto, sonst immer zu einem Witz aufgelegt, ist still. Neben ihr steht eine Fotografin, die schon seit zehn Jahren die Proteste auf der Insel festhält. »Jedes Jahr sind es weniger Menschen, die noch demonstrieren können«, sagt sie. Ich erinnere mich an Frau Sakai, die Überlebende der Atombombe, die ich vor vier Jahren getroffen habe. Am Hafen sehe ich sie nicht. Ich frage Frau Hashimoto, wie es ihr geht. »Sie ist im letzten Jahr verstorben.«

Mittlerweile haben sich Fronten gebildet. Fischer, die das Geld haben wollen, tragen schwarze Kleidung. Sie schauen grimmig. Senioren, die das Geld ablehnen, halten Fahnen und Schilder hoch. Dazwischen die Medien, die fast so zahlreich scheinen wie die Aktivisten. Etwas abseits steht die kleine Yuiko. Mit ihrem selbstgemalten Schild in der Hand brüllt sie lauthals über das Meer: »*Genpatsu hantai!*« – »Kein Atomkraftwerk!«

Ich dränge mich vorbei an allen zum Ende des Stegs, ganz nach vorne. Der Weg zurück ist blockiert. Bevor die letzte Fähre kommt, erscheint ein Boot mit fünf Polizisten. Der leitende Beamte trägt einen schwarzen Mantel und wirkt gelassen. Es ist nicht sein erster Einsatz auf Iwaishima. Tōjo fängt an, mit ihm zu diskutieren, Shimizu versucht, ihn zu beruhigen. Mir wird flau im Magen.

LOVE
げんぱつ
いらない
オオサカ
原発
いらない

Eine alte, kräftige Dame drängelt sich durch die Blockade. Ihr Gesicht kenne ich, ich habe sie auf Tōjos Fotos gesehen. Sie ist eine der Personen, die vom Stromkonzern verklagt wurden, wie Herr Hashimoto. Auch sie hat sich auf der Baustelle des Atomkraftwerks vor die Fahrzeuge gelegt. Jeden ausgefallenen Arbeitstag stellte die Stromfirma der Frau in Rechnung, die Kosten gehen in die Milliarden Yen. Sie bleibt entspannt. »Die Summe ist so hoch, das kann kein Mensch in seinem Leben bezahlen«, sagt sie. »Und in den wenigen Jahren, die mir bleiben, erst recht nicht.« Es ist Abschreckung für die anderen.

In wasserdichter Kleidung liegt die Dame auf der Treppe, über die man vom Steg auf die Fähre kommt. Der Polizist im Mantel versucht ihr zu erklären, dass sie auch den normalen Fahrgästen im Weg sitzt. »Ich bin eine alte Dame«, ruft sie überzeugt. »Ich bin nicht mehr so gut zu Fuß. Ich muss sitzen!« Der Polizist gibt auf.

Im Block der Fischer rauchen sie eine letzte Zigarette, die Stummel werden ins Meer geworfen. Die Männer wollen das Geld und dass die Gewerkschafter an Land gehen können. Die Demonstranten hinter ihnen wollen das nicht. Sie rufen und schreien, die Fischer ignorieren sie stoisch. Am Rand des Hafens versammeln sich andere Fischer und Inselbewohner, die nicht protestieren. Den ehemaligen Anführer Yamato sehe ich nicht. Sein Sohn steht abseits und beobachtet alles.

Dann kommt die Fähre. Der Hafen brüllt, die Fischer blockieren die Demonstranten, welche die Gewerkschafter aufhalten wollen. Chaos. »Erst die Fahrgäste von Bord lassen, dann das Gepäck!«, ermahnt der leitende Beamte die aufgebrachte Menge mit einem Megafon. Die Gewerkschafter sitzen hinten in der Fähre. Sie sind als Letzte an der Reihe.

Tōjo kommt nach vorne und springt an mir vorbei ins Boot. Ich habe vorher mit ihm abgemacht, dass wir zusammen die

Fähre betreten, um Bilder zu machen. »Geht's jetzt los?« Er nickt. Ich zeige dem Beamten mein Ticket. Er schaut kurz drauf, dann auf meine Kamera und wieder zurück aufs Ticket. »Achtung, es kommt ein Fahrgast durch, bitte den Weg frei machen!«, ruft er durchs Megafon. Ich laufe an der Dame auf der Treppe vorbei, die stur auf den Ausgang der Fähre schaut. Die Kamera-Teams sind schon an Bord.

Drinnen spricht Anführer Shimizu ruhig mit den vier Vertretern der Gewerkschaft. »Wir wissen, ihr wollt nur reden, aber die Leute von der Insel wollen nicht, dass ihr kommt. Bitte versteht das und bleibt in der Fähre«, sagt er. Die Gewerkschafter antworten nicht. Fischer, die das Geld annehmen wollen, sind an Bord gekommen und schubsen von hinten. Shimizu landet auf dem Boden. Es kommt zum Handgemenge. Die Gewerkschafter ignorieren Shimizu auf dem Boden und wollen die Fähre verlassen. Jetzt drängen auch Aktivisten an Bord und blockieren den Ausgang – allen voran die kleine Yuiko mit ihrer Familie.

Die Fünfjährige schreit. »Genpatsu hantai!« Ihre Mutter schreit auch. Die ganze Insel scheint zu schreien. Alle drücken, schubsen, brüllen durchs Boot. Der Kapitän hat keinen Nerv für die Szene. So komme er nicht von der Insel. Er habe einen Zeitplan einzuhalten.

Die Mutter aus Ibaraki versucht, den Kapitän zu bremsen, zu überzeugen. Dann schreit sie: »Wir wollen kein Atomkraftwerk! Kein Fukushima in der Seto-See!« Der Kapitän brüllt zurück. »Halts Maul!« Er stellt sich in den Ausgang, damit kein Fahrgast mehr zurück an Land kann. Abseits der Menschenmenge sehe ich Yuiko, sie muss an den streitenden Erwachsenen vorbei gelaufen sein. Sie wirkt mit der Situation überfordert. Still beobachtet sie, wie der Kapitän ihre Mutter anschreit, während er sich im Türrahmen festhält.

Die Gewerkschafter schaffen es mit ihren Aktenkoffern von Bord und betreten die Insel. Es ist ein Wunder, dass keiner ins Wasser fällt. Wer wofür drückt, schubst, kämpft, wer Journalist ist oder für die Fähre arbeitet – ich kann es nicht mehr erkennen. Die Gewerkschafter stehen auf der Treppe und bewegen sich keinen Zentimeter auf dem Steg. Der Kapitän ist wieder in seiner Kabine verschwunden, die Mutter nimmt das Plakat ihrer Tochter, rollt es zu einem Megafon zusammen und schreit durch die Tür: »Die Fähre legt bald ab! Wir bitten alle Fahrgäste an Bord zu kommen!« Ihre Tochter sitzt vorne und weiß nicht so recht, was passiert.

Nach einer gefühlten Ewigkeit – es sind vielleicht 15 Minuten – sehen die Gewerkschafter auf dem Steg ein, dass ein Gespräch hier und heute keinen Sinn macht. Sie kehren um und gehen zurück an Bord. Im Hafen wird applaudiert. Das halbe Boot weint. Die Gewerkschafter setzen sich, keiner scheint überrascht. Mit Tränen in den Augen winkt die Mutter aus Ibaraki den Senioren von der Insel zu. Ihre Tochter winkt mit. Die anderen Fahrgäste winken auch. Die Gewerkschafter winken nicht.

Das Fährboot hat zwei Bereiche für Passagiere. Im Heck sitzen die Leute von der Gewerkschaft und die Journalisten. Im Bug sitzen die Aktivisten. Wer nicht weint, reibt sich die Anstrengung aus dem Gesicht. Niemand schreit mehr. Vor der Fähre liegt die Seto-See mit ihren unzähligen Inseln. Keine war heute so laut wie Iwaishima.

Als ich das erste Mal von der Insel hörte, wusste ich nicht, ob Japan und der Journalismus das Richtige für mich sind. Iwaishima hat mir Antworten auf beide Fragen gegeben.

Chūgoku Denryoku hat immer noch die Genehmigung, ein Atomkraftwerk zu bauen. Sie wurde von der Präfektur

Yamaguchi 2022 verlängert – unter der Bedingung, dass der Bau erst beginnen darf, wenn es die nationale Regierung in Tōkyō erlaubt. Und die hat seit dem Reaktorunglück in Fukushima den Bau keines einzigen Atomkraftwerks freigegeben.

Auf Iwaishima ist die Protestgruppe weiterhin aktiv. Nach elf Jahren hat Shimizu die Leitung an seinen Sohn übergeben. Sein Vorgänger Yamato Sadao lebt heute in einem Altenheim auf dem Festland. Er glaubt, wenn Japan wieder Atomkraftwerke bauen möchte, wird sich die Stadt Kaminoseki als Erstes melden. Sie braucht Geld, ihre Bevölkerung schrumpft und wird immer älter. Also hat Kaminoseki ein neues Konzept für die Baustelle vorgeschlagen: Vor Iwaishima sollen verbrauchte Brennstäbe aus anderen Atomkraftwerken gelagert werden. Die Stadt könnte dadurch von der Kernbrennstoffsteuer profitieren. Je mehr Brennstäbe, umso mehr Geld von der Stromfirma. Chūgoku Denryoku begrüßt den Vorschlag und prüft die Umsetzung.

Die Insel ist dagegen.

軍艦島

GUNKANJIMA

Bröckelnde Fassaden

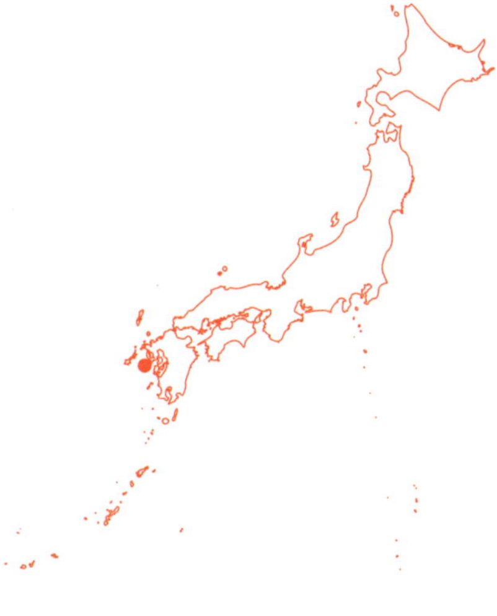

Ein fast leerer Bus bringt uns nach Nonogushi, ein Fischerdorf mit mehr Booten als Wohnhäusern. Wir sind die Einzigen, die aussteigen. Der Himmel ist grau an diesem Morgen, wie jeden Tag, seit ich in Nagasaki bin. Seit knapp einer Woche versuche ich, die Stadt zu überzeugen, mich auf die Insel Gunkanjima zu lassen. Die »Schlachtschiffinsel«, die eigentlich Hashima heißt, ist eine Ruine im Pazifik. Sie war einmal eine Stadt, gebaut auf einem Bergwerk, und wurde fluchtartig verlassen. Lange Zeit durfte man die Insel nicht betreten. Meine Freundin Saori hilft mir dabei, die Genehmigung zu bekommen, sie begleitet mich seit Tōkyo. Wir schauen vom Dorf auf die Bucht, von hier sind es weniger als fünf Kilometer zur Insel. Heute klappt es endlich.

Uns begrüßt ein Vertreter der Stadt Nagasaki, mit dem wir verabredet sind. In seiner Stimme und seinem Gesicht liegt keinerlei Freundlichkeit und er gibt sich keine Mühe, seine Erkältung zu verstecken. In regelmäßigen Abständen zieht er den Rotz in der Nase hoch. Das Schnäuzen ins Taschentuch gilt in Japan in Gesellschaft als unhöflich, dafür geht man eher auf die Toilette. Kann man das nicht, zieht man die Nase immer wieder lautstark hoch. Nennen wir den Mann also Herr Hanakuso, das japanische Wort für unliebsame Dinge, die aus der Nase kommen.

Ich kann den Mann schon verstehen. Es ist sieben Uhr morgens, nur für uns ist er krank eine Stunde von Nagasaki hierhergefahren. Es ist relativ neu, dass die Stadt sich überhaupt mit Gunkanjima beschäftigen muss. Bis 2001 gehörte die Insel dem Konzern Mitsubishi, der sie dann der nahen Gemeinde Takashima schenkte, in der weniger als 800 Menschen leben. Vier Jahre später wurde der Ort in die Stadt Nagasaki eingemeindet, die damit auch Gunkanjima bekam. Es dauerte nicht lange, bis man über das Potenzial der Ruine als

Touristenmagnet nachdachte. Drei Jahre später wurde Gunkanjima zusammen mit anderen Orten der UNESCO als Weltkulturerbe vorgeschlagen. Ein weiteres Jahr später wurde es möglich, dass Touristen die Insel besuchen, für gut 30 Euro. Falls eine Landung wegen schlechten Wetters nicht möglich ist, wird Gunkanjima mit dem Boot umrundet und man bekommt umgerechnet drei Euro zurück. Aber wem genügt es, nur die Fassade aus der Entfernung anzusehen?

Herr Hanakuso steht vor einem Motorboot. Der Besitzer springt heraus und wirkt so mürrisch wie der Mann aus Nagasaki. Mit Gummistiefeln, Windjacke und Schirmmütze ist er klar als Kapitän erkennbar. Wir werden kurz durch Herrn Hanakuso vorgestellt, tauschen Visitenkarten aus, viel mehr Kommunikation gibt es nicht – nur die Bezahlung steht noch aus. Ich gebe dem Kapitän einen Umschlag mit dem Geld für die Überfahrt, er nimmt ihn schweigend entgegen, steckt ihn ein und geht wieder an Bord. Wir folgen ihm. Kaum sind wir an Bord, legen wir ab.

Seit einem Jahr ist Gunkanjima nun offen für Touristen. Ruinen als Tourismusziele sind in Japan nicht üblich, auch wenn es zahlreiche davon gibt. Die verfallenden Gebäude seien gefährlich, heißt es, und überhaupt nicht schön. Man solle sich lieber alte Tempel und Schreine anschauen, die bis auf wenige Ausnahmen nicht an Japans Weltkriegsvergangenheit erinnern. Jede größere Industrieruine dagegen hat zwangsläufig mit der Kriegsmaschinerie zu tun. Darüber spricht man nicht so gerne. Die Aufarbeitung von Japans Rolle als Aggressor und Täter im Zweiten Weltkrieg ist lückenhaft und wird in den Schulen nicht ausführlich thematisiert. Wie Japan durch den Krieg leiden musste, behandelt man schon eher. Besonders hier in Nagasaki, der zweiten Stadt der Welt nach Hiroshima, die von einer Atombombe getroffen wurde.

Bevor ich ins Fischerdorf Nonogushi gefahren bin, habe ich mir in Nagasaki angesehen, was von damals zeugt: Brandflecken in einer Kathedrale, ein von der Schockwelle verbogenes Betontor zu einem Schrein und ein Museum zum Atombombenabwurf, wie man es ähnlich auch in Hiroshima findet. Aber das Museum in Nagasaki hat mich stärker getroffen, weil ich die Geschichten aus der Stadt nicht kannte. Nagasaki bleibt immer die Zweitgenannte der Geschichte, die Welt denkt immer zuerst an Hiroshima.

Nirgendwo merkt man das mehr als im Peace Park der Stadt, in dem viel weniger Denkmäler aus der ganzen Welt stehen als in dem von Hiroshima. Bis heute ist der einzige deutsche Beitrag dort die »Statue der Freundschaft verschiedener Völker« aus der DDR, 1981 von Erich Honecker eingeweiht.

Hiroshima hat den Atombombenabwurf zum Kern seiner Identität gemacht. In Nagasaki ist dieses Kapitel der Geschichte eines von vielen. Vor der Stadt lag zum Beispiel die künstliche Insel Dejima, der einzige Bereich, den Ausländer während Japans mehr als 200 Jahre langer Abschottung von der Welt betreten durften. Erst mit der Öffnung zum Westen während der Meiji-Zeit in der zweiten Hälfte des 19. Jahrhunderts endete Japans Isolation. Früher war Nagasaki eine wichtige Handelsstadt, heute erinnert ein Freilichtmuseum an die damalige Zeit. Das nächste Kapitel in der Geschichte könnte nun Gunkanjima werden.

Die Aussicht ist immer noch trüb, das Meer rau. Die regulären Fähranbieter haben am heutigen Tag alle touristischen Fahrten von Nagasaki aus abgesagt. Mal schauen, ob wir mehr Glück haben werden.

Ich bewege mich zum Bug des Bootes, die Hand fest an der Reling, weil der Wind mich kraftvoll nach hinten drückt. Nach 20 Minuten taucht Gunkanjima am Horizont auf. Ich bin aufgeregt. Der Kapitän schaut weiterhin mürrisch nach vorne und Herr Hanakuso von der Stadt ungerührt auf sein Handy.

Es ist so diesig und grau, dass ich kaum etwas von der Insel erkennen kann. In ihrer Mitte sehe ich einen felsigen Hügel, der mit Ruinen aus Beton verschmilzt. Dazwischen wachsen grüne Flecken, wilde Natur. Vorsichtig nähern wir uns einer kleinen Betoninsel, eine schmale Metallbrücke verbindet sie mit Gunkanjima. Links und rechts erstreckt sich eine massive Betonmauer einmal um die ganze Insel. Sie muss mehr als zehn Meter hoch sein.

Der Kapitän klappt eine Planke aus, von der wir rüberspringen sollen. Erst springt Herr Hanakuso, dann Saori. Die Wellen schaukeln das Boot, der Abstand zum Steg verändert sich ständig. Ich verstaue Kamera und Objektive sicher in meiner Tasche, halte ein Stativ fest in einer Hand und springe.

Ich bin auf Gunkanjima gelandet. Das Boot entfernt sich schnell, um nicht gegen die Betonwand gedrückt zu werden. Ich laufe über die Metallbrücke, durch die Löcher kann ich das Wasser sehen, zwei Meter unter mir. Direkt vor uns blockiert ein stählernes Tor den Weg durch die mächtige Wand, die aber schon zwei Meter weiter rechts zerbröselt ist. Man könnte einfach über das Geländer klettern. Herr Hanakuso hat den Schlüssel für das Tor. Ich erwarte ein ächzendes Quietschen, wie bei der Pforte einer Burg – doch kein Laut ist zu hören. Wir folgen dem Mann durch einen schmalen Tunnel. Für ihn ist das nichts Besonderes, er hat das schon oft gemacht.

Hinter der Mauer ist der Blick auf die Stadt frei. Die Häuser stehen noch, doch niemand lebt mehr hier. Es ist ein Freilichtmuseum, ein Sperrgebiet, eine Geisterstadt und eine postapokalyptische Filmkulisse. Gunkanjima ist alles gleichzeitig, deswegen wollte ich unbedingt herkommen.

Wir laufen auf einem neu angelegten Besucherpfad zum ersten eingezäunten Aussichtsplatz. Der makellose Weg durch das Geröll wirkt wie ein Fremdkörper zwischen den Ruinen und dem Unkraut. Als hätte man auf das ausgegrabene Fundament einer mittelalterlichen Festung einen Fahrradweg und einen Supermarktparkplatz gegossen. Nagasaki hat 100 Millionen Yen in den Weg und Steg investiert. Wir sollen den Pfad auf keinen Fall verlassen, sagt Herr Hanakuso, aus Sicherheitsgründen. Zum ersten Mal scheint die Sonne durch die Wolken. Alles bekommt plötzlich mehr Farbe und ich bin überrascht, wie grün die Insel ist. Gras, Klee und Sträucher klammern sich an die Betonbrocken. Bäume sehe ich keine. Hunderte Libellen umschwirren uns. Von außen ist die Insel ein Betonklotz, auf ihr ist Leben.

Fast 40 Jahre lang war hier niemand. Einst lebten hier 5.259 Menschen auf 0,063 Quadratkilometern – die höchste Bevölkerungsdichte der Welt, die später nur von der Kowloon Walled City in Hongkong übertroffen wurde. Selbst heutige Städte in Indien oder China erreichen diese Dichte nicht. Das ist vielleicht auch gut so. Mehr als 5.000 Menschen, die auf etwas weniger als fünf Fußballfeldern leben und arbeiten – schwer vorstellbar.

Der abgetrennte Weg verläuft Richtung Süden, entlang der Außenmauer, aber weit genug entfernt von ihr, um sie nicht berühren zu können. Hier ist sie noch nicht kaputt, das Meer sehen wir nicht. Wir hören nur die Wellen, die an der Mauer aufschlagen. Nach einer Weile erreichen wir den zweiten Aussichtspunkt. Vor uns Betonskelette der Häuser hinter jeder Menge Schutt. Dunkle Höhlen schauen mich an. Durch manche Wände kann ich hindurchschauen, andere stehen nicht mehr. Und manchmal kann ich nicht einmal erraten, was überhaupt irgendwo gestanden hat. Die Insel ist zerstört.

Aber kein Krieg und keine Katastrophe sind daran schuld. Zeit und Natur haben sich den Raum zurückgeholt.

Herr Hanakuso hat mich immer im Blick, aus Angst, ich könnte über das Geländer klettern und die Insel erkunden. Seine Angst ist nicht unbegründet. Ich würde nur zu gerne die zehn Quadratmeter großen Wohnzellen in den Häusern sehen und die verwinkelten Pfade, die alle Gebäude miteinander verbinden. Normalerweise, so verspricht es das Werbematerial, wird entlang des Pfades die Geschichte der Insel erzählt. Unsere Begleitung schweigt jedoch.

Mit der industriellen Revolution in Japan in der Mitte des 19. Jahrhunderts wurde Kohle wichtig. Örtliche Fischer kannten die brennbaren Steine von Hashima – damals nur ein Fels im Meer, ohne seinen Spitznamen. Der Abbau war kompliziert, bis 1890 der Konzern Mitsubishi die Insel kaufte. Dank moderner Maschinen war die Insel kurze Zeit später eine der produktivsten Minen der Region. Mit Geröll und Beton wurde die Insel vergrößert, Wohnungen wurden gebaut. Bereits 1893 gab es eine Grundschule für die Familien der Bergarbeiter, sieben Jahre später zählte man 93 Haushalte. In den folgenden 20 Jahren entstand eine ganze kleine Stadt: Post, Polizei, Metzger, Fischhändler, Supermarkt, Süßigkeitenladen, Friseur, Elektrogeschäft, Krankenhaus, Tennisplatz, Spielplätze, Schwimmbecken, öffentliches Badehaus, Tempel, Kino, zwei Bars und ein Bordell. Jeder freie Platz wurde genutzt. Die Menschen bauten Gemüse auf den Dächern ihrer Häuser an, mit sieben Stockwerken die höchsten Betongebäude in Japan. Aufzüge gab es nicht. Strom, Lebensmittel und Trinkwasser kamen vom Festland.

Manche der Gebäude auf der Nordwestseite bildeten ein Bollwerk gegen Taifune und waren daher extra stabil gebaut.

Andere waren um Lichthöfe herum konstruiert, die trotz der engen Bauweise ein angenehmes Leben ermöglichen sollten. Eine Vorzeigestadt sollte es werden, ein Beleg für japanische Ingenieurskunst. Oben wuchs eine Stadt und bis zu tausend Meter unterhalb des Meeresspiegels wurde in einer unterirdischen Kammer im Drei-Schicht-Betrieb Kohle gewonnen.

Für Sakamoto Dōtoku war das Leben auf Hashima »wunderbar«, wie er in vielen Interviews erklärt hat. Er ist zwar nicht auf der Insel geboren, hat dort aber seine Kindheit und Jugend verbracht. »Eine echte Gemeinschaft« sei es gewesen. Dōtoku engagierte sich für die Bewerbung der Insel zum UNESCO-Weltkulturerbe und führt Touristen durch seine alte Heimat.

Der größte Fernsehsender in Korea strahlte 2010 einen Dokumentarfilm über Gunkanjima aus, mit dem Titel »Das Land der Hölle.« So beschrieben ehemalige Arbeitende ihre Zeit auf Hashima. Wie in fast jedem industriellen Betrieb in Japan wurden vor und während des Zweiten Weltkriegs chinesische und koreanische Männer und Frauen zur Arbeit gezwungen. Auf Hashima sollen es mehrere Hundert gewesen sein, viele starben auf der Insel. Suh Jung-woo war 14 Jahre alt, als er auf Gunkanjima in die Mine geschickt wurde. In einem Interview mit einer Regisseurin beschreibt er, wie gefährlich der Abbau der Kohle gewesen sein muss:

»In den Tunneln unter dem Ozean sammelte sich Gas, jeden Monat starben vier bis fünf Menschen. Die Wände und Decken aus Felsen wirkten unsicher, die Arbeiter hatten Angst vor einem Einsturz. Manche versuchten vergeblich, ans Festland zu schwimmen. Mehrmals habe ich versucht ins Meer zu springen, weil ich dachte, der Tod wäre eine Erlösung.«

Im Bordell wurden in den 1930er Jahren Frauen aus Korea zur Sexarbeit gezwungen. Eine 18-Jährige beging 1937 Selbstmord, sie trank giftige Chemikalien.

Weder Herr Hanakuso noch Informationstafeln auf Gunkanjima erzählen mir von diesem Teil der Geschichte. Die Ruinen sind wie leere Gesichter, nichts deutet mehr darauf hin, wer hier lebte und wie – ob freiwillig oder gezwungen.

Unser Pfad trifft nun direkt auf die Mauer und macht einen Knick. Statt des Geländers aus Metall habe ich nun links die Betonwand neben mir. Würde ich versuchen auszubrechen, wie Suh Jung-woo es überlegte, landete ich mehrere Meter tiefer im Meer. Als wir an einem großen Abwasserloch in der Mauer vorbeikommen, kann ich mir das gut vorstellen. Das Wasser hat einen zwei Meter großen Kanal ausgehöhlt, wie ein Fluss einen Berg. Eine offene Wunde im mächtigen Wall.

Nach dem Krieg verlor Gunkanjima an Relevanz. Mit der Kapitulation Japans endete die Besatzung von Korea, die Zwangsarbeiter kehrten wieder zurück, und nur wenige Japaner wollten den gefährlichen und anstrengenden Job machen. Man lockte sie mit hohen Gehältern und weiteren Anreizen. So besaß jeder Haushalt auf Hashima 1958 ein Fernsehgerät, im Rest des Landes war es nur jeder zehnte. Doch billige Kohle aus dem Ausland wurde zunehmend lukrativer. Schon 1964 gab es kein Land, das mehr Kohle importierte als Japan. In 84 Jahren wurden auf Gunkanjima 16,5 Millionen Tonnen aus dem Meer geholt, bis 1974 Mitsubishi die Mine schloss und die Mitarbeitenden an andere Standorte schickte. Die Wohnungen wurden verlassen, die Fernseher stehen teilweise noch immer dort. Innerhalb von drei Monaten war die Insel leer und das Betreten fortan verboten. Hunderte weitere Minen in der Umgebung schlossen wenig später. Japanische Kohle wurde egal.

Beim dritten Aussichtspunkt endet der Weg. Neben den Wellen, die gegen die Außenmauern krachen, hört man nur das

Summen der Insekten und ab und an ein paar Vögel, die uns von den Dächern der leeren Gebäude beobachten. Mir ist klar, dass nun nichts mehr kommt. Ich hatte die Hoffnung, doch noch etwas mehr als Wände, Löcher und Geröll zu sehen, der Geschichte etwas näher zu kommen. Die letzte Aussichtsplattform steht vor dem Fundament der Baracken, in denen die chinesischen Zwangsarbeiter leben mussten. Seufzend signalisiere ich meiner Begleiterin Saori, dass es nun reicht. Sie sagt es Herrn Hanakuso. Ich glaube, einen Hauch Erleichterung in seinem Gesicht zu sehen, als er das Handy nimmt und den Kapitän anruft. Keine zwei Stunden nach unserer Landung verlassen wir die Ruinenstadt.

Zurück an der Anlegestelle müssen wir an Bord springen. Ich mache mich bereit, Gunkanjima Lebewohl zu sagen, als der Kapitän unaufgefordert noch eine Runde um die Insel dreht. Überall sind leere Häuser und Ruinen mit Löchern, hinter deren Wänden ich mir die Wohnungen und das Leben nicht mehr vorstellen kann. Wir drehen ab. Nun sehe ich auch, woher der Spitzname »Schlachtschiffinsel« kommt. Von weitem sehen die Gebäude aus wie Decks auf einem Schiff, der Turm auf dem Hügel wie ein Funkmast und die glatte Betonmauer wie ein Rumpf – die Silhouette eines großen Kriegsschiffes.

Die Insel wird kleiner. Bis sie einsam im grauen Dunst verschwindet. Wieder in der Bucht von Nonogushi angekommen, verabschieden wir uns schnell und gehen zurück zur Bushaltestelle. »Du siehst enttäuscht aus«, sagt Saori zu mir. Ich verneine, dabei hat sie recht. Die Insel entdecken konnte ich nicht wirklich. Ich habe mir noch andere Einblicke gewünscht.

Gunkanjima ist vieles: Bergwerk und Industriedenkmal, verlorene Heimat und Mahnmal für Zwangsarbeit, Touristenziel und Selfie-Spot. Und Kulisse, im James-Bond-Film *Skyfall*. Die Bedeutung verändert sich – doch wer deutet und warum?

Fünf Jahre nach meinem Besuch wird Gunkanjima UNESCO-Weltkulturerbe, als einer von insgesamt 23 Orten, die für Japans industrielle Revolution der Meiji-Zeit wichtig sind. Der Tourismus nimmt nun stark zu, von 60.000 auf 300.000 Besuche pro Jahr. Auch die Kritik wird laut. Aus Korea gibt es Proteste gegen die Nominierung, der koreanische Außenminister beschwert sich bei der UNESCO. Diese wiederum setzt von Beginn an die Aufarbeitung der gesamten Vergangenheit der Insel als Bedingung für den Titel.

Sieben Jahre später, 2022, habe ich erneut mit der Insel zu tun. Ich bin Teil der Produktion eines Dokumentarfilms, der auch auf Gunkanjima gedreht werden soll. Die Stadt schickt uns jedoch strikte Regeln: Der Film soll nur zur Unterstützung des Tourismus in Nagasaki dienen. Interviews zu kontroversen politischen und historischen Themen wie der Zwangsarbeit sind nicht erlaubt. Die Stadt behält sich das Recht vor, den finalen Film zu sichten, zu prüfen und gegebenenfalls die Entfernung bestimmter Szenen zu verlangen. Das ist nicht verhandelbar.

Wir haben einen anderen Ort gewählt.

Im 21. Jahrhundert wurden viele ehemalige Fabriken, Bergwerke, Manufakturen und Werkstätten in Japan geschlossen. Die Ressourcen waren erschöpft, die Arbeit wurde durch Maschinen ersetzt oder in günstigere Länder outgesourct. Übrig geblieben sind Ruinen, die in Vergessenheit gerieten oder eine neue Bedeutung bekamen. Nicht jede Industrieruine wird Kulturerbe oder Touristenattraktion. Dafür braucht es eine soziale oder kulturelle Bedeutung. Gunkanjima bekam den Titel, weil es an die Meiji-Zeit erinnert, die Periode der industriellen Entwicklung zwischen 1868 und 1912. Laut Professor Brian Burke-Gaffney von der Hochschule Nagasaki ist Gunkanjima wie ein Miniatur-Japan: eine Insel aus Beton und Industrie. Und eine Warnung vor dem Ende der Urbanisierung, wenn alle Ressourcen verbraucht sind. Was bleibt, ist »stumm, nackt und unbrauchbar«.

In den Jahren nach meinem Besuch hat sich kaum etwas auf der Insel verändert, nur dass die Aussichtsplattformen ein Dach als Sonnenschutz bekommen haben. Ein Großteil der Insel wurde für Google Maps kartografiert (auch der verbotene Bereich). Zusätzlich hat die Universität Nagasaki einen umfangreichen 3D-Scan der mehr als 70 Gebäude angefertigt, die zwischen 1916 und 1970 gebaut wurden – nach der Meiji-Zeit. Aus der Ferne ist die Insel also zugänglicher als bei einem Besuch vor Ort.

Seit der Titelvergabe durch die UNESCO stehen mehr Schilder auf der Insel. Keines weist auf die Zwangsarbeit-Vergangenheit hin. Aus diesem Grund – und weil die Gebäude nicht aktiv erhalten werden – besteht das Risiko, dass die Insel den Titel verliert und nicht mehr als wichtiges Kulturerbe der Meiji-Zeit gelten wird. Das wäre nur folgerichtig: Keines der heute noch auf Gunkanjima stehenden Gebäude stammt aus der Meiji-Zeit.

Durch die Löcher in ihren Fassaden kann man hinter die Kulissen der Insel sehen.

上勝

KAMIKATSU

Trash Talk

Glühbirnen in Altglasflaschen leuchten über uns, an den Wänden hängen gebrauchte Möbel. Ein Tisch steht auf einer Kommode, Schubladen stützen ein Regal. Holzkisten balancieren auf einer Truhe, zwei Meter über dem Boden. Wie die Esstische und Stühle kommen sie aus alten, leerstehenden oder abgerissenen Häusern. Wir sitzen in einer Kneipe in Kamikatsu. Der Ort in den Bergen der Präfektur Tokushima möchte Zero Waste Town werden. Eine Stadt, die keinen Müll produziert.

Draußen auf der Fassade steht in großen, weißen Buchstaben: »Rise & Win Brewing Co. BBQ & General Store«. Die Vorderseite des Hauses besteht aus recycelten Fenstern, acht Meter Tageslicht vom Boden bis zur Decke.

Drinnen sitze ich zusammen mit meiner Bekannten Joy unter einem recycelten Kronleuchter. Bei keiner Person passt dieser Name besser als bei ihr. Sie lächelt viel und trägt stets eine bunte Brille, die neben ihren grauen, kurzen Haaren besonders auffällt. 1969 wurde sie auf Hawaii geboren, seit mehr als zwanzig Jahren lebt sie in Japan und hat sich auf nachhaltigen Tourismus spezialisiert. Eine Zeitlang überlegte sie, nach Kamikatsu zu ziehen. »Als ich das erste Mal davon hörte, dachte ich nur: Da muss ich hin«, sagt sie. »Ich wollte dieses Nirwana sehen, das Mekka der Nachhaltigkeit!«

Country Musik spielt aus Lautsprechern, als wir das Mittagsmenü bestellen. Mein Hotdog wird mit Fleisch aus der Region gemacht, Joy isst vegetarisch. Der japanische Gründer des Lokals wurde bei einer Reise nach Portland von der Stimmung und der Braukultur inspiriert, dieses Geschäft aufzubauen. Inzwischen hat er Kamikatsu verlassen und in Tōkyō eine zweite Filiale von »Rise & Win« eröffnet. Dort kann die Kundschaft Bier in eigene Flaschen abfüllen, damit Müll vermieden wird.

Im Jahr 2021 produzierte jeder Mensch in Japan im Durchschnitt 890 Gramm Abfall pro Tag. In Deutschland waren es im selben Jahr 1769 Gramm. Als der Deutsche am Tisch müsste ich also still sein. Es gibt aber einen wichtigen Unterschied: 70 Prozent unseres Mülls wird recycelt. In Japan sind es 20 Prozent. Der Rest wird verbrannt, die Asche anschließend vergraben.

So war es auch in Kamikatsu, erklärt uns Ikezoe Aki, die seit drei Jahren in der Kneipe arbeitet. Nachdem sie uns das Essen gebracht hat, klappt sie einen Laptop auf und zeigt uns eine Präsentation über die Stadt und die Brauerei. Sie ist 38 Jahre alt und hat vorher in der Stadt Tokushima gewohnt, ungefähr eine Stunde mit dem Auto entfernt. Vor vier Jahren kam sie nach Kamikatsu, weil sie die Zero-Waste-Idee begeisterte. »Ich möchte einen Ort schaffen, in dem Menschen im Alter von null bis hundert ihre eigenen Träume verwirklichen«, sagt sie und lächelt stolz.

Früher verbrannten die Bewohnerinnen und Bewohner von Kamikatsu ihren Müll vor dem eigenen Haus. Ab 1974 brachten alle ihren Abfall zu einer zentralen Stelle – eine zehn Meter tiefe Grube in der Erde. Alles wurde hineingeworfen und angezündet: kaputte Fernseher, alte Schuhe, zerbrochene Teekannen. Den Rauch konnte man im zehn Kilometer entfernten Nachbardorf Hiura riechen.

Die Präfekturregierung verbot diese Entsorgung und die Kleinstadt installierte 1998 zwei Verbrennungsöfen. Gleichzeitig startete das Rathaus ein Projekt zu Mülltrennung und Recycling. Die Menschen in Kamikatsu sollten versuchen, weniger Abfall zu produzieren. Drei Jahre später wurde von Tōkyō ein Gesetz erlassen, das den Ausstoß von gesundheitsschädlichen Dioxinen beim Verbrennen begrenzen sollte. Kamikatsu musste die neuen Öfen mit Filtern ausstatten – was sich die Stadt nicht leisten konnte. Also beschloss man gemeinsam, eine Zero Waste Town zu werden. Am 19. September 2003 kündigte Kamikatsu an, ab 2020 keinen Müll mehr produzieren zu wollen. Abfall wurde in 22 Kategorien eingeteilt, zentral gesammelt und nach Möglichkeit recycelt.

Kamikatsu sei die kleinste Stadt auf der Insel Shikoku, erklärt Ikezoe. Vor 60 Jahren lebten hier mehr als 6.000 Menschen, heute sind es 1.430. Die Hälfte ist über 65 Jahre alt, ein Viertel über 85. Hundert Kinder gibt es noch. Ikezoe ist Mutter von zwei Jungs im Alter von fünf und acht Jahren. Wenn der Nachwuchs in die Oberstufe kommt, muss er Kamikatsu verlassen, weil es hier keine Schule mehr gibt. Die Schülerinnen und Schüler ziehen dann in ein Wohnheim in Tokushima. Für sie sei das kein Problem, sagt Ikezoe.

Für die Präsentation und die Möglichkeit, Fragen zu stellen, muss ich bezahlen. Weil es seit Jahren großes Medieninteresse an diesem kleinen Ort gibt, wurde die Regel eingeführt, dass Journalistinnen und Journalisten eine Gebühr für Interviews zahlen müssen, hat mir eine Angestellte der Stadt vor meinem Besuch mitgeteilt. Mir ist das bei meiner Arbeit noch nie begegnet. Auf meine irritierte Nachfrage, ob ich vielleicht die Nachricht falsch verstanden habe, erklärte man mir, dass die Medienleute die Mitarbeitenden in den Geschäften von der Arbeit abhalten. Das solle entsprechend vergütet werden. Das Geld bekommt nicht die Stadt, es geht an die jeweiligen Betriebe, die auch die Höhe festlegen können. Ich bezahle 9.000 Yen, ungefähr 75 Euro, für die Präsentation und die zwei Hotdogs.

Neben der Kasse liegen Souvenirs und nachhaltige Produkte zum Verkauf, etwa Mehrwegbecher, Bienenwachstücher und umweltfreundliches Waschmittel. Die meisten sind in durchsichtiges Plastik eingepackt.

Joy und ich gehen zu ihrem Tesla, den sie liebevoll Tessie nennt und der vor der Brauerei parkt. »Das mit den Plastikbeuteln ist lächerlich«, sagt sie. Jedes Mal, wenn sie hier sei, spreche sie das an. »Sie sagen dann, die Touristen würden sich sonst beschweren oder nichts mehr kaufen – was für eine Ausrede!«

Wir kennen uns, seitdem sie mich vor ein paar Jahren interviewt hat für ihren Kanal auf YouTube, auf dem sie mit Menschen in Japan hauptsächlich über Nachhaltigkeit spricht. Mit ihrem britischen Mann lebt sie in Hiroshima. Heute Morgen sind wir von dort hergefahren, bis ihr Tesla nach zwei Stunden den Akku aufladen musste. Weitere drei Stunden später kamen wir in der Brauerei an. Joy war schon acht Mal in Kamikatsu, Ikezoes Präsentation kann für sie nichts Neues gewesen sein. »Wusstest du, dass Aki gar kein Bier mag?«, fragt sie mich. »Sie wollte aber unbedingt in dieser Kneipe arbeiten.« Joy mag Aki sehr, vielleicht, weil sie auch immer lächelt. »Sie ist so fröhlich und eine wahre Bereicherung für das Unternehmen.«

Ja, denke ich mir. Die 9.000 Yen für die zehnminütige Präsentation waren sicher gut fürs Geschäft.

Seit den 90er Jahren beschäftigt sich Joy mit Nachhaltigkeit, zu Hause kompostiert sie ihren Biomüll. »Alleine das reduziert schon 30 Prozent des gesamten Abfalls«, erklärt sie überzeugt. In Kamikatsu ist eine solche Kompostierung Pflicht. Die Stadt übernimmt 90 Prozent der Kosten für eine elektrische Kompostiermaschine, die fast jeder Haushalt installiert hat.

Vor einiger Zeit hat Joy mit Freunden in der Nähe von Tōkyō einen Strand aufgeräumt. Sechs Stunden sammelten zwölf Menschen Müll, 30 Beutel machten sie voll. »Wir waren so stolz«, erzählt sie. »Doch dann drehten wir uns um. Die Flut brachte nur noch mehr und mehr Müll. Es hört nie auf.«

Wir halten an einem Souvenirshop, der auf Stelzen an einem Hang steht. Vor dem Eingang liegen Gemüse und Obst aus Kamikatsu zum Kauf. Alles ist in Plastik verpackt. Ein Fußweg führt zwischen Abhang und Straße entlang. Unter dem

Moos sind die Pflastersteine kaum zu erkennen. Große Spinnen ziehen ihre Netze zwischen den Bäumen und versuchen, die vielen Insekten zu fangen. Mein Blick fällt in das grüne Tal, wo bewaldete Hügel einen schmalen Fluss verstecken. Ungefähr 90 Prozent der Fläche von Kamikatsu sind neu angepflanzter Wald. Fast alles wurde gerodet, die Stadt lebte vom Holz. Heute ist nur jeder zehnte Baum Teil des Waldes, wie er früher einmal war. Affen, Rehe und Wildschweine scheinen eine Plage zu sein, ein Schild weist darauf hin. Joy sieht, wie ich die Tafel lese und erklärt, dass man von der Lokalregierung eine Prämie bekommt, wenn man die Tiere erlegt.

Ich ziehe mir eine Flasche Wasser aus einem Getränkeautomaten. Daneben stehen zwei Mülleimer für Plastikflaschen, wie fast überall im Land. Hinter ihnen hängt eine schmutzige Plastiktafel, auf die mit Hand geschrieben wurde: »Milchtüten und anderer Müll zur Müllstation. Nehmen Sie es mit!!«

Im Auto schaut mich Joy wegen der Plastikflasche streng an. Sie hat ihre Trinkflasche in der Kneipe mit Wasser aufgefüllt. »Wie viele dieser Flaschen kaufst du am Tag und schmeißt sie weg?«

Konsum ist so einfach in Japan. Für weniger als zwei Euro kann man sich überall aufregende Getränke ziehen, eiskalt im Sommer und gewärmt im Winter. In Deutschland benutze ich solche Automaten nie. »So drei bis vier Flaschen am Tag«, überlege ich laut. Joy mahnt: »Meinen Kindern sage ich immer: Versucht, es auf eine am Tag zu reduzieren, wenn ihr unterwegs seid.«

Kamikatsu besteht im Grunde aus einer langen Bergstraße. Auch wenn links und rechts Wege abgehen, das Wichtigste liegt entlang dieser Straße. Uns begegnet wenig Verkehr, wir hören den Fluss unten im Tal und manchmal eine Krähe. Graue Wolken hängen dicht über den Wäldern.

Wir fahren zu einem Café in einem alten Landhaus am Fluss. Es könnte ein Museum sein oder ein Plattenladen. Auf Regalen und an den Wänden sind Schallplatten platziert, alles japanische Musikerinnen und Musiker. Verstreut im Raum stehen mehrere Lautsprecher. »Das Café diente als Filmkulisse«, erzählt Joy, auch wenn ihr der Name des Werkes nicht einfällt. Sie begrüßt den Besitzer wie einen alten Freund. Der Mann macht uns einen anständigen Kaffee, während wir durch die offene Schiebetür auf den Regen schauen, der durch das Tal weht. Dampf zieht träge über den Fluss.

Ich frage den Besitzer nicht nach einem Interview. Mir reicht der Kaffee als Spesen.

Vier Personen Ende 20 kommen ins Café, alle aus dem Ausland. Joy erkennt zwei Frauen, die sie einmal interviewt hat. Eine von ihnen wohnt seit zwei Jahren hier. Sie bewirtschaftet ein Teefeld für ein Café und betreibt eine Art Gasthaus für die »authentische Kamikatsu-Erfahrung«. Wegen der wichtigen Mission der Stadt sei sie hergezogen, sagte die Frau. Sind alle in der Stadt so begeistert von Zero Waste wie sie? »Ja, alle in Kamikatsu stehen 100 Prozent dahinter«, antwortet sie überzeugt.

»Wir müssen los, Fritz, wir haben doch noch unseren Termin in der Mülltrennungsanlage«, sagt Joy plötzlich. Meine Tasse ist noch nicht leer und unser Termin erst später, doch ich verstehe ihr Signal. Ich tausche mit der neuen Einwohnerin Kontaktdaten aus und will ihr später Fragen schicken.

Noch auf dem Parkplatz vor dem Café entgleitet Joy ihr Lächeln. »Sie gehört zu einer Gruppe von Neuen aus dem Westen«, sagt sie. »Jedes Mal, wenn ich mit ihnen rede, schimpfen sie über die Brauerei und das Hotel neben der Mülltrennungsanlage.« Obwohl die Neuen selbst aus dem Ausland kommen, sehen sie die Einheimischen als diejenigen, die Kamikatsu verändern wollen und damit verhindern, dass es authentisch bleibt. »Das macht mich wahnsinnig. Was soll das überhaupt heißen, authentisch bleiben?« Joy fährt los.

Die Alten, die in Kamikatsu lebten, hatten keine Option, nachdem die Verbrennungsanlage abgeschafft worden war. Entweder man sortiert den Müll, bringt ihn zur Station und recycelt oder man bleibt darauf sitzen. Manche der Bewohnerinnen und Bewohner müssen bis zu 40 Minuten mit dem Auto fahren, um ihren Müll zur Anlage zu bringen. Alle zwei Monate gibt es einen Abholdienst für alle, die nicht mehr fahren können.

Die öffentliche Ansage, bis 2020 müllfrei zu werden, hat aus Japan und dem Ausland viele Menschen angelockt, die Teil von etwas Besonderem sein wollten. Jetzt ist es 2022. Die Stadt hat ihr Ziel nicht erreicht. Statt wirklich alles wiederzuverwerten, kommen sie nicht über 81 Prozent hinaus. Selbst innerhalb Japans gibt es Orte, die mehr recyceln.

Viel zu früh erreichen wir die Mülltrennungsanlage. Der Regen hat nachgelassen. Weil jeder zu Hause den Biomüll selbst entsorgt und den Abfall vor der Ablieferung von Rückständen reinigt, liegt kein unangenehmer Geruch in der schwülen Luft. Wir haben Zeit, also laufen wir auf den Hügel gegenüber. Von dort sehen wir die Müllstation und das Zero Waste Hotel WHY daneben. Sie bilden einen Gebäudekomplex, der von oben aussehen soll wie ein Fragezeichen, das zum Nachdenken anregt: Warum muss etwas weggeschmissen werden? Warum musste es überhaupt gekauft werden? Warum ist es so schwer, wenig Abfall zu produzieren?

Tatsächlich sehe ich vom Hügel das Fragezeichen, das die Gebäude bilden. Der Punkt ist ein separater Rundbau, der alleine steht. Als ich mich hinstelle, um ein Foto zu machen, entdecke ich hinter mir einen weggeworfenen Kühlschrank.

Er liegt am Straßenrand, dem Rost und den Pflanzen nach zu urteilen schon eine Weile. Von unten muss man ihn auch sehen können. Warum liegt da ein weggeworfener Kühlschrank? Im Zentrum von Kamikatsu, das ein Zentrum für eine Öko-Bewegung in Japan ist?

Joy, sonst schlagfertig, ist so ratlos wie ich. Fühlt sich keiner verantwortlich, diesen Kühlschrank zu entsorgen? Sind doch nicht alle von der Zero-Waste-Idee überzeugt? Ich kann mir sehr gut vorstellen, dass man im Ort Schuldige gesucht hat, als das große Ziel Zero Waste verfehlt wurde. Hast du etwa weniger recycelt als dein Nachbar?

In dem Gebäudekomplex liegt das Geschäft Hidamari, erkennbar an der großen Flagge über der Tür, die aussieht wie ein Karpfen. Solche Flaggen werden in Japan am Tag des Kindes gehisst. Drinnen auf den Tischen liegen genähte Puppen, Geldbörsen und Taschen, an den Wänden hängen Beutel und Jacken. Die Preise liegen zwischen fünf und fünfzig Euro – nichts ist billig, aber auch nicht überteuert. Eine ältere Frau sitzt alleine hinter dem Tresen. Ich stelle mich vor und frage, ob sie mir etwas zu dem Laden erzählen kann. Mit Absicht erfrage ich nicht, wie viel das kostet, und sie erwähnt auch keine Gebühr. Vielleicht hat ihr es keiner gesagt.

Kitai Michiyo wurde 1962 in Tokushima geboren, seit ihrer Kindheit lebt sie in Kamikatsu. »Wir hoffen, dass die Dinge, die wir hier verkaufen, ein neues Leben bekommen«, sagt sie. Alle Objekte in Hidamari sind upgecycelt: Aus alten Flaggen entstehen Taschen, aus alten Kimonos Stofftiere. Das Herz des Ladens ist die *kurukuru kōbō*, die »zirkulierende Werkstatt«, in der 30 Seniorinnen und Senioren aus alten Sachen neue Dinge machen. Mit einer großen Küche, Aufenthaltsräumen und einem Shuttle-Service für die Alten ist der Werkbereich ein Zentrum für die Community. Er wurde 2007 eingerichtet, vier Jahre nach Kamikatsus großer Ankündigung.

Die meisten Kundinnen und Kunden kommen von außerhalb, erklärt Kitai, doch nur Menschen von hier dürfen Objekte zum Upcycling bringen. Hidamari kauft ihnen die Gegenstände ab. Sie selbst sei nicht geschickt genug, sagt sie, aber sie schaue gerne den alten Damen dabei zu, wie sie etwas Neues herstellen. »Wollt ihr mal das Lager sehen?«, fragt sie aufgeregt und öffnet eine Schiebetür. Wir wissen gar nicht, wohin wir schauen sollen. Regale gefüllt mit ordentlich gefalteten Kimonos, Schubladen, die so voll mit Stoffen sind, dass sie nicht mehr geschlossen werden können. Auf dem Tisch stapeln sich Gürtel, auf einer Kommode stehen vier Plastikköpfe mit Samurai-Perücken. »Wir wissen auch nicht so recht, was das sein soll«, sagt Kitai. Die Köpfe kommen aus einem alten Haus, dessen Besitzer gestorben ist. »Vielleicht war er oder sie Frisör?«

Joy fragt, ob die Zero Waste Academy noch mit der Mülltrennungsanlage nebenan zu tun hat. Kitai verneint, freut sich aber offensichtlich über die Besucherin mit so viel Hintergrundwissen.

Die Zero Waste Academy ist eine NGO, die im April 2005 gegründet wurde. Sie sollte den Bewohnerinnen und Bewohnern von Kamikatsu beim Prozess der Mülltrennung helfen und sie aufklären. »Du solltest mal online nach Sakano Akira suchen«, sagt Joy zu mir.

Sakano war eine von den Neuen. Sie wurde 1989 in der Nähe von Ōsaka geboren, studierte in der Mongolei und arbeitete auf den Philippinen, bis sie mit 25 nach Kamikatsu zog, weil eine Freundin hier ein Café betrieb. Ihre eloquente Art und internationale Erfahrung halfen ihr vielleicht dabei, nach einem Jahr in der Stadt die Leitung der Zero Waste Academy zu übernehmen.

2016 hielt sie einen TEDx Talk in Beppu, im Süden von Japan. Dabei trug sie eine recycelte Jacke aus einer Karpfenflagge von Hidamari. Sie sprach von Müll, von Kamikatsu und stellte die Frage: Wann wird etwas zu Abfall? »Ich denke, erst wenn Menschen glauben, etwas sei Müll, dann wird es zu Müll«, sagte sie. Vor ihr lagen Alltagsprodukte aus Japan, etwa Getränkedosen oder Saftkartons. Sie nahm einen Kaffeebecher in die Hand, wie er überall verkauft wird und erklärte, wie man ihn richtig entsorgt:

> *»Als Erstes entferne ich oben den Plastikdeckel, anschließend den Strohhalm, der in einer Plastiktüte an den Becher geklebt ist. Den Strohhalm muss ich waschen, dann kann ich das Plastik zusammen recyceln. Die Aluminiumfolie über der Flüssigkeit muss ich abtrennen, reinigen und zum Altmetall legen. Dann spüle ich das Innere, ziehe die Plastikschicht vom Pappbecher und entsorge das Altpapier.«*

Das alles für einen Kaffeebecher. Wenn man das alles mache, verstehe man, wie aufwendig Recycling sei – und das verändere vielleicht das Konsumverhalten, sagte sie. Das meiste, was man in Japan kaufen könne, sei mehr verpackt, als es sein müsste. Man bezahle das Plastik mit, so Sakano. Sie beendete ihren Vortrag lächelnd mit einer Challenge: »Versucht mal, einen Tag ohne Plastik zu leben – ihr werdet sehen, wie es uns umzingelt.«

2019 sprach Sakano beim Weltwirtschaftsforum in Davos über Kamikatsu, ein Jahr später gab sie die Leitung der Zero Waste Academy ab. Laut LinkedIn arbeitete sie anschließend für verschiedene grüne Organisationen. Heute wohnt sie nicht mehr in Kamikatsu.

»Ich liebe deine Schuhe«, sagt Joy zu Beginn unserer Tour durch die Mülltrennungsanlage. Otsuka Momona, die uns und drei anderen Besucherinnen alles erklärt, schaut an sich runter. Sie trägt Mokassins aus dunkelbraunem Leder, die mit bunten Schnüren zusammengehalten werden. »Danke«, sagt sie fröhlich. »Die sind komplett aus recyceltem Material.« Otsuka ist Mitte 20 und für die Arbeit im Hotel WHY nach Kamikatsu gezogen. Die Mülltrennungsanlage selbst wird von der Stadt verwaltet, das Hotel ist Teil vom Gebäude. Wir stehen in einem offenen Halbkreis, der von oben die runde Form des Fragezeichens bildet. Hier wird der Abfall gesammelt und in inzwischen 45 Kategorien sortiert. Bewohnerinnen und Bewohner können mit dem Auto vorfahren und die überdachten Stationen einzeln abgehen. Hier eine Auswahl der Kategorien und Hinweise:

- *Aluminiumdosen (leeren und waschen)*
- *Stahldosen (leeren und waschen)*
- *Glühbirnen*
- *Leuchtstoffröhren*
- *Styropor*
- *Futon, Teppiche, Vorhänge (bitte falten)*
- *Stoffdecken*
- *Windeln und Servietten (Dreck in der Toilette herunterspülen)*
- *Speiseöl*
- *Sprühdosen (Inhalt aufbrauchen, Kappe entfernen, Sprühknopf entfernen, spülen, trocknen, in transparentem Beutel abgeben)*
- *Metallkappen (waschen)*
- *Altpapier*
- *Karton (mit Papierschnur zusammenbinden)*
- *Zeitungen (mit Papierschnur zusammenbinden)*
- *Zeitschriften (mit Papierschnur zusammenbinden)*
- *Pappe (nicht zusammenbinden)*

- *Kunststoffbehälter und -verpackungen*
- *andere Kunststoffe als Behälter und Verpackungen*
- *Plastik (waschen, aufschneiden, trocknen, nicht bündeln)*
- *Plastikflaschen*
- *Plastikflaschendeckel*
- *transparente Glasflaschen*
- *braune Glasflaschen*
- *andere Glasflaschen (Grün, Blau, Schwarz, etc.)*
- *recycelte Glasflaschen*
- *Einweg-Essstäbchen*
- *große Metallgegenstände (Fässer usw.)*
- *kleine Metallgegenstände (Nägel, Messer usw.)*
- *zusammengesetzter Müll (Spielzeug usw.)*
- *Feuerzeuge*
- *landwirtschaftliche Folien, Pestizide usw. (kein Benzin!)*
- *Spiegel und Thermometer*

Die verschiedenen Sorten Altpapier werden in Käfigen gesammelt, Getränkedosen und anderes in eigenen Körben. Über jeder Station steht ein Schild mit einem Hinweis, wie viel die Entsorgung die Stadt kostet oder wie viel die Stadt durch das Recycling verdient. Jedes Kilo Metallschrott bringt 18 Yen, jedes Kilo Braunglas kostet 0,864 Yen. Für Joy ist es nicht die erste Tour, dennoch wirkt sie aufgeregt und stellt viele Fragen.

Die Anlage ist neu, sie wurde vor zwei Jahren fertiggestellt. Jeden Tag hat sie bis 14 Uhr geöffnet, danach gibt es eine Tour für Interessenten. Für die Gäste des Hotels ist diese kostenfrei, wir müssen zahlen. »Am Anfang haben die Menschen das Sortiersystem nicht verstanden«, erzählt Otsuka. Auf den ersten Blick fällt es auch mir nicht einfach, eine Getränkedose aus Stahl von einer aus Aluminium zu unterscheiden. Ebenso verstehe ich nicht, warum Altpapier in fünf verschiedene

Kategorien eingeteilt wird. Zusätzlich gibt es ein Punktesystem: Je nach mitgebrachten Kilo Abfall gibt es Punkte, die man gegen Alltagsgegenstände tauschen kann. Für 50 Punkte bekommt man unter anderem ein Feuerzeug, für 300 einen Regenschirm. Vor fünf Jahren machte die Stadt eine Umfrage: Wie zufrieden sind Sie mit dem System? Ungefähr 80 Prozent gaben an, etwas oder sehr zufrieden zu sein. 20 Prozent empfanden das System als zu umständlich. Das Sortieren und Recyceln sei zu viel Arbeit. Vielleicht sollen die Belohnungspunkte die letzten Zweifelnden überzeugen.

In den letzten 20 Jahren soll Kamikatsu seinen Abfall von 150 Tonnen auf 54 Tonnen pro Jahr reduziert haben. Vorher hatte es jährlich zwischen 15 und 30 Millionen Yen gekostet, den Müll zur Stadt Tokushima zu schicken und ihn dort zu verbrennen. Heute verdienen sie bis zu zwei Millionen Yen allein durch den Verkauf von Altmetall. Hundert Prozent Recycling seien aktuell unmöglich, erklärt Otsuka. 19 Prozent Restmüll bleiben übrig und werden wie gehabt verbrannt oder vergraben. Oder beides. Bestimmte Arten von Leder, Vinyl, Gummi und Stoffen mit kombinierten Materialien können sie in Kamikatsu nicht recyceln.

»Solange sich die Produkte und Herstellung nicht ändern, können wir nicht mehr machen«, sagte Sakano damals in ihrem TEDx Talk.

Am Ende der Tour führt uns Otsuka in die Lobby des Hotels. Wie in der Brauerei hängen bunte Altglasflaschen von der Decke und die Fenster sind aus recycelten Rahmen gebastelt – der Architekt ist der gleiche wie bei »Rise & Win«.

Zwei junge Frauen checken für die Nacht ein. In ihrem Zimmer befindet sich kein Seifenspender, daher müssen sie in der Lobby jeweils ein Stück Seife von einem großen Block abschneiden und mitnehmen. Eine eigene Portion Kaffee und Tee für den Morgen füllen sie aus großen Vorratsgläsern in eine Papiertüte. Das Hotel hat keine Küche. Ein Abendessen oder einen Getränkeautomaten gibt es nicht. Kamikatsu hat keinen Supermarkt und nur wenige Restaurants. Eine Nacht neben der Mülltrennungsanlage kostet ungefähr 300 Euro mit Frühstück.

Links vom Empfangstresen steht ein langer Tisch mit Dutzenden von Schüsseln, Tassen und Tellern. Die Regale an den Wänden sind gefüllt mit alter Kleidung, Plüschtieren und Beuteln. Auf dem Tresen steht: »416 Kilogramm gerettet«. Ich frage in die Runde, was das bedeutet. Joy beginnt zu antworten, aber hört auf, als sie sieht, wie Otsuka zu einer Erklärung ansetzt. »Hier im Kurukuru-Shop bezahlt man, in dem man Dinge mitbringt, die man nicht mehr braucht, aber die noch gut sind.« Die Idee ist, dass man am Ende mehr mitnimmt als bringt. Das Gewicht trägt man in einem Buch ein und zieht ab, was man nach Hause mitnimmt. So konnten dieses Jahr schon 416 Kilo umverteilt werden.

Eine Frage habe ich dann noch. Was hat es mit dem weggeworfenen Kühlschrank oben auf dem Hügel auf sich? »Ein Kühlschrank?«, fragt Otsuka. Joy erzählt, was wir vorhin gesehen haben. »Ach so…« Davon wisse sie nichts, sagt Otsuka. Für ein Interview habe sie leider keine Zeit, die Gäste hätten ja gerade eingecheckt. Aber ich könne ihr gerne Fragen per E-Mail schicken.

Wir fahren weiter zum Café Polestar, am anderen Ende der Stadt. Noch ein weiteres Café brauche ich zwar nicht, aber Joy besteht darauf. »Du musst unbedingt die Betreiberin kennenlernen«, sagt sie.

Vor der Fassade aus dunklem Holz liegen Holzscheite vor hohen Fenstern, aus dem schwarzen Metalldach ragt ein langes Stahlrohr. An der Eingangstür kleben acht Sticker mit den

Zielen für nachhaltige Entwicklung der UN sowie ein Hinweis, dass man drinnen die eigene Wasserflasche auffüllen kann. Die moderne, schlichte Inneneinrichtung könnte auch aus einem Café in Kyōto stammen. Tresen und offene Küche bilden eine Einheit, die zusammen aussehen wie ein kleines Haus. Drinnen steht eine Frau in einer Schürze aus Jeansstoff und redet mit einer Angestellten. Sie strahlt, als sie Joy sieht und die beiden begrüßen sich herzlich. Joy stellt mich Terumi Azuma vor und ich frage, ob sie Zeit für ein Gespräch hat. »Dafür muss ich aber etwas verlangen…«, sagt sie verlegen. Ja, kein Problem, ich kenne das inzwischen.

Terumi bringt uns eine Kanne Bancha-Tee, ein Grüntee aus Kamikatsu mit wenig Koffein, und setzt sich mit uns an einen der zwei Holztische mit Blick auf die Terrasse. Alles glänzt draußen im Regen. Café Polestar ist nach dem Nordstern benannt, weil es ein Orientierungspunkt sein soll, an dem man »Kamikatsu mit fünf Sinnen erfassen kann«, heißt es auf der Webseite.

Terumi ist 34 Jahre alt, wurde in Kamikatsu geboren und ist hier aufgewachsen. Seit drei Generationen lebt ihre Familie hier. Ihre Mutter wollte ihren Kindern die Welt zeigen, also nahm sie Terumi manchmal aus der Schule, um Museen in Osaka zu besuchen. In der dritten Klasse fuhren sie zusammen nach Dänemark, um etwas über Recycling zu lernen. »Manchmal wundere ich mich, was meine Mutter für ein Mensch ist«, sagt Terumi. Als sie 15 war, reisten sie zehn Tage mit einem Boot durch Japan. Ein Fernsehteam machte daraus einen Beitrag über Umweltschutz. »Als ich nach dem Trip wieder zu Hause war, hab ich mir zum Ziel gesetzt, meine Kinder in Kamikatsu großzuziehen, während ich hier einen coolen, nachhaltigen Job mache.« Terumi studierte in Ōsaka, arbeitete kurz in Tōkyō und kam wieder nach Kamikatsu, wo sie zusammen mit ihrer Mutter das Café plante. Sie gründeten, bevor das Gebäude stand.

»Am Anfang waren da mein Ehemann, ich und meine Freundin Sakano«, erzählt sie. Sakano Akira, die ehemalige Leiterin der Zero Waste Academy? »Ja«, sagt Terumi. »Ab 2015 hatte ich da auch eine leitende Funktion.« Sie zeigt uns eine alte Ausgabe des Magazins »kurukuru«, eine Publikation der Zero Waste Academy. Auf einem Foto steht sie neben Sakano, beide tragen eine recycelte Karpfenflagge.

Sakano lernte Terumi im Studium kennen und freundete sich mit ihr an. Ihretwegen zog Sakano nach Kamikatsu. Als sie die Leitung der Academy übernehmen sollte, war sie nervös, doch Terumi sagte ihr, sie werde mitmachen und helfen. Sakano hielt Vorträge in New York und sprach in Davos. Terumi blieb in ihrer Heimat Kamikatsu, bekam ein Kind und führte das Café. Die Lebenspläne von Sakano waren größer. »Ich will, dass andere Städte und Gemeinden anwenden, was wir in Kamikatsu gelernt haben«, sagt sie »kurukuru«.

Terumi erzählt uns, dass Sakano eine Firma aufbauen wollte, die Politik, Forschung und Privatwirtschaft verbindet, um nachhaltiger handeln zu können. Die Aufgaben bei der Zero Waste Academy haben sich stark verändert, während Terumi aktiv war. Am Anfang sei es darum gegangen, die Bewohnerinnen und Bewohner über die richtige Entsorgung aufzuklären. Irgendwann sei das nicht mehr notwendig gewesen. »Die Aufgabe, private Geschäfte, Bevölkerung und öffentliche Einrichtungen hinter einem Ziel zu vereinen, war verschwunden und ich hatte nicht das Gefühl, etwas verändern zu können«, erzählt Terumi nüchtern. »Also habe ich aufgehört.«

Kamikatsu hat 2003 das Ziel verkündet, bis 2020 keinen Müll mehr zu produzieren. Nun ist es 2022, ein Kühlschrank liegt vor der Mülltrennungsanlage – und keiner räumt ihn weg. Was denkt Terumi über Kamikatsu heute? »Ich denke, das ist das größte Problem: Niemand hat eine Vision für die Zukunft.« Das Ziel sei groß gewesen, sie habe nicht daran geglaubt, dass es bis 2020 klappe. »Es war schwierig, aber es sah eine Zeit lang so aus, als würde es funktionieren, und viele Menschen kamen.« Und damit auch das Geld. Terumi gibt uns ein Beispiel: Ab und an kommen Schulklassen, ein ganzer Jahrgang mit 200 Menschen. Sie buchen eine Unterkunft und Seminare. Oder Firmen kommen, um über Nachhaltigkeit zu lernen. »Das bedeutet viel Geld – doch jeder macht sein eigenes Ding. Es gibt keine klare Führung und keiner redet miteinander.« Terumi fängt an, schneller zu sprechen. »Ich weiß nicht, was die anderen machen oder welche Probleme sie haben.« Die Zero Waste Academy habe einen festen Kern von zehn Aktiven. »Wir wissen aber nicht, was das Hotel WHY macht, wir kennen nicht einmal die Leute, die dort arbeiten.« Sie lächelt zynisch, weil sie das wohl selbst absurd findet, wie fremd sich diese Kleinstadt von 1.430 Menschen geworden ist. »Menschen, die Kamikatsu besuchen, wissen nicht, was Kamikatsu ist.« Sie haben ein Bild im Kopf, eine Story, die von der Realität inspiriert sein mag, aber nicht korrekt ist. Jeder und jede könne herziehen, es gebe keine Prüfung und kein Manifest, das man unterschreiben müsse. Viele gingen nach drei Jahren wieder, weil sie das Leben in den Bergen überfordere. Nicht jeder komme mit der gleichen Intention. Auch wenn die Neuen den Ort beleben würden, seien sie vielleicht nicht die Zukunft. An der Oberfläche sieht die Entwicklung positiv aus, doch tiefer liegen Probleme, die nicht gesehen wurden. »Wenn man verletzt ist, klebt man ein Pflaster auf und übersieht dabei, dass der Knochen darunter schon verfault ist«, sagt Terumi.

Ihr Sohn ist sieben Jahre alt. Sie weiß nicht mehr, ob sie ihn in Kamikatsu aufziehen will. »Als Kind fand ich die Idee von Zero Waste faszinierend.« Nicht jeder in der Stadt sortiere akribisch oder reinige den Müll, bevor er abgegeben werde. Sie ist müde, es immer wieder zu erklären. Nachhaltig leben ist zu einer individuellen Interpretation geworden und die Gespräche darüber, mit den Alten und den Neuen, strengen Terumi zunehmend an. Jeder und jede mache, wie er oder sie es für richtig halte. Nicht das, was richtig sei.

Joy und ich merken, dass Terumi sich einiges von der Seele redet, für das sie sonst in dieser Stadt vielleicht keine Gelegenheit hat. »Ich bin wirklich traurig«, sagt sie und lächelt trotzdem. »Obwohl alle ihr Bestes geben, reicht es nicht aus.«

Als ich sie auf das Ende der Stunde hinweise, die ich gebucht habe, ist sie kurz irritiert und sammelt sich dann wieder. Wir gehen zusammen zur Kasse: 8.390 Yen, ungefähr 60 Euro, für Tee und Interview. Sie überreicht mir den Beleg und entschuldigt sich. »Tut mir leid, das sind die Regeln.« Ich bedanke mich für ihre Ehrlichkeit. »Kamikatsu ist verschwunden«, sagt sie zum Schluss. »Wir sollten eine neue Stadt gründen. Oder Kamikatsu zu einer Marke machen, zu so etwas wie einer Philosophie.«

Draußen peitscht der Wind den Regen an die großen Fenster. Joy drängt darauf, dass wir losfahren. Ihr Gesicht ist überraschend ernst. »Ich hasse es, diese nassen Bergstraßen zu fahren.« Vorsichtig steuert sie Tessie Richtung Ortseingang. Die Fensterfront vom »Rise & Win« leuchtet warm, auch wenn niemand davor parkt. Wegen des Unwetters wird Kamikatsu heute und morgen wohl leerer bleiben als sonst.

Sobald wir die Bergstraßen verlassen, entspannt sich Joy wieder. Sie wusste von der dicken Luft hinter den Kulissen von Kamikatsu, aber nicht in der Ausführlichkeit. Dennoch sei die Stadt ein wichtiger Ort für Japan. »Die Geschichte von Kamikatsu ist eine Geschichte der Hoffnung«, sagt Joy. Vielleicht war es gar nicht so wichtig, dass Zero Waste wirklich erreicht wird. Vielleicht ist die Signalwirkung vom beschwerlichen Weg des kleinen Bergortes genug. »Wenn du bewusst handelst, handelst du auf die Kamikatsu-Art«, sagt sie.

Zum Abschied schenkt mir Joy ihre Thermoskanne. Origami-Kraniche sind drauf gedruckt, ein Symbol für Hiroshima. »Damit du weniger Plastikflaschen kaufen musst.«

Einige Wochen später frage ich Otsuka Momona vom WHY mehrmals per E-Mail nach dem Kühlschrank und zum Sortiersystem, bekomme aber keine Antwort. Die neue Einwohnerin, die Joy und ich im Café trafen, antwortet auf meine E-Mail mit der Bitte, sie für das Interview zu bezahlen, weil das in Kamikatsu üblich sei. Auf meine Nachfrage, wie viel sie für angemessen halte, bekomme ich keine Reaktion. Joys Thermosflasche benutze ich heute noch. Als »Mekka für Nachhaltigkeit« würde ich Kamikatsu nicht bezeichnen. Ohne Auto ist man verloren, ein Bus fährt nur alle zwei Stunden. Kamikatsu wirkt manchmal so ökologisch wie eine Kunststoffverpackung, die damit wirbt, 30 Prozent dünner zu sein als die anderen, um Ressourcen zu sparen. Die Stadt definiert bürokratisch 45 Kategorien von Abfall und genaue Instruktionen zur Entsorgung, aber Produkte in etwas anderes als Plastik einzupacken, ist undenkbar.

Vor kurzem hat Kamikatsu ein neues Ziel festgelegt. Sie wollen zu einer Zero Waste Town werden. Bis 2030 soll es diesmal klappen.

和束

WAZUKA

Affen mögen keinen Tee

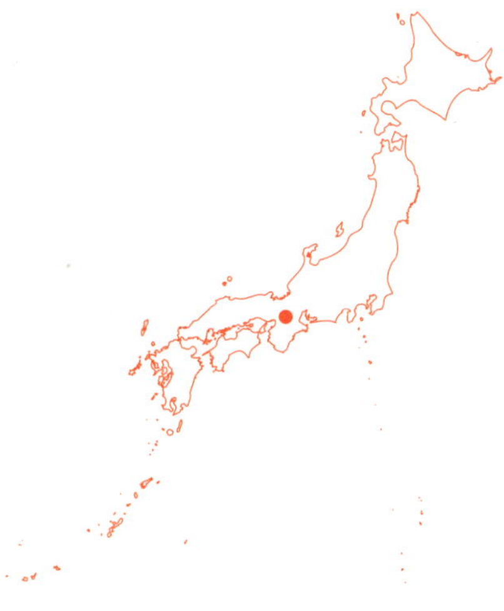

Kaffee trinke ich so selten wie Alkohol und nie alleine – doch Tee geht immer. Morgens trinke ich Earl Grey, tagsüber grün oder schwarz. Meine Leidenschaft für Tee entsteht in Japan. Dort wird Grüntee bei Meetings gereicht, bei Besuch setzt man eine Kanne auf und in vielen Restaurants kommt Tee vor dem Essen auf den Tisch. In keinem Land der Welt wird pro Person mehr Umsatz mit Tee gemacht als in Japan. Jede Japanerin und jeder Japaner trinkt jedes Jahr ungefähr 300 Tassen. Mit meinen vier bis acht pro Tag bin ich über dem Durchschnitt.

Um zu lernen, welche Bedeutung Tee in Japan hat, fahre ich nach Wazuka, das 40 Kilometer südlich der alten Kaiserstadt Kyōto liegt. Aus dem Zug sehe ich, wie Teefelder die Hügel hinaufwachsen. Tee wird hier in der Region Uji seit 800 Jahren angebaut.

Am Ortsende von Wazuka, neben einem Fluss, steht ein modernes Flachdachgebäude. Die Vorderseite ist verglast. Ich kann durch das Geschäft und die großen Fenster an der Rückseite auf die grünen Hügel schauen. Drinnen sind weiße Kartons aufeinander gestapelt. Mit seiner minimalistischen Einrichtung könnte das d:matcha Café in Tōkyō stehen und würde dort weniger auffallen als hier, zwischen all den alten Häusern in einem 3.500-Seelen-Dorf.

Beim Eintreten fällt mir der Tisch mit Teepackungen auf, die so weiß sind wie die Kartons. Auf einige sind Fotos gedruckt. Sie zeigen junge Menschen, die zwischen grünen Büschen Blätter pflücken. Ein junger Mann kommt auf mich zu, er trägt ein schlafendes Kleinkind auf dem Arm. Ich erkenne ihn von den Fotos auf dem Tee. Tanaka Daiki ist 34 Jahre alt und seine Jacke so grün wie der Matcha, der gemahlene Grüntee, den er verkauft. Seit 2017 baut er Tee an, verarbeitet, verkauft und serviert ihn in Tassen oder Gerichten. Wofür steht denn das »d« in d:matcha? »Design, delicious and diligent«, erklärt Daiki auf Englisch. Gestaltung, Geschmack, Sorgfalt. Langsam wacht der fünf Monate alte Haruki auf seinem Arm auf. Daiki verabschiedet sich nach hinten. Ich bestelle mir eine Kanne Sencha, der gängigste japanische Grüntee. Er wird nach der Trocknung mit Dampf behandelt und ist die am häufigsten hergestellte Variante. Oder, wie ein japanischer Freund mal sagte: »Die normalste und langweiligste Variante.«

Im Durchschnitt trinkt ein Mensch in Japan pro Jahr 40 Liter Tee, halb so viel wie in China. In Deutschland sind es jährlich 28 Liter Schwarz- und Grüntee (und sechs Mal so viele Liter Kaffee). Die japanische Teezeremonie ist ein bekanntes Ritual, das der Meditation und Einsicht dienen soll. Es ist so komplex, dass die deutsche Wikipedia 1078 Worte braucht, um die einzelnen Schritte zu erklären. Ich selbst war nur einmal Teil eines solchen Rituals: Zur Begrüßung der Austauschstudierenden veranstaltete das erste Semester meiner Universität in Hiroshima eine kleine Teezeremonie. Während wir im traditionellen Zimmer warteten, schauten die Studierenden nebenan auf ihren Handys ein Video-Tutorial, wie eine japanische Teezeremonie funktioniert. Ich fragte, wie oft sie die Zeremonie schon mitgemacht hätten. Noch nie, sagten sie. Die Studierenden wollten uns die japanische Kultur näherbringen. Dabei spielte es keine Rolle, ob das Ritual im Alltag praktiziert wird.

Im d:matcha verzichtet man auf große Rituale. Eine Mitarbeiterin von Daiki bringt eine kleine Kanne aus Metall und legt Blätter hinein. Zunächst wird der Tee mit heißem Wasser übergossen, das schnell ausgeschüttet wird. Dadurch soll der Tee sich öffnen. Anschließend kommt der erste Aufguss, der bei 60 Grad eine Minute zieht. Der zweite Aufguss wird mit 70 bis 80 Grad heißem Wasser gemacht und zieht 30 Sekunden.

Der dritte und letzte Aufguss passiert bei 90 Grad und dauert 15 Sekunden. Es sind stets die gleichen Blätter desselben Tees, doch der Geschmack ist jedes Mal anders. Als würde ich verschiedene Sorten trinken.

Daiki setzt sich ohne Kleinkind zu mir. Morgens trinke er statt Kaffee ein oder zwei Tassen Matcha und über den Tag verteilt ungefähr zehn Tassen Sencha. »Ich mag Sencha wirklich sehr«, sagt er. Seit d:matcha eröffnet hat, soll er dadurch fünf Kilo verloren haben. Vielleicht liegt das eher am Stress der Gründung, denn beim Abnehmen soll Grüntee nicht helfen. Diverse Studien wollen herausgefunden haben, wie gesund grüner Tee wirklich ist: Er soll die Konzentration erhöhen, Krankheiten vorbeugen, entzündungshemmend wirken und vor Stress und seinen Folgen bewahren. Das liegt an seinen Antioxidantien – das sind Moleküle, welche die Zellen schützen.

Eine Mitarbeiterin bringt eine Tasse Sencha und Daiki erzählt von seiner Reise zum Tee.

Geboren und aufgewachsen ist er in Kichijōji in Tōkyō. Er ist elf Jahre alt, als seine Mutter an Krebs stirbt. »Deswegen wollte ich Arzt werden, aber es passte nicht wirklich zu mir«, sagt er. Aber auch gutes Essen und die richtige Ernährung seien wichtig für die Gesundheit, denkt er sich. In Kyōto studiert Daiki Landwirtschaft, nach dem Abschluss geht er zurück nach Tōkyō, arbeitet als Berater und wechselt zu einer Donut-Kette. »Ich war der zweitjüngste Angestellte, doch mit 29 war ich dann auf einmal CEO.« Er möchte etwas Gesünderes machen als Donuts, was mehr mit der japanischen Kultur verknüpft ist und was sich leicht verschicken lässt. Zusammen mit seiner Frau Misato und seinem Bruder Chise kommt er auf Tee. Man kann ihn lange lagern, international verschicken und mit Gerichten kombinieren, etwa mit Gebäck oder Nudeln. »Und, um ehrlich zu sein, ich mag einfach Tee.«

Mir geht es da ähnlich, sage ich zu Daiki. Ich mag Tee, weil er entschleunigt. Bei einer Kaffeemaschine drückt man einen Knopf, der Kaffee kommt heraus und ist in der Regel sofort trinkbar. Für Tee muss man Wasser kochen, das dauert einen Moment. Dann gießt man den Tee auf und wartet, bis er fertig ist. Und wieder wartet man, bis er abgekühlt ist und man ihn trinken kann. Tee lehrt Geduld.

Wazuka gilt als »Tee Utopia«: 280 Familien bepflanzen seit Jahrhunderten die Hügel, sie organisieren sich gemeinschaftlich, teilen landwirtschaftliche Geräte und Verarbeitungsmaschinen.

Das überzeugt Daiki und sein Team, in der Region mit dem Teeanbau zu beginnen. Die Alten beobachten sie skeptisch. Chise geht bei einem respektierten Teebauern in die Lehre. Es geht nicht nur darum, die Pflanzen zu verstehen, sondern den Alten zu beweisen, dass sie es ernst meinen. Nach einem Jahr überlässt ihnen eine alte Frau im Ort das erste Feld, 300 Meter hoch auf einem steilen Abhang. Wie sie das Feld alleine pflegen konnte, ist den Tanakas ein Rätsel.

Während Chise das Teehandwerk lernt, geht Daiki in die USA. Um seinen Tee außerhalb von Japan anbieten zu können, will er sein Englisch verbessern. In Boston macht er seinen Master, anschließend gründet er mit seiner Familie und weiteren Kommilitonen d:matcha. Manche der alten Teefarmer bitten nun die jungen Unternehmer, ihre Felder zu bestellen, weil sie es nicht mehr können. So bewirtschaften die Tanakas heute drei Hektar, doppelt so viel wie die anderen Familien im Ort.

Ich schaue durch die großen Fenster. Gehören die Felder hinter dem Café ihnen? Nein, sagt Daiki. »Aber wir können sie mal anschauen.« Bei d:matcha können Besucherinnen und Besucher an geführten Touren teilnehmen, mit anschließender

Verkostung. Eine kleine Einführung in die Arbeit und japanischen Grüntee, für umgerechnet sechs Euro. An einem Tisch sitzt bereits eine Gruppe von sechs Leuten, die auf den Beginn der nächsten Führung wartet. Sie kommen aus Europa, Neuseeland und Japan. Daiki begrüßt sie auf Englisch. Er freut sich über ihr Interesse am Tee. »Manche sagen, es ist nicht gut, wenn man als Geschäftsführer so hands-on involviert ist«, erklärt er mir. »Aber ich glaube, die Gespräche mit den Kunden schärfen meine Instinkte.«

Mit dem Auto fahren wir fünf Minuten zu einem seiner Felder. Wie große, grüne Raupen wachsen die Teebüsche über den Abhang. Sie sind rund einen Meter hoch und anderthalb Meter breit. Zwischen ihnen sind weniger als 20 Zentimeter Platz. Die Pflanzen sind ordentlich zurückgeschnitten, einzelne junge Blätter lassen sich erkennen, wenn man genau hinschaut. Masten mit kleinen Windrädern pusten die aufsteigende warme Luft zurück auf die Pflanzen, damit der Tee nicht erfriert.

Daiki lädt uns ein, die jungen, länglichen Blätter zu probieren. Sie sind nicht größer als ein Daumen und schmecken – nun ja, grün. Weder bitter noch schlecht, nicht nach Tee. Zwischen 15 und 20 Jahre sind die Pflanzen alt. Nach 40 Jahren wachsen sie nicht mehr schnell genug und werden verbrannt.

Alle Teesorten stammen von der gleichen Pflanze, *camellia sinensis* – die Teepflanze. Doch Tee sei nie gleich, sagt Daiki. »Es gibt sieben Elemente, die den Geschmack beeinflussen.«

1. Ort der Pflanze

Auf welchem Boden wächst sie und wie sieht die Umgebung aus? Vor Tausenden von Jahren war Wazuka ein Flussbett. Heute sind die zahlreichen Hügel reich an Mineralien. Im

Frühjahr gibt es fast täglich Nebel, der über den Feldern aufsteigt und die Pflanzen vor der Sonne abschirmt.

2. Sorte

Wie es bei Früchten unterschiedliche Sorten gibt, so existieren verschiedene Varianten der gleichen Teepflanze.

3. Zeit der Ernte

Tee wird dreimal im Jahr geerntet. Die wichtigste und beste sei die Frühlingsernte, der *first flush* zwischen April und Mai. Ungefähr 70 Prozent von d:matchas Ware wird zu dieser Zeit produziert. Der *second flush* im Sommer zwischen Mai und Juni gilt ebenfalls als gut. Die Ernte im Herbst zwischen Oktober und November ist minderwertig, d:matcha verzichtet darauf. Tees aus dieser Ernte dienen meist zum Strecken von Qualitätsware oder zum Aufbrühen von Massenware.

4. Anbau

Wie werden die Blätter beschnitten? Per Hand oder per Maschine? Wenn man tief schneidet, erhält man mehr Blätter, aber das stört das Wachstum und die nächste Ernte. Ebenfalls wichtig: Nutzt man natürlichen Dünger oder Chemie?

5. Verarbeitung

Sencha, Schwarztee oder Oolong – die Varianten unterscheiden sich in der Verarbeitung der Blätter. Grüntee wird nach der Ernte bedampft, um eine weitere Oxidierung zu verhindern. Dann wird er getrocknet, gerollt, wieder getrocknet, geformt und erneut getrocknet.

6. Feinarbeit

Wie klein werden die Blätter verarbeitet, wie viel vom Blatt wird entfernt und wie werden die Blätter transportiert?

7. Teezubereitung

Und zum Schluss: Wie wird der Tee aufgekocht? Kalt oder warm? Wie heiß? Wie hart ist das Wasser? Wie lange zieht der Tee?

Eine alte steinerne Treppe verläuft neben dem Feld entlang. Sie führt zu einem Schrein, vor dem eine 500 Jahre alte Zeder steht. Die Gottheit Hakusan ist hier zu Hause. Wir laufen über einen gelben Teppich von Blättern, den ein 300 Jahre alter Ginkgo-Baum abgeworfen hat. Daiki holt eine Thermoskanne heraus und brüht uns Genmaicha, Grüntee mit Puffreis. Ich nippe an der Tasse und schaue ins Tal, über die zahlreichen Felder. Wo Gemüse wächst, sind Zäune und Netze gespannt. Die Teefelder sind so offen, dass man nicht erkennen kann, wo eines beginnt und das andere endet. »Die Netze sind wegen der Affen«, erklärt Daiki. Die kommen manchmal die Berge hinunter und zerstören die Felder. Aber warum ist der Tee so ungeschützt? »Der Tee braucht keine Netze«, sagt Daiki lachend. »Affen mögen keinen Tee.«

Die Gottheit im Schrein ist nicht für Tee zuständig. Sie kann wahrscheinlich nichts dafür, dass viele Teefelder in Wazuka verlassen sind. Im Durchschnitt sind die Teebauern hier 65 Jahre alt. »Es gibt auch einen, der ist 82 und noch aktiv«, erzählt Daiki. »Er sieht super fit aus.« In Japan hat sich die Anzahl der Teefarmen unter anderem wegen des demografischen Wandels innerhalb von 20 Jahren mehr als halbiert. Im Jahr 2022 werden rund 77.200 Tonnen Grüntee geerntet, ein Bruchteil der chinesischen Produktion. Mehr als 90 Prozent der japanischen Ernte wird im eigenen Land getrunken, auch wenn seit 2018 die Nachfrage zurückgeht. Die Gründung von d:matcha war ein Risiko, zwei der Gründer verließen das Projekt kurz nach Beginn. Ein dritter verschwand: »Eines Tages beklagte er sich über Nackenschmerzen und ging frühzeitig nach Hause«, erzählt Daiki. »Am nächsten Tag tauchte er nicht mehr auf.«

Die Anfangszeit war stressig. »Um ehrlich zu sein, ich war froh, als sie gingen«, sagt Daiki heute über seine damaligen Partner. Zwischen den Mitarbeitenden, die blieben, entstand eine enge Bindung. Praktikantinnen brachten neue Ideen in die Firma, wie die Einführung der Teetour. Heute sind die Frauen fest angestellt. Selbst den Gründern, die in einer schwierigen Phase die Firma verließen, ist er dankbar für ihren Beitrag. Darunter war die Kreation eines Mittagsmenüs mit Grüntee-Nudeln.

Zurück im Café nimmt Daiki die Teeblätter, die wir gesammelt haben, und verschwindet in der Küche. Eine junge Angestellte bringt Teekannen und heißes Wasser. Shibayama Natsuki hat früher selbst an einer Tour wie der unseren teilgenommen. »Wir sind den Berg zum Teefeld hochgeklettert und ich hatte einen wunderschönen Blick auf den Ort«, erzählt sie. »Ich stand im Teefeld und habe gesagt: Das will ich machen!« Vorher war Shibayama Englischlehrerin. Wie Daiki hatte sie den Wunsch, etwas Gesundes, etwas Sinnvolles zu tun. Heute kümmert sie sich um viele kleine Dinge: Tee pflücken, düngen, kochen, servieren. Ihre neueste Idee sind kleine Backwaren, die verschiedene Mengen Grüntee enthalten und dadurch ein Farbspektrum zeigen. Es gibt noch eine weitere Angestellte, die nach der Tour über die Felder angefangen hat. Insgesamt arbeiten elf Leute im Team.

Shibayama erklärt uns, wie Matcha entsteht. Sie nimmt die Blätter einer Sorte Sencha und lässt sie durch die kleine Öffnung eines zweigeteilten Steinzylinders fallen, an dessen unterem Ende eine Schale fixiert ist. Mit einem Griff aus Holz dreht sie die obere Hälfte im Uhrzeigersinn und zermahlt die getrockneten Blätter zu einem feinen grünen Pulver, das in der Schale landet. Die Steinmühle summt wie ein Musikinstrument. Für 20 Gramm Matcha muss man eine Stunde drehen. »In der Fabrik benutzen wir natürlich Maschinen.«

Eine Tasse Matcha kann mehr Koffein enthalten als eine Tasse Kaffee – es ist mein liebstes Hilfsmittel gegen Jetlag, wenn ich in Japan ankomme. Doch Matcha ist nicht gleich Matcha: Entscheidend ist, welche Sorte Tee dafür verwendet wird. Shibayama reicht uns Tassen mit Matcha, der aus unterschiedlichen Grüntees hergestellt wurde. Jede schmeckt anders. Daiki bringt uns Teeblatt-Tempura aus den Blättern, die wir gesammelt haben. Er hat sie in Fett angebraten – so habe ich Tee noch nie erlebt.

Als die Tassen leer sind, ist die Tour vorbei. Die Teilnehmenden kaufen Tee und versuchen, den Bus zum Bahnhof zu erwischen, der einmal in der Stunde fährt. Ich bleibe und trinke mit Daiki noch eine Tasse Sencha. »Für mich ist Tee wie Wein«, sagt er. Es gebe verschiedene Sorten, verschiedene Anbaugebiete. Anders als bei Wein herrsche bei Grüntee in Japan keine Ordnung. »Es geht vieles als Sencha durch, was sich in vielen Punkten geschmacklich unterscheidet.« Matcha sei bekannt, aber nicht immer aus den gleichen Sorten Grüntee gemacht. Daiki glaubt, dass japanischer Tee den gleichen Stellenwert haben könnte wie französischer Wein. Dafür müsste man die Anbauregeln anpassen und kontrollieren – vergleichbar mit Europa, wo nur Champagner aus der Champagne so heißen darf. »Wazuka soll das Bordeaux von Japan werden«, sagt Daiki. Ich hebe meine Tasse und stoße mit ihm an.

京都

KYŌTO

Aus Licht und Stahl

Grobkörnige Schatten, harte Kontraste – man braucht Fantasie, um im ersten Foto der Welt Gebäude oder einen Baum zu erkennen. Joseph Nicéphore Niépce hat es 1826 aus seinem Arbeitszimmer gemacht, es zeigt seinen Blick auf den Gutshof Le Gras im französischen Saint-Loup-de-Varennes. In den folgenden Jahren entwickelten sich weltweit verschiedene Verfahren der Fotografie, jedes Bild blieb ein Unikat. Erst 1855 wurde der Lichtdruck erfunden, der es möglich machte, Bilder zu reproduzieren. Die Technik basiert auf der Fotografie, eine Zeitlang ist es das wichtigste Druckverfahren. Heute ist es verschwunden – fast.

»Viele haben Lichtdrucke daheim und wissen es nicht einmal«, sagt Yamamoto Osamu belustigt. Er leitet das Lichtdruck-Studio des Unternehmens Benridō in Kyōto, das seit 1905 mit diesem Verfahren arbeitet. Bis in die 1980er Jahre ist es in ganz Japan verbreitet. Die meisten Druckereien produzierten damals Jahrgangsbücher mit Fotos von Schülerinnen und Schülern. Benridō macht bis heute Kunst und Nachdrucke von historischen Dokumenten. Sie sind die letzten Lichtdrucker der Welt. Es gebe zwar noch Shinyosha in Kyōto, die auch diese Technik benutzten, erklärt Yamamoto, aber nicht in dem Umfang wie Benridō. Ist seine Firma in Japan bekannt? »Ich glaube nicht, dass Menschen in Japan viel über Drucktechniken nachdenken«, sagt er. »Aber wir sind sehr spezialisiert und anspruchsvolle Kunden aus der Kunstwelt kennen uns.«

Benridō bedeutet »praktische Halle« und das sieht man dem dreistöckigen Firmengebäude aus grauem Beton an. Es ist rein funktional und passt nicht zu den traditionellen japanischen Häusern in der Nachbarschaft. In der Druckhalle rotieren schwere Zahnräder, sie läuten wie eine große Glocke, wenn sie sich ineinander verbeißen. Drei der vier Lichtdrucker aus gusseisernem Stahl sind in Betrieb. Die Maschinen sind jeweils sechs Meter lang und nehmen die Hälfte des Raumes ein. An jedem Zahn der Räder klebt eine rissige Schicht aus Farbe, Schmieröl und Staub. Der Raum ist schwül, die Platten brauchen eine hohe Luftfeuchtigkeit, um zu drucken.

Yamamoto sitzt in einem abgetrennten Bereich in einer Ecke der Halle, Testdrucke liegen auf einem weiten Tisch vor ihm. Konzentriert beugt er sich darüber und prüft das Ergebnis. Seine kurzen Haare bilden einen unordentlichen Wirbel, der Blick ist ernst. Neben ihm steht ein älterer Kollege, der nervös die Einschätzung des Chefs abwartet. Yamamoto nickt. Oben links und unten rechts könne die Farbe etwas kräftiger sein. Aber nicht viel. Der Kollege nimmt die Papiere in beide Hände und geht zurück zu den Maschinen. Öl und Terpentin liegen in der Luft.

»Der Geruch der Farbe ist inzwischen in meinen Körper gesickert, er ist Teil meines Lebens«, sagt Yamamoto etwas stolz. Zu neunt bedienen sie die vier Maschinen, jede ist mindestens 50 Jahre alt und acht Tonnen schwer. Lichtdruck ist körperliche Arbeit, nah dran an den Geräten. Morgens fühlen sich die Maschinen kalt an, aber sie werden wärmer, je länger sie arbeiten. Sie vibrieren, haben einen Puls, wie ein großes Tier. Yamamoto respektiert und bewundert sie. »Wenn ich auf den Lichtdrucker steige, ziehe ich mir die Schuhe aus. Ich bin den Maschinen dankbar, dass sie meine Karriere ermöglichen.«

Yamamoto wurde 1961 in Kyōto geboren. Nach der Schule wusste er nicht, was er machen soll, und sein Lehrer empfahl ihm das Druckstudio Benridō. Als er es besuchte, zeigten die Angestellten ihm wunderschöne Bücher und alte Kunstwerke. Zum Abschied erhielt er Postkarten als Souvenir, die sie hier gedruckt haben. Der damals 18-Jährige war begeistert. Sein

Vater war Lokomotivführer, seine Tochter ist Elektroingenieurin. Die Arbeit mit den Maschinen liege wohl in seinem Blut, sagt er. »Wir möchten Dinge herstellen, aktiv etwas machen.«

Yamamoto war der jüngste in der Firma, als er anfing. Die Kollegen waren streng mit ihm, oft schimpften sie wegen Kleinigkeiten. Es sei demütigend gewesen, aber es habe ihn irgendwie motiviert. »Ich wollte ihnen einfach beweisen, dass ich auch was kann.« Zum Ausgleich für die Härte nahmen ihn die Alten zum Trinken mit. Arbeiten, Anschiss, Alkohol. So sah seine Ausbildung aus.

Andere, die mit Yamamoto anfingen, hielten nicht durch. Die Arbeit ist hart, jeder der schweren Drucker verlangt mindestens zwei erfahrene Personen. Um Lichtdruckmaschinen bedienen zu können, braucht man Jahre.

In den 1980er Jahren kam eine junge Frau in Yamamotos Team, sie verliebten sich. Zur Hochzeit wurde die ganze Firma eingeladen, es gab eine Party. »Aber wir haben uns alle gründlich vorher gewaschen«, scherzt Yamamoto. Damit sie zur Trauung nicht nach Farbe rochen.

Ein Lichtdruck bei Benridō beginnt ganz oben. Im obersten Stockwerk ist eine riesige Kamera in die Wand eines Studios gebaut. Die Basis für den Druck bildet ein Fotonegativ, das so groß sein muss wie das abgelichtete Objekt. Fotograf Honjyo Katsuhiko ist seit 20 Jahren bei Benridō. Lächelnd behauptet er, dass die Kamera in der Wand wohl die größte in ganz Japan sein muss.

Um mir den Vorgang zu zeigen, legt er einen japanischen Holzdruck auf einen Tisch vor die Kamera. Vier Scheinwerfer erleuchten ein *ukiyo-e* aus dem späten 18. Jahrhundert, das drei Schönheiten im Kimono beim Musizieren zeigt. Kein Schatten darf zu sehen sein. Über einen Spiegel nimmt die Kamera das

HIROSE

Bild auf einen Film im Nebenzimmer auf. Kazuhiko und seinen vier Kollegen entwickeln ihn anschließend in einer Dunkelkammer und hängen das Negativ zum Trocknen auf. Seile mit tropfenden Abzügen ziehen sich durch die Etage. Selbst wenn die Vorlage farbig ist, das Negativ bleibt schwarzweiß.

Ein Stockwerk tiefer gießen zwei Männer heiße Gelatine auf eine Glasplatte. Sie tragen nur eine Schürze, der Raum ist warm wie eine Sauna. An ihren Armen und Oberkörpern sieht man, dass sie jeden Tag mehr als hundert Stück der zehn Kilo schweren Platten heben. Sanft balancieren sie das Glas, um die lichtempfindliche gelbe Flüssigkeit gleichmäßig zu verteilen. Nach einer Weile im Ofen kommen die Platten nebenan in den Belichtungsraum, der aussieht wie ein Operationssaal. Von oben strahlt eine starke UV-Lampe durch das Fotonegativ auf die Platte mit der Gelatine. So werden Rillen eingebrannt: Je heller die Fläche im Bild, desto tiefer die Spuren in der Gelatine, in die später die Farbe gegossen wird. Das ist der große Unterschied des Lichtdrucks im Vergleich zu anderen Verfahren. Es gibt kein Raster von Punkten, die sich mischen und das Bild wiedergeben. Der Druck sieht aus wie die Vorlage. Kopie und Original können nur mit Fachkompetenz unterschieden werden.

Mit einem Lift werden die Platten mit dem eingebrannten Negativ ins Erdgeschoss geschickt. Zähe, dickflüssige Farbe wird mit einem Spachtel in die Rillen gefüllt und das Glas läuft durch die große Maschine. Klack. Klack. Klack. Immerzu bewegt sich das Papier über die Platte. Ein Techniker legt neue Blätter auf die Holztrommel. Tiefe Rillen bedeuten viel Farbe, flache Rillen wenig Farbe. Eine zweite Person sammelt das Papier am Ende der Maschine wieder ein und überprüft das Ergebnis. Pro Druck ist nur eine Farbe möglich, für Farbkopien muss das gleiche Stück Papier in verschiedenen Tönen durch die Maschine laufen. Benridō hat hierfür ein Verfahren entwickelt, das sich an japanischen Holzdrucken orientiert, für farbechte Nachdrucke.

Nach ein paar hundert Blättern muss die Maschine ruhen, sonst könnten Glas oder Bauteile brechen. Eine Reparatur wäre möglich, doch eine komplett neue Lichtdruckmaschine kann heute niemand mehr bauen. Die Firma setzt auch andere Druckverfahren ein, die kosteneffizienter sind. Denn Lichtdruck ist Luxus: Er macht 50 Prozent der Kosten von Benridō aus, aber nur 30 Prozent vom Umsatz.

Der Lichtdruck verschwand langsam aus der Welt. Er war zu teuer, zu träge. Die Technologie wurde in Frankreich erfunden und in Deutschland weiterentwickelt. In Leipzig stand lange Zeit ein kleines Studio. »Das Original im Tresor, den Lichtdruck an der Wand«, sagten sie mir dort, wenn sie ihre Arbeit für Museen beschrieben. Und etwas peinlich berührt, aber selbstbewusst erzählten sie, wie ihre Lichtdrucke als Staatsgeschenke die DDR verließen, zum Beispiel an Fidel Castro in den 1970er Jahren.

Nach der Wiedervereinigung wurden alte Lichtdruckstudios im Osten aufgekauft und die Maschinen als Altmetall entsorgt. Andere Betriebe versuchten erfolglos, wettbewerbsfähig zu werden. Mit den Tausenden Blättern, die eine moderne Druckerei am Tag bearbeitet, konnte der Lichtdruck nicht mithalten – trotz der überragenden Qualität. Im Studio in Leipzig hing der Nachdruck eines Gemäldes von van Gogh. Selbst nach drei Jahrzehnten wirkte er farbecht, wie frisch gedruckt. Jemand hatte das Gemälde einmal gestohlen und versucht, es als Original zu verkaufen. Die Lichtdrucker in Leipzig nahmen es mit Stolz.

Schloss ein Studio in Europa, kaufte Leipzig günstig seine Farben und konnte damit überleben. Man stand auch in

Kontakt mit Benridō, tauschte Fachwissen aus. 2012 war es dann vorbei. Leipzig, das letzte Lichtdruckstudio in Europa, machte zu. Kyōto erfährt es erst zwei Jahre später – durch meinen Besuch.

»Es macht mich sehr traurig zu erfahren, dass die Lichtdrucker in Europa schließen mussten«, sagt Yamamoto betroffen. Vor hundert Jahren habe es viele Lichtdrucker in Kyōto gegeben. Als er hier anfing, gab es noch ein paar, doch auch sie schlossen bald oder wechselten die Maschinen. »Es ist unsere Pflicht, den Lichtdruck fortzusetzen«, sagt er ernst. »Wenn wir aufhören, wird der Lichtdruck verschwinden.«

Auch Benridō verändert sich. Eine strenge Ausbildung funktioniert heute nicht mehr. Yamamoto ist seit mehr als zehn Jahren Leiter des Studios. »Damals war ich ständig wütend und schimpfte viel.« Heute sei er entspannter. Warum? »Weil ich sehe, wie sehr sich die Mitarbeiter anstrengen, wie wichtig ihnen der Erhalt des Lichtdrucks ist.« Er lasse ihnen heute mehr Freiheit und das funktioniere gut. »Deswegen gibt es uns noch.«

Die Gegenwart ist digital und der Lichtdruck bei Benridō inzwischen auch. Sie haben eine Methode entwickelt, Computerbilder mit den alten Maschinen zu drucken. »Fotografen arbeiten heute digital und wir müssen uns anpassen«, sagt Yamamoto. Auf der gleichen Etage wie das warme Gelatine-Labor arbeitet die digitale Druckvorbereitung. Silberne iMacs und große Scanner verarbeiten Pixel, bis das Motiv in einem Negativ-Drucker für die uralten Maschinen umgesetzt wird.

»Wären wir stur bei der alten Methode geblieben, hätten wir das gleiche Schicksal wie die Studios in Europa gehabt«, sagt Yamamoto. Er selbst sei privat sehr digital. Doch die Zukunft von gedruckten Medien beschäftigt ihn. Lichtdrucke, die vor hundert Jahren gemacht wurden, existieren weiterhin. Digitale Kopien seien praktisch, aber es gebe keine Garantie, dass es auch sie in hundert Jahren noch gebe. »Analoge Drucke werden niemals verschwinden.«

Benridō erstellt für das Kaiserliche Hofamt Nachdrucke von Büchern, Briefen und Schriftrollen, die bis zu 1.200 Jahre alt sind. Die Dokumente wurden über Jahrhunderte vor der Zerstörung bewahrt und bekommen durch den Lichtdruck ein neues Leben. »Seit 20 Jahren reproduzieren wir die gleichen Schriftrollen, jedes Jahr aufs Neue«, erzählt Yamamoto. »Und jedes Jahr versuche ich, es besser zu machen als im Jahr zuvor.«

Warum hat sich der Lichtdruck nur in Japan halten können? Yamamoto überlegt eine Weile. In Japan gebe es viele alte Gebäude wie Tempel und Schreine. Einmal alle hundert Jahre werden sie von Grund auf saniert. Die Basis für die Renovierung sind Fotografien und Dokumente, die ganz genau den alten Zustand beschreiben. »Um diese Dokumente zu erhalten, muss man regelmäßig Kopien von ihnen machen.« Der Lichtdruck eignet sich perfekt dafür. So komme ihm eine nationale Bedeutung zu, sagt Yamamoto. »Wir müssen diese Schätze einfach bewahren.«

鳩山

HATOYAMA

Happy Hatoyama

Die Luft bewegt sich nicht, das Gras zwischen den Steinen ist verbrannt. Nichts gibt Schatten, alles flimmert unter einem blauen Himmel. Vor mir steigen zwei Senioren aus dem Bus und verschwinden in einem Supermarkt. Gegenüber, auf der anderen Straßenseite, steht eine Reihe von Häusern aus den 1980er Jahren. Sie sehen aus, als wären sie alle aus der gleichen Fabrik gefallen: ein Holzdach über zwei Etagen, oben zwei große Fenster, unten ein geschlossenes Geschäft.

Das ist also Hatoyama, eine Kleinstadt zwei Stunden nördlich von Tōkyō. Es soll der glücklichste Ort in Japan sein. Nirgendwo leben zufriedenere Menschen.

Der Immobilienkonzern Daito Trust hat eine halbe Million Menschen in allen Präfekturen gefragt: Wie zufrieden sind Sie mit dem Ort, an dem Sie leben? Im Dezember 2021 wurden die Ergebnisse veröffentlicht: Hatoyama bekam die höchste Punktzahl von 1.883 Gemeinden in Japan. In der Stadt wohnen 13.560 Menschen – was macht sie so glücklich?

Auf dem Betonplatz vor mir steht ein gewaltiges Gebäude, auf dem in großen Buchstaben »Hatoyama Community Marché« steht. Drinnen ist es angenehm kühl. Im Eingangsbereich liegen Plastiktüten mit regionalen Kartoffeln, Gurken und Marmeladen aus. Dahinter öffnet sich ein großer Raum, der mich an eine Markthalle erinnert. An runden Tischen unterhalten sich Seniorinnen und Senioren. Daneben sind Stände aufgebaut, angeboten werden Kleidung und selbstgemachter Schmuck. Links ein Café, rechts eine Ecke für Kinder zum Spielen. Sie ist leer.

Als Hatoyama der glücklichste Ort in Japan wurde, kamen die Medien. Hinten in der Halle, an einer aufgestellten Trennwand, hängen Ausschnitte aus Zeitungen. Fast alle zeigen ein Foto vom Community Marché und zitieren dessen Direktor

Motoie Toyohiro. Mit ihm bin ich heute hier verabredet. Während ich die Artikel lese, kommt er aus einem Nebenraum und bittet mich in einen Co-Working-Space. Die Kabine ist nach oben offen, wir hören die Klimaanlage genauso wie das Geschirr aus dem Café und die Gespräche der Senioren an den Tischen.

»Das zu machen, was ich möchte – das macht mich glücklich«, antwortet er mir emotionslos auf die Frage, wie es ihm geht. Ich habe das Gefühl, dass viele Besuchende ihn fragen, ob er glücklich in Hatoyama ist. Seine Antwort wirkt vorbereitet: »Ich bin der gleiche wie der, der ich war, bevor ich hergezogen bin, aber hier lebe ich sorgenfrei.« Motoie arbeitet für das Studio Ryuji Fujimura Architects in Tōkyō, das den Community Marché im Auftrag der Stadt Hatoyama verwaltet. Er sieht jünger aus als seine 38 Jahre. Seine Haare sind ungekämmt und hängen in Strähnen bis über die Augen. Trotz der Hitze trägt er eine grüne Jacke über einem schwarzen Hemd. Ohne Krawatte.

Japan ist, international gesehen, nicht wirklich glücklich. Seit 2012 erstellt das Sustainable Development Solutions Network der Vereinten Nationen jedes Jahr den World Happiness Report. Im Jahr 2024 lag Japan auf Platz 51 von 143 Ländern, hinter Ländern wie Finnland (Platz 1), Deutschland (Platz 24) oder Kasachstan (Platz 49). Gemessen wird das subjektive Wohlbefinden in verschiedenen Kategorien wie Gesundheit oder soziales Vertrauen. Hier steht Japan eigentlich gut da, mit einer hohen Lebenserwartung (84 Jahre) und geringen Kriminalitätsrate. Doch Gleichberechtigung ist ein ferner Traum, hier liegt Japan in internationalen Erhebungen auf den hinteren Plätzen. Hinzu kommen viele Überstunden und ein eigenes Wort für Tod durch Überarbeitung: *karōshi*.

Forschende in Japan kritisieren den Happiness Report. Die standardisierten Fragebögen würden kulturelle Unterschiede ignorieren. Individuelles Glück oder Selbstentfaltung hätten in westlichen Nationen eine andere Bedeutung als in Japan, wo die Harmonie und Position in einer Gruppe wichtiger seien. »Wer mit seinem eigenen Glück angibt, wird als egozentrisch angesehen und gemieden«, sagte Uchida Yukiko, Professorin für soziale und kulturelle Psychologie, zu dem Report. Ihr Kollege, Professor Maeno Takashi von der Keio Universität in Tōkyō, hat eine andere Erklärung, wie Glück und Unglück in Japan gesehen werden können: »Wenn man nie weiß, wann und wo eine Naturkatastrophe passieren kann, ist man vorsichtig, allzu zufrieden mit seinem Leben zu werden.«

Motoie wirkt tatsächlich sorgenfrei, wie er sagt, wenn auch etwas steif. In den Medienberichten repräsentiert er aber das glückliche Hatoyama. Ursprünglich kommt er aus Tōkyō, zur Eröffnung des Community Marché zog er 2017 nach Hatoyama. Vorher hatte das Gebäude verschiedene Funktionen, lange war es ungenutzt »Als ich herkam, war es ziemlich leer«, erzählt er. Das war vor fünf Jahren. Heute ist der Marché ein Zentrum für die Bewohnerinnen und Bewohner der Stadt geworden. »Alte Menschen, die allein leben und keinen zum Reden haben, können herkommen.« Man kann Räume mieten und die gemeinsame Küche nutzen. Jenseits vom Marché betreuen Motoie und seine Firma weitere Projekte in der Stadt, etwa den Umbau von leerstehenden Häusern zu Ateliers oder WGs für Studierende, unter anderem aus Korea.

Aus dem Bus habe ich zwei Universitäten gesehen. Gibt es viele, die zum Studieren nach Hatoyama ziehen? Motoie verneint. »Die Präfektur Saitama hat eine der ältesten Bevölkerungen in Japan. Tatsächlich ist Hatoyama sogar die älteste

Stadt in der gesamten Präfektur.« Die Hälfte der Bevölkerung ist älter als 65 Jahre, das liegt über dem Landesdurchschnitt von 29 Prozent. Für sie gibt es seit Anfang der 2000er Jahre ein eigenes Programm zur gesundheitlichen Versorgung, das sogenannte Hatoyama Model. Es wurde mit einem Krankenhaus in Tōkyō, zwei wissenschaftlichen Einrichtungen und den nahen Universitäten entwickelt. Das klingt groß, dabei geht es um einfache Angebote rund um Ernährung, Fitness und soziale Teilhabe. Jede Woche finden Seminare zu gesundheitlichen Themen statt und es gibt ein Sportprogramm. Die Alten können sich zweimal im Jahr untersuchen lassen, regelmäßig werden Gewicht und Ernährung abgefragt. Für 200 Yen, keine zwei Euro, können sie einen Community-Shuttle-Service nutzen und sich zum Krankenhaus, Supermarkt oder zu anderen Orten in der Stadt fahren lassen. Seitdem der Service eingeführt wurde, soll es keinen tödlichen Verkehrsunfall mehr gegeben haben.

Seit 1995 schrumpft Hatoyama. Ungefähr hundert Häuser stehen leer, schätzt Motoie. Eines von ihnen hat er mit seiner Frau für umgerechnet weniger als 35.000 Euro gekauft. »Hatoyama gilt als die Stadt in Saitama mit dem größten Risiko auszusterben und zu verschwinden«, sagt er nüchtern. Vielleicht gilt hier: Sei fröhlich, am Abgrund ist die Aussicht schön.

Motoie hat mir große Drucke auf DIN A3 mitgebracht, sauber aneinander geheftet. »Der aktuelle Zustand und die zukünftigen Probleme von Hatoyama« steht auf der ersten Seite. Da wäre etwa die Verkehrsanbindung. Wer wie ich heute Morgen aus der Metropole anreist, muss mehrere Züge nehmen und einen Bus, denn Hatoyama hat keinen eigenen Bahnhof. Ich weiß nicht, ob die zwei Stunden hin und zwei Stunden zurück auf Dauer glücklich machen.

Hatoyama, das seien eigentlich zwei Städte, erklärt mir Motoie: »Die eine Hälfte ist New Town, die andere Hälfte ist ein Bauerndorf.« In der Vergangenheit soll es oft Streit zwischen ihnen gegeben haben. Jeder Teil hat ein eigenes Sommerfestival, beide bestehen darauf, dass ihr Fest am selben Tag stattfindet. Der Community Marché, in dem wir sprechen, liegt in New Town. Es ist auch New Town, weshalb Hatoyama den ersten Platz im Glücksranking erreichte.

New Towns gibt es überall in Japan. Die erste entstand 1955 in Ōsaka. Damals war der Krieg seit zehn Jahren vorbei, die amerikanischen Besatzer waren erst vor drei Jahren abgezogen. Die Menschen bauten ihr Land wieder auf. Kriegsgefangene und Menschen aus den ehemals von Japan besetzten Gebieten in Asien kehrten in die zerstörten Städte zurück. Um Wohnraum zu schaffen, entstanden die New Towns. Heute existieren mehr als zweitausend dieser Siedlungen in Japan. Auch wenn die Bevölkerung schrumpft, werden sie weiterhin gebaut, weil Neubauten sich in Japan besser verkaufen als alte Gebäude.

Generell gibt es zwei Arten von New Towns: Wohngebiete, die um neue Bahnstationen entstehen, und Siedlungen in abgelegenen Gegenden ohne ÖPNV, vergleichbar mit amerikanischen Vororten, für die man zwingend ein Auto braucht. Häufig haben New Towns untypische, englische Namen, zum Beispiel A City, die in der Nähe meiner Universität in Hiroshima liegt. Für ihren Bau werden häufig ganze Wälder gerodet oder Hügel abgetragen. Das wird eindrücklich im Film »Pom Poko« aus dem mehrfach prämierten Produktionshaus Ghibli dargestellt, der zu meinen Favoriten gehört: Es zeigt den Kampf mystischer Tiere in den späten 1960er Jahren gegen die Konstruktion von Tama New Town im Westen von Tōkyō.

1.893 Quadratkilometer in Japan bestehen aus New Towns. Eine Fläche fast so groß wie das Saarland, mit Siedlungen, die so amerikanisch benannt wie gestaltet sind: Life Hills (Hokkaido), Sun Town (Iwate), Tone Freshtown (Ibaraki), Nogi Rose Town (Tochigi), Sunny Town Matsugaoka (Ōita), vielmals Green Town, Park Town, Neopolis und Utopia. Manche haben auch gewöhnliche Namen: Oststadt oder Viertel 1. Oder, wie in Hatoyama, einfach New Town, ohne viel Chichi. Die Siedlung wurde in zwei Abschnitten gebaut, zwischen 1977 und 1982 sowie 1981 und 1988. Teilweise waren die Häuser verkauft, bevor sie standen: 2.548 Gebäude für 9.300 Menschen.

Vermutlich habe der Konflikt zwischen New Town und dem alten Hatoyama von Anfang an bestanden, sagt Motoie. Junge Menschen zogen in die neue Siedlung und pendelten in die Metropole, während die Alten die Felder bestellten. »Der Alltag war einfach anders.« Die Alten lehnten die Neuen ab, die Neuen wollten ihr eigenes Leben leben. Heute seien die »Neuen« 60 oder 70 Jahre alt. Der Generationenkonflikt von damals ist Vergangenheit.

»New Town ist etwas ländlich, aber auch etwas urban, mir gefällt das«, sagt Motoie. Die Beziehungen hier untereinander seien anders, enger als in Tōkyō.

Motoie hat eine Reihe von Ausdrucken dabei. Ein halbes Blatt beschreibt die Projekte seiner Frau, einer Künstlerin. Die andere Hälfte der Seite ist ihren Akiya Sweets gewidmet. Ich weiß, dass *akiya* leerstehende Häuser sind, aber was sind Akiya Sweets?

»Auf den verlassenen Grundstücken wachsen Bäume und Pflanzen«, erklärt Motoie. Wir sammeln deren Früchte, und meine Frau macht daraus Gebäck.« Er führt mich zur Kasse des Cafés, dort liegen Kekse. Manche haben ein Foto seiner Frau auf der Verpackung. Ich kaufe einen und frage ihn, ob ich sie kennenlernen kann. »Kein Problem«, sagt Motoie.

Wir laufen über die Straße, hinter die Reihe identischer Häuser. Auch die Straßen sehen alle gleich aus. Es fehlen die für japanische Städte typischen Stromleitungen, der Blick in den Himmel ist seltsam frei. Weil alle Häuser gleichzeitig von derselben Firma hochgezogen wurden, gibt es keine Variation im Baustil, höchstens in der Wandfarbe oder bei den Pflanzen im Vorgarten. Ich frage Motoie, wie er hier sein eigenes Haus finden kann. Zum ersten Mal lächelt er. »Man gewöhnt sich dran.«

Motoie öffnet ein Tor, hinter dem ein Leuchtreklame-Schild steht. Das laute Design erinnert an die 1960er Jahre. Runde Formen in Rot, Blau und Grün umrahmen gelbe Worte, ›Nyū Kissa Maboroshi‹, das ›Neue Café Phantom‹. »Das Café meiner Frau hat nur ein paar Mal im Monat geöffnet«, sagt Motoie.

Die Haustür öffnet sich und eine Frau lächelt mich an. Sie trägt eine knallrote Baskenmütze, ein buntes Shirt mit einem Löwenbild und eine Anzughose ohne Gürtel. »Meine Frau«, sagt Motoie freundlich. Die Künstlerin stellt sich als Suganuma Tomoka vor und begrüßt mich höflich.

Ihr Café ist eine Zeitreise in die 1960er Jahre. Auf der bemalten Decke blüht eine riesige Blume in allen Farben, ihre Blätter wabern in großen Farbwellen über die Wände wie bei einem Drogentrip. An der Theke bieten Hocker Platz für sieben Personen, viel mehr passen auch nicht in den Raum. In einem Regal stehen Schallplatten, Tassen, Gläser und Schnaps. Motoie nimmt eine Platte des Schlagersängers Hosokawa Takashi und legt sie auf einen kleinen Plattenspieler aus Plastik. Der erste große Hit des Musikers – Kokoro Nokori (»Herzreste«) von 1975 – leiert durch den Raum:

»Ich bin dumm, du bist ein Idiot
Kostbares, kostbares, reines Herz
Auch wenn ich weiß,
dass du ein schlechter Mensch bist
Du, der mich aufgerichtet hat.«

Ich mag *enka* nicht, japanischen Schlager, aber Motoie hat mich nicht gefragt, was ich hören will, und ich möchte die Stimmung nicht trüben. Seit drei Jahren gibt es das Café, sagt seine Frau. Und der Stil? »Ich mag die Shōwa-Epoche einfach. Heute braucht es mehr gute Dinge aus dieser Zeit!«

In Japan misst man die Zeit in Kaiserepochen, neben dem üblichen System. Seit 2019, als Kaiser Akihito abdankte, leben wir in der Ära Reiwa. Seine Ära hieß Heisei und begann 1989. Zuvor war es die Ära Shōwa, die 1926 begann und mit dem Tod von Kaiser Hirohito endete. Shōwa-Style-Cafés wie das von Suganuma erfreuen sich einer gewissen Beliebtheit, wegen ihres Retro-Charmes. Manche wurden später extra so eingerichtet, bei anderen hat sich die Inneneinrichtung seit den 1980er Jahren nicht mehr verändert, sodass sie heute wieder im Trend liegen. Auch wenn die meisten eher nach Vereinslokal aussehen als nach Flowerpower.

Die meisten Gäste des Cafés sind Suganumas Nachbarn. Sie erinnert das Café und die Musik an ihre Jugend. So wie Hatoyama New Town wurden sie in der Shōwa-Zeit geboren. Die Ära ist in Japan verbunden mit dem Aufschwung zur Wirtschaftsmacht nach dem Krieg. Sie war vorbei, bevor die Bubble Economy platzte, die Spekulationsblase am Immobilien- und Finanzmarkt. Japan rutschte in eine Phase des wirtschaftlichen Abschwungs, aus der das Land bis heute nicht herausgekommen ist. Shōwa – das war vor dem schweren Erdbeben in Kōbe 1995, vor dem Tsunami in Nordjapan und dem Reaktorunglück in Fukushima 2011. Viele denken bei Shōwa an Japans glücklichste Jahre. Ich denke eher an den Krieg, den Kaiser Hirohito in dieser Ära begann – aber ich bin Deutscher und wir sind eher Miesepeter.

»Mein Mann war früher in einer Band, die Shōwa-Rockballaden spielte«, erzählt Suganuma fröhlich. Motoie nickt lächelnd in der Ecke vom Tresen, während er eine andere Platte heraussucht. Ich sehe Kekse in einer Schale und frage, ob es Akiya Sweets sind. »Ja, nehmen Sie einen!« Der Mürbeteig mit *mikan*, einer japanischen Mandarine, ist wirklich lecker. »Die habe ich selbst gemacht«, sagt Suganuma. Ich sage ihr, dass sie wirklich gelungen sind. Sie strahlt über das ganze Gesicht.

Suganuma ist zwei Jahre jünger als ihr Mann und selbst in einer New Town aufgewachsen, in der Präfektur Aichi, vier Stunden westlich von Hatoyama. Sie hat es dort gehasst und fand es schwierig, dort zu leben. Alle Familien waren sich ähnlich. Es gab kaum Geschäfte, keine Bahnstation, keinen Zug, mit dem man in die Stadt hätte fahren können. Die Eltern ihrer Freunde waren angestellt und arbeiteten alle für eine große Firma. Sie erwarteten von ihren Kindern, dass auch sie irgendwann einmal angestellt sind und für eine große Firma arbeiten.

Solange Suganuma sich erinnern kann, war die wirtschaftliche Lage schlecht. Sie war in der ersten Klasse, als die Wirtschaftsblase in Japan platzte. In Nagoya studierte sie Kunst, arbeitete dann in der Werbung und verlor den Job. »Ich sehnte mich nach einer Zeit, bevor ich geboren wurde, wo jeder glaubte, dass morgen besser wird als heute.«

So wie Suganuma haben viele in Japan den Glauben an das Morgen verloren.

information
スマホ講座入門編
SMARTPHONE BEGINNER COURSE
はとやま スマホ CAFE
SMARTPHONE CAFE
日時：毎月第2/第3/第4月曜（10月より毎月第1/第2/第3木曜）
9:00〜9:45(スマホ入門講座)
10:00〜11:00(スマホカフェ)
場所：鳩山町コミュニティ・マルシェ
定員：先着7名（要予約）
参加費：500円
講師：コミュニティ・マルシェスタッフ
参加費：無料（要1オーダー）
マルシェのレジでお好きなドリンクをご注文ください。＊予約不要
HATOYAMA COMMUNITY MARCHÉ
グループレッスン形式でスマホを 1から教わることのできる「スマホ講座」
お茶をしながらスマホのお悩みなど気軽に話せる「スマホカフェ」
ぜひお越しください ♪
主催者連絡先
鳩山町コミュニティ・マルシェ 星野・櫻井
Tel 049-272-7528
information
HATOYAMA CREAT
はとやまクリエイター
LUNCH 出店
hiroko_cuisine
鳩山町コミュニテ
HATOYAMA COMMUNITY MARCHÉ
HATOYAMA SATURDAY MARCHE 2022
SOLARENGO
キッチンcotocoto
haru-kitchen
山姥カレー
¥1,000
¥800
小麦の奴隷 ときがわ町店
Hummy's Craft｜レザークラフト

Dr. Barbara Holthus vom Deutschen Institut für Japanstudien und Dr. Wolfram Manzenreiter, Professor für Japanologie, haben ein Buch über Glück und Wohlbefinden in Japan herausgegeben. Darin wird eine Studie über Zukunftsangst vorgestellt, die Daten der Regierung auswertet: 2014 gaben 80 Prozent aller Menschen in Japan zwischen 20 und 39 Jahren an, immer oder manchmal Sorge um die Zukunft zu haben. Seit den 1990er Jahren steigt der Anteil jedes Jahr. Fast 40 Prozent gaben an, gar keine Hoffnung für die Zukunft zu haben.

Der Soziologe Furuichi Noritoshi hat eine andere These. Sein Buch »Die glückliche Jugend eines verzweifelten Landes« wurde 2011 ein Bestseller. Er zitiert darin aus einer jährlichen Umfrage der Regierung. Demnach sind fast 80 Prozent der 20- bis 29-Jährigen in Japan zufrieden oder eher zufrieden – mehr als jede andere Altersgruppe. Das heiße nicht, dass sie keine Sorge um die Zukunft hätten. Doch statt auf ein Ziel hinzuarbeiten, seien sie zufrieden im Hier und Jetzt, in ihrer eigenen Welt, unabhängig von der großen Welt da draußen. Laut dem japanischen Ministerium für Gesundheit, Arbeit und Soziales sind die Reallöhne in den letzten drei Jahrzehnten nur um drei Prozent gestiegen. Was für junge Menschen nach 30 Jahren Stagnation wichtig sei: Freunde zu haben, auf die man sich verlassen kann. »Wer keine Erwartungen für die Zukunft hat, lebt zufriedener in der Gegenwart«, schreibt der Soziologe.

Nach ihrer Kündigung ging Suganuma zurück an die Uni, um an ihrer Kunst zu arbeiten. Ihr Thema ist Wirtschaftswachstum, deshalb ist sie so fasziniert von der Shōwa-Zeit. Sie malt, erstellt Collagen oder schreibt Songs, die aus der Zeit damals stammen könnten. Auf einem der Cover ihrer Lieder ist Motoie mit Sonnenbrille drauf.

Es ist schwer zu erkennen, ob es eine Trennung zwischen dem Leben und der Performancekunst des Ehepaars gibt. Die bunten Wände des Cafés haben sie selbst gestrichen, das Design für die Theke stammt vom Architekten Fujimura Ryuji, dessen Firma den Community Marché verwaltet.

Sind die beiden hier glücklich?

»Ja«, antwortet Motoie schnell, »aber was ist Glück?« Hatoyama sei nicht so voll wie Tōkyō und sie können hier in ihrem Tempo leben. Suganuma sagt: »Der Umzug war emotional nicht einfach für mich. Heute als Erwachsene fällt mir das Leben in der New Town nicht so schwer wie früher. Ich wollte mich hier meiner Herkunft stellen.«

Die beiden sind wenige Jahre älter als ich. Zu dritt sitzen wir in diesem psychedelischen Raum in der japanischen Provinz und reden über das Glück. »Ich denke, die hohe Position Hatoyamas in der Umfrage liegt an den Antworten der alten Menschen hier«, sagt Motoie. In New Town leben viele, die für eine große Firma gearbeitet haben, sich deswegen ein Haus leisten konnten und heute eine gute Rente bekommen. Es gebe keine großen Unterschiede beim Wohlstand. Die Alten können ihre Zeit mit Hobbys verbringen. »Alle leben sicher, zufrieden und friedlich miteinander.«

Glück zu beschreiben, ist schwierig. Je konkreter man es betrachtet, desto mehr unscharfe Nuancen erkennt man an den Rändern. Ich versuche, den beiden meine eigenen Gedanken zu erklären.

Es ist nicht lange her, da habe ich mich gefragt, was mich glücklich macht. Damit meine ich nicht kurzzeitiges Glück, wie gutes Essen. Auch nicht Glück, das von anderen abhängt, von Freunden, Familie oder Partner. Ich meine das Glück, das tief aus einem selbst kommt. Ich habe dafür einmal alles aufgeschrieben, was ich mag: nach Japan reisen, ungewöhnliche

Menschen treffen, fotografieren, Filme machen... Was haben diese Aktivitäten gemeinsam? Am glücklichsten macht es mich, Neues zu lernen oder zu entdecken. Und neue Dinge zu erschaffen. Das Ehepaar hört mir zu und nickt.

Zum subjektiven Wohlbefinden und Glück gibt es mehrere Studien. Eine Umfrage zu Glück, Gesundheit und Geld unter 4.467 Menschen in Japan zwischen 25 und 80 Jahren kam 2010 zu folgenden Ergebnissen:

- *Frauen sind gesünder als Männer, aber nicht glücklicher.*
- *Die Jungen fühlen sich am gesündesten und glücklichsten.*
- *Geld macht glücklich, aber nicht gesund.*
- *Arm sein macht ungesund und unglücklich.*
- *Unsichere Arbeitsverhältnisse machen unglücklich, Pensionierung und Hausarbeit machen glücklich.*
- *Konservative Menschen sind zufriedener, progressive Menschen machen sich mehr Sorgen.*
- *Soziale Beziehungen machen glücklich und gesund.*

Das könnte eine Erklärung sein für die zufriedenen Alten in Hatoyama. Sie sind im Ruhestand, bekommen eine gute Rente, die Stadt sorgt sich aktiv um ihre Gesundheit. Der Community Marché unterstützt soziale Kontakte. Doch da fehlt etwas. Wie kann es sein, dass es in Hatoyama New Town nichts gibt, das für Japan typisch ist? Bislang habe ich keinen Tempel oder Schrein gesehen. Gehört das zum glücklichen Leben nicht dazu? »Viele Orte in Japan haben keine japanischen Dinge«, sagt Motoie. »Wenn du nicht gerade in Kyōto lebst, hast du wenig Berührung damit.« Seine Frau sieht nachdenklich aus. »Einen Schrein gibt es«, sagt sie. »Wirklich?«, fragt Motoie. »Ja, der alte Akiba-Schrein«, sagt Suganuma. »Ah... der im Wald am Stadtrand.« Ich bitte sie, ihn mir auf meiner Karte zu markieren.

Motoie begleitet mich zurück zum Community Marché. Ohne ihn wäre ich im Labyrinth der anonymen Straßen verloren. Er ist nun gänzlich aufgetaut und hat die steife Haltung als Repräsentant von Hatoyama abgelegt. Vorhin, als wir im Co-Working-Space saßen, sagte er zu mir: Glück sei etwas, was man im Rückblick sehe. »Wir sind in einem Alter, in dem wir jetzt das Glück suchen. Aber vielleicht schauen wir auf diese Zeit zurück, wenn wir alt sind, und sagen: Da waren wir glücklich.« Er zeigt in Richtung Schrein, mit der Karte komme ich jetzt allein zurecht. Dann verschwindet er in der kühlen Markthalle.

Im Sommer vor zwei Jahren brach Hatoyama den Hitzerekord für den Großraum Tōkyō: 40,2 °C. Während ich die Straßen entlanglaufe, verstehe ich, wieso. Die Ginkgobäume sind beschnitten, damit sie wenig Laub produzieren. Wie begrünte Holzpflöcke wachsen sie ohne Äste aus dem Asphalt, umgeben von verbranntem Unkraut und akkurat gestutzten Büschen.

Eine alte Frau kommt mir entgegen. Sie hat einen Schirm gegen die Sonne aufgespannt, ihre Arme sind mit Stoff bedeckt. Sie grüßt mich freundlich. Es gibt keinen Grund, hier zu sein, wenn man nicht hier wohnt oder jemanden besucht, also wird die Frau denken, ich gehöre irgendwie dazu. Am Ende der Straße kann ich zwischen zwei Reihen Einfamilienhäusern bewaldete Hügel sehen. Hatoyama New Town war mal einer von ihnen. Jetzt ist der Hügel Asphalt, Häuser und Bäume, die keinen Schatten geben.

Ich komme an eine Kreuzung und sehe in jeder Richtung das gleiche: eine zweispurige Straße, links und rechts kahle Baumstämme, daneben Fertighäuser.

Fast bin ich an dem Ort, den Suganuma für mich markierte: der Wald am Rand der New Town. Ein Schild, das auf einen Schrein hinweist, sehe ich nicht, auch kein großes Tor, wie es sonst üblich ist. Nur eine Wasseraufbereitungsanlage mit einem großen Tank aus Beton. Vor mir führt ein Pfad in den Wald, wild, doch begehbar. Bambus und Laubbäume wachsen durcheinander.

Nach ein paar Minuten finde ich den Schrein. Ein altes Gebäude mit geschwungenem Ziegeldach, zu keiner Seite breiter als vier Meter. Schmucklos steht es vor einer Lichtung. Auf dem Waldboden liegt Laub, zu jeder Seite fällt ein Hang ab, in den sich Bäume krallen. Der Schrein ist abgeschlossen, drinnen sehe ich keinen Altar. Auch ein Brunnen zur Reinigung fehlt. Keine Talismane, Holztafeln oder Statuen. Über mir hängen Spinnennetze, die in der Nachmittagssonne wie Goldfäden glänzen. Sie spannen sich über die Lichtung von Baum zu Baum.

Auf der Karte meines Handys entdecke ich jetzt einen buddhistischen Tempel, der ganz in der Nähe sein muss. Es gibt keinen direkten Weg den Hang hinunter, also gehe ich außen herum, am Wald entlang. Auf einer weiteren Lichtung macht der Weg eine Kurve, den Hügel hinab. Ich kann über die Ebene sehen, auf Masten, Stromkabel und Reisfelder. Hinten am Horizont erheben sich die Berge, die umso blauer leuchten, je weiter sie weg sind. Die Präfektur Saitama ist das Brandenburg Japans. Hier schläft, wer in der großen Stadt arbeitet. Dazwischen gibt es viel Leere.

Unten stehe ich vor einer viel befahrenen Landstraße, dahinter liegen Felder. Das ist das andere Hatoyama, jenseits von New Town. Hier stehen Wohnhäuser, die nicht aussehen, als wären sie in Paketen geliefert worden. Da ist eine Autowerkstatt, ein Friedhof und dann sehe ich ihn – den großen, buddhistischen Tempel mit Hunderten Mönchstatuen.

Ich folge der Landstraße, bis ich an einer Kreuzung eine Tankstelle und einen Conbini entdecke. Diese 24-Stunden-Läden, wie sie überall in Japan zu finden sind, habe ich in New

Town nicht gesehen. Es ist wirklich der unjapanischste Ort in Japan, in dem ich je war.

Eine der Straßen führt den Hügel hoch, Richtung New Town. Auch ohne Ortsschild erkenne ich es. Sobald die Häuser sich kopieren, bin ich dort. Auf meinem Weg komme ich an zwei Spielplätzen vorbei. Das kniehohe Gras und die verrosteten Klettergeräte sind stumme Zeugen der kinderlosen, alten Stadt.

Abends sitze ich in einem Nudelrestaurant in Tōkyō und denke über Hatoyama nach. Ich habe dort das Glück gesucht, aber was habe ich gefunden? Keine Hingucker, nichts Aufregendes. In New Town gibt es keinen Platz für Geschichte oder Tradition, der Schrein wurde an den Rand gedrängt und vergessen. Jeder lebt so ein wenig vor sich hin, das spannende Tōkyō ist weit weg, aber noch nah genug, dass man hin könnte, wenn man das wollen würde.

In einem kosmischen Zufall mussten viele Faktoren zusammentreffen, damit auf der Erde Leben entstehen konnte, zum Beispiel der richtige Abstand zur Sonne. Im Englischen wird das auch als *goldilock zone* bezeichnet, nach dem Märchen von Goldlöckchen und den drei Bären. Es darf weder zu kalt, noch zu heiß sein. Hatoyama ist das Goldlöckchen von Japan. Es ist weder zu ländlich, noch zu urban, weder zu reich, noch zu arm. Von der Stadt können wir eine Sache lernen: Mittelmaß ist das Geheimnis für Glück im Universum.

ANMERKUNGEN ZU DEN BILDERN

VON FRITZ SCHUMANN

Seite 8 Alle zehn Häuser von Ōzuchi, die Baustelle gehört zu Nimaida (2022)

Seite 16 Nimaida Nobuo sitzt vor der Feuerstelle in seinem Haus (2022)

Seite 24 Ayano Tsukimi mit der Puppe von Ayano Tsukimi (2013)

Seite 28 Puppen von Kindern in der Schule von Nagoro (2013)

Seite 33 Das zehn Kilometer lange Iya-Tal (2013)

Seite 34 Familie Hōshi posiert vor dem Enmeikaku im Garten (2014)

Seite 39 Zimmer im Enmeikaku, ein Haus für wichtige Gäste (2014)

Seite 43 Porträt von Hōshi Hisae in der Bar vom Hotel, Lieblingsort ihres Bruders (2014)

Seite 46 Toyota Masako sitzt im Gaudi House, das ihr gehört (2022)

Seite 54 Yamazaki Miyu spielt Gitarre im Hafen von Onomichi (2022)

Seite 69 Watanabe Yoshida steht im Eingangsbereich der Zentrale von Aki-P (2022)

Seite 76 Die fünfstöckige Pagode vom Berg Haguro wurde 1377 gebaut (2018)

Seite 81 Yamabushi Kato Takeharu in seiner Mönchskleidung (2017)

Seite 86 Meister Hoshino betet mit anderen Mönchen vor einem Wasserfall (2017)

Seite 93 Beim Neujahrsfest verkörpert Meister Hoshino einen Riesen (2017)

Seite 98 Filmplakat von »Der längste Tag« über einem geschlossenen Geschäft (2022)

Seite 105 Porträt von Kudō Yusa, Tourismusbeauftragte der Stadt Yūbari (2022)

Seite 125 Kudō im Yellow Handkerchief of Happiness Memory Square (2022)

Seite 128 Zerstörte Landschaft in Fukushima, ein halbes Jahr nach der Katastrophe (2011)

Seite 150 Schwarze Säcke mit Erde, zehn Kilometer vom Kernkraftwerk entfernt (2018)

Seite 160 Kaninchen hocken vor der Ruine eines Lagers chemischer Kampfstoffe (2014)

Seite 174 Yamauchi Masayuki zeigt Kondo Noburo das Innere vom großen Lager (2014)

VON ALAN QUEALE/AUSTRALIAN WAR MEMORIAL

VON SUZUKI HIDENORI

QUELLENVERZEICHNIS

Hier sind die wichtigsten Hinweise und Inspirationen für meine Recherche vermerkt. Eine ausführliche Liste aller Quellen gibt es online: reisedepeschen.de/japan-wer-bist-du-quellenverzeichnis

WALDHEIMAT

»Das ländliche Japan zwischen Idylle und Verfall« (2020), *Ludgera Lewerich, Theresa Sieland und Timo Thelen*
»Satoyama – Ein neues japanisches Landschaftskonzept« (2009), *Eduard Klopfenstein*

IM TAL DER PUPPEN

☞ Meinen kurzen Dokumentarfilm über Nagoro gibt es online hier zu sehen: vimeo.com/87686716

FLIESSEN DER ZEIT

»Centuries of Success« (2003), *William T. O'Hara*
☞ Meinen kurzen Dokumentarfilm über das *ryokan* gibt es online hier zu sehen: vimeo.com/114869558

WO IDEEN WOHNEN

»The Vacant City« (2017), *Sam Holden*
»Health Status of ‹Community Cats› Living in the Tourist Area of the Old Town in Onomichi City, Japan« (2021), *Aira Seo, Hajime Tanida und Yoshihide Ueda*

ÜBER DEN BERG

»A Mountain of Problems« (2000), *Andreas Riessland*
☞ Meinen kurzen Dokumentarfilm über die Yamabushi gibt es online hier zu sehen: vimeo.com/311678109

DIE MELONE AM ENDE DER WELT

»Schrumpfende Städte als Herausforderung« (2017), *Winfried Flüchter*
»第2期夕張市地方人口ビジョン 及び地方版総合戦略« (2020), *Stadt Yūbari*

ZWIEBELN FÜR FUKUSHIMA

»Kulturen der Katastrophenberichterstattung« (2019), *Dr. Florian Meißner*

GIFTGAS UND KANINCHEN

Diverse Publikationen *von Awaya Kentaro, Yoshimi Yoshiaki, Tanaka Yuki und Bob Tadashi Wakabayashi*

☞ Den 30-minütigen Dokumentarfilm gibt es online hier zu sehen: okunoshima.video sowie vimeo.com/383357553

IM SCHATTEN DER SONNE

»Die japanische Minorität Burakumin in ihrem historischen und sozio-ökonomischen Kontext« (2020), *Dr. Monika Zíková*

INSEL DER REBELLISCHEN RENTNER

»Nuclear power plants and biocultural renaissance« (2012), *Yuji Ankei*

»After 40 years, Kaminoseki nuclear power project faces bleak future«, *in der Japan Times vom 1.8.2022*

BRÖCKELNDE FASSADEN

»Hashima: The Ghost Island« (2002), *Brian Burke-Gaffney*

»Transformation of Gunkanjima (Battleship Island)« (2016), *Atsuko Hashimoto & David J. Telfer*

TRASH TALK

»Reflections on a two-decade journey toward zero waste« (2023), *K. Shenyoputro und Thomas E. Jones*

»Foundations of Zero-Waste Lead to Sustainable Tourism Success« (2019), *Joy Jarman-Walsh*

AFFEN MÖGEN KEINEN TEE

»Consumption of Green Tea, but Not Black Tea or Coffee, Is Associated with Reduced Risk of Cognitive Decline« (2014), *Noguchi Shinohara M, Yuki S, Dohmoto C, Ikeda Y, Samuraki M, et al.*

AUS LICHT UND STAHL

»The Atlas of Analytical Signatures of Photographic Processes – Collotype« (2013), *Dusan C. Stulik und Art Kaplan*

☞ Meinen kurzen Dokumentarfilm über Benridō gibt es online hier zu sehen: vimeo.com/128190709

HAPPY HATOYAMA

»Inside Japan's happiest town«, *Alex K. T. Martin vom 1.8.2022 in der Japan Times*

»Life Course, Happiness and Well-being in Japan« (2020), *Barbara Holthus und Wolfram Manzenreiter*

Fünf Jahre lang reist Simone Harre nach China und begegnet Milliardären und Taxifahrern, Künstlern und Bauern, alten wie jungen Menschen. Sie kommen in fünfzig literarischen Porträts zu Wort, zeigen ihre Lebenswirklichkeit, erzählen, was sie bewegt und antreibt. Einfühlsam skizziert Simone Harre eine vielfältige Gesellschaft, die zu selten auf Augenhöhe betrachtet wird, und lässt uns dieses immer noch erstaunlich unbekannte Land besser verstehen.

Seit 2009 schaut Fritz Schumann hinter Japans Kulissen: Der Journalist aus Berlin wurde 1987 geboren und hat in Hannover und Hiroshima Fotojournalismus studiert. Seine Filme und Reportagen aus Japan haben mehrere Preise gewonnen und erschienen unter anderem im Spiegel, bei National Geographic und internationalen Filmfestivals. Laut der japanischen Fremdenverkehrszentrale ist er für die vielen Touristen im Iya-Tal verantwortlich, weswegen er schon mehrmals im japanischen Fernsehen zu sehen war.